소설로 떠나는 영성순례

소설로 떠나는 영성 순례

이어령 지음

1판 1쇄 발행 2014. 10. 8. | **1판 5쇄 발행** 2023. 5. 1. | **발행처** 포이에마 | **발행인** 고세규 | **편집** 강영특 |
디자인 이경희 | **등록번호** 제300−2006−190호 | **등록일자** 2006. 10. 16. | 서울특별시 종로구 북촌로
63−3 우편번호 03052 | 마케팅부 02)3668−3260, 편집부 02)730−8648, 팩스 02)745−4827

값은 뒤표지에 있습니다. ISBN 978−89−97760−90−9 03230 | 독자의견 전화 02)730−8648 |
이메일 masterpiece@poiema.co.kr | 좋은 독자가 좋은 책을 만듭니다. | 포이에마는 독자 여러분의
의견에 항상 귀를 기울이고 있습니다.

이어령의
첫 번째
영성문학 강의

소설로
떠나는
영성순례

포이에마
POIEMA

일러두기

● 작품의 인용은 다음 번역본을 따랐습니다. 인용문 뒤에 표시한 숫자는 이 책들의 해당
　쪽을 가리킵니다.

　표도르 미하일로비치 도스또예프스키, 《까라마조프 씨네 형제들》(상)(하), 이대우 옮김,
　열린책들, 2006

　라이너 마리아 릴케, 《말테의 수기》, 문현미 옮김, 민음사, 2012

　얀 마텔, 《파이 이야기》, 공경희 옮김, 작가정신, 2005

　앙드레 지드, 〈탕자, 돌아오다〉, 배영란 옮김, 포이에마, 근간

● 성경 인용은 대한성서공회에서 펴낸 개역개정판을 따랐습니다.

● 각 장의 끝에 실린 짤막한 작가 · 작품 소개 글은 독자의 이해를 돕기 위해 편집부에서
　추가한 것입니다.

차 례

프롤로그   6

1. 카라마조프 형제들 _죄인들을 위한 잔치   15

2. 말테의 수기 _도시인의 내면 풍경과 생명 찾기   89

3. 탕자, 돌아오다 _집을 떠난 사람만이 돌아올 수 있다   165

4. 레미제라블 _혁명이냐 사랑이냐   225

5. 파이 이야기 _생명이란 이토록 기막힌 것   305

프롤로그

우리는 왜 소설에서 영성을 찾으려 하는가

소설은 시처럼 아름답지가 않습니다. 음악처럼 신비한 힘도, 드라마처럼 숨 막히는 스릴도 없습니다. 그렇다고 과학처럼 증명할 수 있는 확실한 팩트나 수학처럼 계산할 수 있는 어떤 공식도 가지고 있지 않습니다.

그런데도 소설이 우리를 매혹시키는 까닭은 그것이 바로 '거리로 메고 다니는 거울'이기 때문입니다. 지극히 사소하고 일상적인 세상살이의 이야기를 통해 우리는 그 삶의 민낯을 볼 수 있습니다. 알면서도 숨기고 있었던 것들, 자신도 느끼고 생각하고 있었지만 차마 용기가 없어 말하지 못한 것들을 소설을 통해 우리는 체험하고 확인합니다.

영성이라고 하면 누구나 신비한 것을 생각합니다. 범속한 이야기가 아닌 환상, 신화나 전설 같은 옛날이야기에서나 만나볼 수 있는 것으로 착각합니다. 더욱이 우리가 살고 있는 합리주의 세계, 과학이 지배하는 문명 안에서는 이성은 있어도 영성은 찾기 힘듭니다. 그런데 놀랍게도 오늘날 우리 앞에 나타나는 영성의 체험은 스테인드글라스의 성당 안, 혹은 미술관의 전시실이 아니라 오히려 지극히 산문적인 소설을 통해서 이루어질 수 있습니다. 옛날 성자들이 꽃밭이 아니라 사막에서 영성을 얻을 수 있었다면 오늘의 사막은 어디에 있겠습니까. 바로 저 소설의 무대인 도시의 아스팔트 거리일 것입니다.

"오후 다섯 시의 그림자five o'clock shadow"라는 말을 아십니까. 도시에 사는 사람들은 아침에 수염을 깎고 직장으로 나갑니다. 어제 하던 일과 똑같은 업무를 반복하고 백 번이나 천 번이나 앉았다 일어서는 그 의자 위에서 세상일을 바라봅니다. 그러나 퇴근 시간 오후 다섯 시가 되면 아침에 깎았던 수염이 자라 그 까칠한 자국에 엷은 그림자가 집니다. 그것이 도시인들이 겪는 하루의 변화입니다. 모험도 열정도 아무런 기적도 아닌 하루의 이야기 속에 드리운 그림자일 것입니다. 하지만 놀랍게도 소설은 오후 다섯 시의 그림자 속에서 집으로 돌아가는 오디세우스의 긴 항해와도 같은 이야기, 그리고 그 이야기 끝에서 인간의 힘으로는 보지 못한 영성의 세계를 찾게 됩니다. 대체로 소설은 오후 다섯 시의 그림자 속에서 자라고 진화합니다.

영웅처럼 보이는 장발장도 빵을 훔친 좀도둑 이야기이고, 장미 가시에 찔려 죽었다는 릴케라 할지라도 그의 《말테의 수기》는 요오드포름과 튀긴 감자 냄새가 풍기는 파리의 거리 이야기입니다. 친부를 살해한 엄청난 비극의 이야기인데도 소설 《카라마조프 형제들》의 진짜 범인은 눈에 띄지도 않는 사생아, 간질병을 앓고 있는 병자이며 머슴인 하찮은 인간입니다. 장소도 큰 궁정이나 요란한 전쟁터가 아니라 시골 마을의 작은 암자, 소도시의 재판소와 뒷골목 주막입니다. 성경에서 가져온 기적 같은 이야기라도 일단 소설이 되면 왜소하기 짝이 없습니다. 돌아온 탕자를 맞이하는 아버지의 입장에서 전개되는 이야기가 아니라 거꾸로 집을 나간 탕자의 시각에서 펼쳐지는 이야기로 바뀌고 맙니다.

소설小說에 왜 '작은 것'을 뜻하는 '소小'자가 들어갔는지 알 만합니다. 모두가 소인들의 이야기입니다. 밀랍과 깃털로 날개를 만들어 자신을 가둔 섬에서 탈출하는 다이달로스의 이야기가 '신화'라 한다면, 그의 아들 이카로스가 너무 높이 날다가 날개의 밀랍이 녹아 땅으로 추락하는 이야기는 '소설'인 것입니다. 신화의 주인공들은 신이고, 전설의 주인공들은 영웅이요 장사壯士들입니다. 중세 로망roman의 주인공 역시 왕이고 기사들입니다. 하지만 근대 소설의 주인공은 바로 담 너머에 살고 있는 이웃 사람들, 그도 아니라면 술주정꾼, 간질환자, 장애인, 그리고 홈리스들일 것입니다.

구명보트에서 벵골 호랑이와 대결하면서 227일 동안 망망대해를 표류하다 살아났다는 파이의 이야기는 대단합니다. 그런데도 소설 속의 주인공은 거대한 흰 고래를 쫓는 에이해브 선장에 견주면 바늘처럼 작은 존재입니다. 피를 끓게 하는 모험담도, 기적이 벌어지는 환상적인 표류기도 아니지요. 모든 소설은 한결같이 범속한 일상사의 연속입니다.

그렇기 때문에 리오타르의 말처럼 큰 이야기가 사라진 오늘날 같은 사회에서는 작은 이야기들 속에서 우리는 잃어버렸던 영성의 세계와 만날 수가 있습니다. 그렇지요. 서사시의 영웅 오디세우스가 우리가 사는 이 도시에 오면 그가 겪는 오디세이는 직장에서 집으로 돌아가는 모험담, 오후 다섯 시의 그림자로부터 시작되는 표류기가 될 것입니다.

기독교에서 말하는 영성은 하나님의 말씀 가운데 있습니다. 태초에 있었다는 로고스란 말이지요. 바로 예수님이 로고스이고 천지를 창조한 말씀입니다. 그런데 그 말씀이 인간에게 전달이 안 됩니다. 그러니까 예수님이 답답하게 생각하셔서, "내가 땅의 일을 말하여도 너희가 믿지 아니하거든 하물며 하늘의 일을 말하면 어떻게 믿겠느냐"(요 3:12) 하셨고, 또 "이것을 비유로 너희에게 일렀거니와 때가 이르면 다시는 비유로 너희에게 이르지 않고 아버지에 대한 것을 밝히 이르리라"(요 16:25)라고 하셨어요. 예수님이 세상을 떠나 하나님께 가시면, 제자들이 예수님을 찾을 때 비유로 이야기하지 않으시겠다는 것입니다. 이미 하늘나라가 되었을 테니까요.

그러면 이때 말한 '비유'가 무엇이겠습니까? '땅의 일'이 무엇이겠어요? 하나님의 말씀이라는 것은 인간이 알아들을 수가 없지요. 종교를 뜻하는 'religion'이 무엇입니까? 달리 말하는 사람들도 있지만 religion은 '다시re' '잇다ligare', 끊긴 것을 이어준다는 말에서 왔다고 합니다. 끊긴 것을 이어주는 사람이 예수님인데, 예수님이 하늘의 말과 인간들의 말을 이어주려고 할 때 생겨나는 것이 비유, 이야기, 메타포, 시란 말이지요. 그게 바로 소설의 허구성인 것입니다.

　이 책에서 다루는 다섯 편의 소설을 읽으면서 우리는 영성의 세계, 신앙의 세계, 신의 세계를 엿볼 수 있습니다. 문학작품 자체는 하나님도 영성도 아니지만, 이것을 통해 볼 수는 있습니다. 다음과 같이 비유적으로 말할 수 있을 거예요. 우리가 어느 복도를 지나는데 문 안쪽에서 왁자지껄하는 소리가 들립니다. 커다란 홀에서 가나의 결혼식 같은 잔치가 벌어진 것이지요. 초대받지 못한 나는 거기에 들어가지 못합니다. 그런데 초대받은 사람이 와서 들어가려고 약간 문을 엽니다. 그때 갑작스레 음악 소리와 춤을 추는 모습, 맛있는 음식 냄새와 화려한 빛깔이, 문을 열고 들어가는 그 짧은 순간에 문 밖으로 쏟아져 나옵니다. 바깥에 있는 사람은 안에서 이루어지는 결혼 잔치의 장면을 몇 초 안 되는 사이에 살짝 볼 수 있다는 말이지요. 그것이 시이고, 문학이고, 이 다섯 편의 소설입니다.

　그런데 그 순간이란 것이 너무 짧기 때문에 그것을 조금 확대시키고 좀 더 느리게 만들고, 좀 더 넓게 보여주려고 애쓴 것이 이 책입니다. 보통 사람은 그 순간이 너무 짧고 은은해서, 뭔가 이상하다고만 느낄 뿐 무슨 일이 벌어지는지 모를 수 있습니다. 때문에 이 책에서는 다섯 개의 문, 잠깐 열린 그 틈을 비교적 분명하게 재현하려 했습니다. 줄거리 없이도 음악의 한 토막, 함성의 짧은 폭발음, 그리고 찰나의 냄새와 같은 지극히 순간적인 체험을 통해서 우리는 자신이 그 연회장에 있었던 것 같은, 또 언젠가는 내가 그런 연회장에서 삶의 기쁨과 영원한 빛과 생명을 얻을 수 있으리라는 어떤 믿음 같은 것을 찾아낼 수 있습니다. 그것이 이 책에서 말하려는 것입니다.

그러므로 이것은 나의 신앙고백이나 내가 생각하는 영성의 세계를 이야기한 책이 아닙니다. 문학평론가로서 다섯 소설을 분석함으로써, 목사님이 전하거나 크리스천들이 기도로 얻는 영성 체험 같은 것을 누구나가 다 읽는 소설, 종교와도 관계없는 소설 속에서도 찾을 수 있는 길이 있음을 보여주려는 것입니다. 소설을 통해서 영성을 찾는 내 자신의 한 순례Pilgrim가 여기서 시작되는 것이지요.

'계몽'으로 번역되는 영어 'Enlightenment'는 말 그대로 어두운 곳에 빛을 비추는 것을 뜻합니다. 하지만 영성은 그늘 없이는 자랄 수 없지요. 우리는 과학과 합리주의의 시대에 살고 있습니다. 과학과 합리주의는 신을 살해합니다. 이른바 르네상스 이후에 나타난 계몽주의란 것이 신을 죽이거든요. 신을 설명하더라도 에르네스트 르낭처럼 인간으로서의 예수만 이야기하지 초월자로서의 예수를 이야기하지 않아요.

초월이라는 것은 과학에서 말하는 빅뱅 같은 것이 아닙니다. 그것은 이미 있는 것을 이야기하는 것일 따름이지요. 제가 늘 이야기하듯이, 설명할 수 있는 것을 설명하는 것이 과학입니다. 빅뱅도 설명할 수 있고, 숫자로 증명할 수 있어요. 그런데 문학은 설명할 수 없는 것을 설명하는 것입니다. 설명할 수 있는 것이 아니라 설명할 수 없는 것. 그러니까 신이라든지, 사랑이라든지, 경험해보지 못한 것들도 이야기하잖아요. 예를 들어 우리가 미국의 남북전쟁을 겪어보지는 않았지만, 마거릿 미첼의 《바람과 함께 사라지다》를 보면 우리 자신이 정말로 뚱뚱한 흑인 마미와 살았던 것 같고 스칼렛 오하라처럼 '내일은 내일의 태양이 뜬다' 하고 말했던 것 같아요. 제1차 세계대전에 참전한 일이 없지만, 레마르크의 《서부전선 이상 없다》를 보면서 우리가 실제 경험한 6·25 이상으로 절실한 것을 느낄 수 있지요. 그렇기 때문에 아무리 신앙심이 깊은 크리스천이라도 일상의 세계에서 기도의 세계로 들어가고 기도의 세계에서 영성의 세계로 들어가는 데는 문학적 상상력이나 시인이나 예술가의 마음이 필요합니다. 그러지 않고서는 그야말로 가나의 결혼식에 초대받지 못하는 것이고 맹물이 포도주가 되는 기적을 믿을 수가 없는 것이지요. 그러니까 예수님은 시인에 가장 가깝고 그 일생은 소설가의 어떤 작품보다도 탁월한, 인간이 가질 수 있는 최고의 드라마예요.

크리스천들이 이 책을 읽는 것이 나의 해설보다는 그 작품들을 직접 읽을 수 있는 계기가 되면 좋겠습니다. 종교적인 입장에서만 문학을 보면, "이건 신을 모독하는 거야. 이건 종교가 아니야. 예술 하는 사람이 멋대로 쓴 거야" 하기가 쉬워요. 《카라마조프 형제들》의 〈대심문관〉 이야기 같은 것에 그런 반응을 보이는 사람이 많습니다. 하지만 실제로 읽어보면 그렇지 않습니다. 직접 읽어보고, 제 해설을 어느 정도 참조하면서 다시 읽어보면 이단으로 생각했던 것들이 오랜 기도 끝에 얻어진 결론과 절대로 멀지 않다는 것을 알게 될 것입니다. 그리고 마치 도스토옙스키가 사형장에 끌려가는 길, 사형 집행 15분 전에 본 일상의 거리가 전혀 다른 것으로 보이듯이, 우리는 이 작품들 속에서 죽음을 체험하고 일상적 생과 단절해볼 수 있습니다. 초월을 위한 하나의 디딤돌을 이 고통의 언어 속에서 얻을 수 있는 것입니다.

그러므로 우리는 이 소설들을 통해 풍부한 영성의 체험을 누릴 수 있습니다. 기도를 통해서, 신앙을 통해서, 또는 신학의 언어를 통해서는 절대 경험할 수 없는 어느 한 면을 맛볼 수 있습니다. 이것이 없으면 공허합니다. 기독교 바깥에 있는 이들에게 말하는 언어도 공허할 수밖에 없습니다. 왜냐하면 우리는 과학의 시대를 살고 있기 때문입니다. 과학이 종교를 대신할 만큼 발달한 시대에 근대 교육을 받은 이들을 상대로 이야기하다 보면, 크리스천 자신도 초월의 세계에 관한 자신의 말이 공허해지는 것을 느끼게 됩니다. 하지만 소설을 통해서 이야기할 때는 마치 자기 자신의 이야기인 양 실감 있게 이야기할 수 있을 것입니다. 그리고 특히 시적인 감수성과 상상력이 부족하다고 느끼는 분들에게는 이소설들이 큰 축복일 수 있습니다. 자신이 직접 경험하지 못하는 일들을 이 작품들을 통해서 간접 체험할 수 있기 때문입니다.

이번 책도 늘 저를 따라다니는 글빚의 청산입니다. 몇 년 전 예수님이 다니신 길을 따라서 영성순례를 해달라는 포이에마 출판사의 요청을 받은 적이 있습니다. 약속은 했지만 뜻하지 않은 신병으로 먼 여행을 할 수 없게 되어서, 소설로 떠나는 영성순례로 이를 대신하기로 했지요. 그 뒤 양화진문화원에서 강연 요청이 왔을 때, 기획했던 그 내용들을 강연하고 이를 토대로 이런 형태의 책으로 내어 결국 오늘에서야 약속을 지키게 되었습니다. 강연 원고를 완벽하게 글로 바꾸려 했지만 오히려 거칠고 짜임새는 없어도 내 육성의 소리가 오히려 영성을 찾는 데 더 가까운 것 같아서, 거친 대로 그냥 두었습니다. 끌 자국이 그대로 남아 있는 로댕의 미완성 작품들, 그것을 바라보던 그때의 느낌을 재현하고 싶은 그런 욕심도 있었는가 봅니다.

언젠가 건강이 회복되고 순례길에 오를 수 있는 그날이 오길 기다리면서 소설에서나마 영성순례를 여러분들과 함께 떠나고자 하는 것입니다.

카라마조프 형제들

Fyodor Dostoevsky

죄인들을 위한 잔치

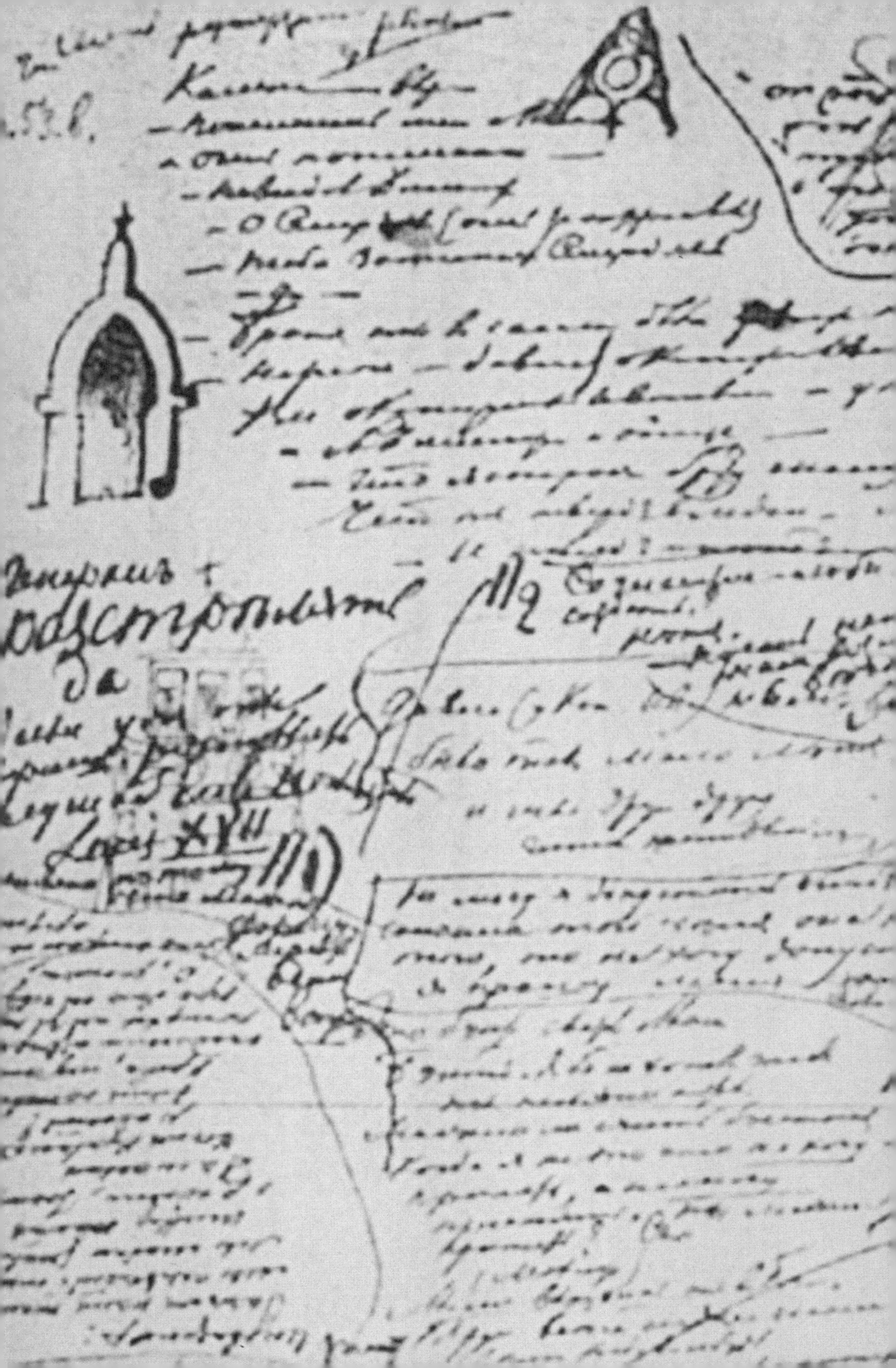

도스토옙스키의 장편소설 《카라마조프 형제들》은 1,700페이지에 달하는 방대한 작품이지요. 그런데도 나에게는 세 번이나 읽은 유일한 장편소설입니다. 처음으로 읽은 것은 중학생 때 형들이 읽고 난 일본어판이었습니다. 난봉꾼 아버지 표도르 카라마조프를 살해한 범인이 누구일지 생각하면서 한 편의 추리소설을 읽듯 읽었지요. 그러다가 대학 시절에는 실존주의 문학에 관심을 두면서 영문판으로 한 번 더 읽었습니다. 지금도 기억나는 것은 "Why, such a man alive!"라는 말입니다. 우리말로 옮기면 "왜 이런 인간이 죽지 않고 살아 있지?"라고 하는 욕이에요. 이 말은 드미트리가 아버지 표도르를 향해서 한 말입니다. 엄격한 유교가정에서 자란 내게는 상상도 할 수 없는 말입니다. 자식이 아버지를 두고 할 소리가 아니지요. 아버지를 'such a man'이라고 부르는 것 자체도 불경이지만, 아무리 난봉꾼인 무뢰한이라 하더라도 여태껏 왜 살아 있느냐는 말은 아랫사람에게도 해서는 안 될 금기어잖아요. 그러나 이게 바로 이 소설의 주제입니다. 이를테면 '아버지 죽이기'와 친족 간의 갈등과 파국을 그려낸 것으로, 비단 이 소설만이 아니라 당시 유럽 그리고 개화 과정에서 아시아까지 몰고 온 '살부론殺父論'과 가족 해체의 문제들을 다룬 작품 가운데 하나라 할 수 있습니다. 그 무렵 한국전쟁의 참상을 목격했던 저는 타자와의 싸움보다 피를 나눈 가족·형제 간의 싸움이 더 무서울 수도 있다는 사실을 절감하고 있었는데, 그런 감정이 《카라마조프 형제들》을 다시 읽게 만든 힘이었다고 할 수 있습니다. 6·25 전쟁 중에 실제로 아들이 아비를 죽이고 심판하는 충격적인 일이 다반사로 일어나고 있었지요. 6·25라고 하는 골육상잔 자체가 이미 카라마조프 형제 이상의 비극과 살부의 드라마를 연출하고 있었던 것입니다. 《카라마조프 형제들》에 등장하는 세 아들, 드미트리, 이반, 알료샤는 각각 제정帝政이 붕괴하고 근대 사회로 이행하는 과도기 러시아의 세 측면을 대표하는 인물들입니다. 그것은 그대로 근대화와 냉전의 갈등 속에서 새로운 한국의 미래를 찾으려는 젊은이들에게도 같은 운명의 세 갈래 길로 상징될 수 있는 이야기입니다. 20대의 나 자신이 세 형제들 가운데 가장 매력적이라고 생각했던 인물이 바로 이반이었어요. 뒤에 자세히 언급하겠지만 한마디로 이반은 어떤 전통적 가치도, 주어진 인간의 상황도 거부하고 부정하는 인물이지요. 이러한 실존적 니힐리즘이 당시 나와 내 친구들이 가진 내면적 풍경이었다고도 할 수 있어요.

이 소설을 세 번째로 읽은 것은 교회에서 강연을 맡았을 때였습니다. 기독교에 입문한 뒤 최근 번역된 한글판으로 다시 읽게 된 것이지요. 소설은 하나였지만 일본말로, 영어로, 그리고 뒤늦게 한글로 읽은 소설. 참 그 자체가 상징적이지 않습니까. 자연히 내 시선은 이반에게서 떠나

수도원에서 신앙의 길을 걷는 알료샤로 향하게 되었지요. 그러니까 세 번째 독서는 종교 문제에 대한 물음과 그 궁금증을 품고 있다고 할 수 있습니다. 처음에는 아버지와 드미트리의 다툼, 다음에는 이반의 고뇌하는 지식인상, 그리고 마지막에는 수도원에서 나온 알료샤로 옮겨 간 것입니다. 그 정신적 과정과 변화가 내 정신의 궤적만을 나타내주는 것은 아닐 것입니다. 절망에서 벗어나 한발 더 나아갈 수 있는 언어를 찾는 이들에게 이 소설은 오늘도 새로운 문제들을 던집니다. 실제로 2, 3년 전 일본에서는 보기 드물게도, 새로 번역한 《카라마조프 형제들》이 일약 100만 부 판매를 기록하는 베스트셀러가 되기도 합니다. 뿐만 아니라 이러한 흐름을 읽은 방송계에서는 이를 번안한 드라마가 제작되어 많은 시청자의 호응을 받기도 했지요. 역시 100년 전 도스토옙스키가 그리려 했던 황폐한 인간의 정신과 전통의 붕괴, 아직 도래하지 않은 미래 세계, 그 틈에서 여전히 방황하고 있는 카라마조프의 형제들이 존재하고 있다는 겁니다. 유럽에도, 미국에도, 그리고 바로 우리가 살고 있는 오늘의 아시아에도. 제가 이 소설을 유일하게 세 번 읽은 이유가 그것을 말해주고 있습니다.

누가 아버지를 죽일 수 있느냐

도스토옙스키는 이 소설에서 제정 러시아 말기의 혼돈, 전락하는 귀족과 지주들의 속살과 갈팡질팡하는 지식인, 그리고 기득권을 가졌던 귀족들의 모습을 보여줍니다. 모든 것이 큰 변화를 겪던 시절이었습니다. 물론 도스토옙스키는 생전에 보지 못했지만, 1917년에 러시아는 사회주의 혁명이 일어나 완전히 다른 세상이 되지 않습니까. 이 소설의 이야기는 바로 그 전야제죠. 그러한 혼미한 시대 가운데 특히 문제로 부각되는 것이 종교의 문제, 신의 문제입니다. '신이 없다면 인간은 무엇이든 할 수 있다'는 문제가 제기됩니다. 극단적인 절망과 무한한 가능성을 지닌 자유가 뒤얽힌 상황인데, 이건 러시아만의 문제가 아니었지요. 빅토르 위고의 《레미제라블》도 마찬가지입니다만, 이렇게 앙시앵 레짐ancien régime(구체제)이 끝나가는 시기, 사회주의라는 이념과 거기에 대항하는 여러 다른 이념들이 만들어내는 커다란 소용돌이의 한복판에 이 소설은 자리 잡고 있는 것입니다.

그처럼 원초적인 문제를 도스토옙스키는 카라마조프 집안의 이야기를 통해 보여줍니다. 러시아라는 국가를 압축해서 한 가족 안에 담아냅니다. 가장 전형적인 가족을 모델로 삼아 제정 말기 러시아의 혼미한 구세대와 새 세대의 갈등 전체를 이야기하는 것입니다.

우리는 한 시대의 변화를 가족을 통해서 봅니다. 숱한 왕조가 망하고 제국이 붕괴하고, 그리고 한 민족이 흩어진 뒤에도 가족만은 오늘에 이르기까지 존속해왔어요. 인간을 다른 짐승들과 구별하는 차이도 바로 그 '가족'에 있지요.

그 가족에는 먼저 아버지가 있습니다. 그는 지금까지 대대로 내려온 대지에 빌붙어서 욕망과 함께 살아온 사람입니다. 그런데 이 아버지를 죽이지 않으면 새로운 세대가 나오지 못합니다. '살부殺父'의 문화가 등장하는 것입니다. 혁명이 바로 그것이잖아요. 기성세대, 지금까지 내려

온 법통을 깨뜨려야 하는 것이지요. 나의 조국, 나의 전통, 그것이 아버지라는 불행이지요. 그것과 어떻게 단절하느냐, 단절할 수 있느냐, 그것이 문제입니다. 그렇다면 세 아들은 무엇일까요? 한 집안의 핏줄을 이어받은 사람 아니겠어요? 그런데 이 세 아들 중 누가 새로운 세대를 위해서 아버지를 죽일 수 있느냐 하는 것입니다. 무시무시한 이야기죠. 이것이 한발 더 나가면 육신의 아버지를 죽이는 것이 아니라 하나님 아버지까지 죽이는 것이 됩니다. 혁명이라는 것이 그렇습니다.

한 집안의 아버지와 자식들의 이야기로 도스토옙스키가 표현하려고 했던 19세기 말의 상황은 구한말의 우리의 상황과 다르지 않습니다. 똑같은 운명에 우리가 처해 있고, 실제로 중국의 개화파 사이에서는 살부론의 과격한 사회 · 문화혁명론이 대두되기도 했어요. 발음하기도 힘든 이름과 성을 지닌 러시아의 카라마조프 형제들의 이야기이지만, 이들의 이야기는 바로 우리 형제들의 이야기이고, 소설에서 대심문관이 이야기하는 종교 문제는 바로 오늘의 크리스천들에게 닥친 문제이기도 합니다.

나는 왜 《카라마조프 형제들》을 읽으며 눈물 흘렸는가?

이 소설의 하이라이트라고 하는 〈대심문관〉 편 외에도, 과연 도스토옙스키는 대작가라는 것을 느끼게 하는 장면들이 많습니다. 세 형제 중 맏형인 드미트리가 친부살해 혐의로 재판받는 장면이 그렇지요. 검사의 논고와 변호사의 변론이 맞붙고 증

표도르 도스토옙스키

인들의 증언이 이어지는 모습을 그저 숨죽이고 지켜보게 되지요. 이렇게 쓸 수 있는 사람은 도스토옙스키밖에 없어요.

또 하나 고백하자면, 저는 이 소설에 나오는 가나의 혼인잔치 이야기를 읽으면서 무척 감동을 받았습니다. 성인으로 추앙받던 조시마 장로가 죽고 난 뒤, 그의 시신이 안치된 방 안에서 어느 신부가 성경을 소리내어 읽는데, 바로 가나의 혼인잔치 이야기가 기록된 대목입니다. 막내 카라마조프인 알료샤가 그 소리를 들으면서 꿈을 꾸는 것이지요. 그런데 예수님이 여섯 동이의 물을 술로 바꾸는 기적의 장면을, 그동안 나는 성경에서 제일 우스꽝스러운 장면으로 보았거든요. 이런 것을 쓰니 안 믿지, 하면서요. 그런데 바로 그 대목에서 제가 눈물을 흘렸습니다.

다른 감동적인 것도 많을 텐데, 평범한 결혼식장에 가서 맹물을 와인으로 만드는 이야기라니요. 하나님을 찬양하는 것도 아니고, 정의로운 일도 아니고, 악마와 싸우는 것도 아니고, 남의 잔치에 술 떨어졌다고 기적을 베풀면 이 세상이 어떻게 되겠어요.

이번에는 눈물을 흘리지 않을 수 없었어요. 같은 성경의 같은 이야기, 늘 들어왔던 이야기인데 말이지요. 왜 《카라마조프 형제들》에 이 장면이 나오면 눈물이 나는 것일까요? 지금부터 그 비밀을 풀어가도록 하겠습니다. 지독한 이야기, 다소 충격적인 장면과 해석이 나오더라도 마지막엔 해피엔딩이 있으니 너무 놀라지 마시기 바랍니다.

아름다움은 신비롭고도
끔찍한 것

제가 가장 좋아하는 작가가 도스토옙스키입니다. 사실 톨스토이는 문장이 아름답고 교훈적이지만 너무 교장선생님 훈화 같아서 그다지 좋아하지 않았지요. 기독교인이든 아니든 도스토옙스키를 단순히 종교소설을 쓴 작가라고 말할 수 있는 사람은 아무도 없습니다. 세상의 어떤 소설보다도 신神의 문제를 절실하게 나의 문제로, 내 피의 문제로 다루었기 때문에, 어떤 종교를 지닌 사람이든, 심지어는 무신론자라고 할지라도 도스토옙스키를 읽고 신의 영역을 생각해보지 않는 이가 없을 것입니다. 어떻게 살아야 하는가를 고민하는 우리에게 도스토옙스키는 하나님을, 그리고 아직도 십자가에서 피를 흘리시는 예수님의 모습을 보여주었습니다. 예수님의 성혈이 마치 나의 피인 듯 뚝뚝 떨어지는 리얼리티를 보여주었습니다. 참으로 문학가일 뿐 아니라, 여러 가지 면에서 우리가 기억해야 할 사람이지요.

도스토옙스키의 아버지는 군의관이었습니다. 아버지가 빈민가의 구빈救貧 병원에서 근무했기 때문에, 도스토옙스키 자신은 프롤레타리아가 아니었지만 주변에 있는 사람들은 모두 가난한 사람들이었어요. 처녀작도 《가난한 사람들》(1846)입니다. 스물다섯 살에 썼죠. 《가난한 사람들》을 읽은 친구가 너무나 감동해서 이 작품을 네크라소프라는 시인에게 보여주고, 네크라소프는 당대의 저명한 비평가인 벨린스키에게 가져갑니다. 한껏 흥분한 이 사람들이 아직 무명이던 도스토옙스키 집에 찾아와 축하하면서, 당신은 위대한 작가라고 추어올리지요. 도스토옙스키는 어찌나 감격했던지, 처녀작인 《가난한 사람들》로 문단에 데뷔한 이 일을 그 뒤에도 두고두고 떠올렸다고 합니다.

이후 도스토옙스키는 《죄와 벌》(1866), 《백치》(1869), 《카라마조프 형제들》과 같은 작품을 발표합니다. 도스토옙스키는 평생 노름빚에 쪼들려서 급히 글을 쓰는 바람에 구성도 문장도 빈틈이 많고 매끄럽지 않다는 평을 받기도 합니다. 하지만 그가 말년에 쓴 《카라마조프 형제들》만은 다릅니다.

드미트리가 동생 알료샤에게 이렇게 말하는 대목이 있지요. "아름다움은 신비로울 뿐 아니라 끔찍하기도 하지. 거기서는 신과 악마가 싸움을 벌이고, 그 싸움터는 바로 인간의 마음이야." 이 말은 아름다움에 대한 도스토옙스키 자신의 시각을 보여주는 말이기도 합니다. 도스토옙스키는 흔히 하는 것처럼 편하게 하나님을 만나거나 편하게 작품을 쓰지 않았습니다. 고통스러운 것을 통해서 미를 만나고 하나님을 만나는 아주 치열한 투쟁을 했어요. 그래서 리얼리티가 있습니다. 쉽게 도달하지 않아요. 도스토옙스키에게 아름다움은 참 신비한 것입니다. 기쁨이고 환희죠. 아름다움처럼 우리들이 추구하는 것은 없습니다. 하지만 장미에 가시가 있듯이 그 아름다움이란 것은 동시에 아주 끔찍한 것입니다. 신과 악마가 싸우는 현장이에요. 그리고 신과 악마가 싸우는 그 현장에 내가 있는 것이지요. 참으로 아름답고 끔찍한 모순의 덩어리가 우리가 구하는 예술, 아름다움이라는 말입니다.

그러면 그 싸움터가 어디인가? 바로 우리들 가슴속에서 그 싸움이 벌어지고 있다는 것입니다. 악마와 신의 격투장이 바로 우리 마음속입니다. 미를 추구하는 사람 앞에서는 이러한 싸움이 벌어지고 있습니다. 그래서 예술가치고 정상적으로 산 사람이 드물어요. 보들레르, 랭보, 에드거 앨런 포, 하나도 성한 사람이 없어요.

추락한 뒤에야
상승할 수 있다

사실 저는 어렸을 때 시인이나 소설가가 되려고 했는데 평론가가 되고 말았습니다. 하지만 시인이나 소설가가 되었더라면 큰일이 났겠지요. 제가 진짜 예술가가 되었으면, 지금 이런 이야기를 하고 있겠어요? 진작 이러저러한 기행奇行을 하고 변태로도 몰리면서 여러분이 기억조차 못하는 부랑아처럼 일생을 보냈을지 모릅니다. 뒤에서 좀 더 이야기할 텐데, 시몬 베유도 이야기하지만 인간은 끝없이 추락의 꿈을 꿉니다. 거기 심연이 있기 때문에 추락하는 것이 아니라, 우리는 늘 마음속에서 추락하는 존재입니다. 타락한 천사처럼 말이지요. 추락하니까 거기 심연이 있는 거예요. 죄의 심연일 수도 있고, 절망의 심연일 수도 있겠지요. 알베르 카뮈의 《전락 La Chute》에서처럼 떨어지는 세계에 사는 것이 인간입니다. 떨어져보지 않고서는 상승하지 못합니다. 지렛대는 한쪽이 아래로 내려가야 다른 쪽이 올라가잖아요. 거저 올라갈 수 없습니다. 우리가 지극히 높은 곳, 하나님이 계신 곳으로 올라가기 위해서는 먼저 중력에 따라서 끝없이 하강해야 합니다. 죄를 짓고, 끝없이 자기 해체를 겪은 사람만이 상승할 수 있습니다.

이제 드리는 이야기는 여러분에게 위로가 될 것입니다. 하지만 나는 죄를 짓지 않았다, 건실하게 살았다 하는 모범생들은 대단히 불행할 것입니다. 왜냐고요? 그런 분들은 가망이 없기 때문입니다. 상처를 지녀보지 않은 사람은 구원받지 못합니다. 반드시 망가지고, 떨어져야 합니다. 스스로 인간이 이 이상 떨어질 수 없다고 생각하는 그때가 가장 높게 올라가는 순간입니다.

세상에는 추락하는 힘 외에도 또 하나의 힘, 하늘로 솟아 올라가는 힘이 있습니다. 엽록소의 광합성을 통해 나무들이 하늘로 끝도 없이 올라가게 하는 힘 말이지요. 뉴턴은 떨어지는 사과만 봤지, 사과가 무슨 힘이 있어서 거기까지 올라갔는지를 설명하지 못했습니다. 높이 있는 사과를 떨어지게 만드는 힘, 달을 지구에 매어놓고, 우주의 모든 것을 붙잡아두는 중력이 있습니다. 하지만 그 작은 씨앗이 싹을 틔우고 햇빛을 받아 광합성을 하면서 하늘 높이 자라 열매를 맺게 하는 생명력은 중력보다도 큽니다. 세상에 존재하는 이 두 가지 힘을 시몬 베유는 '중력'과 '은총'으로 표현했습니다. 잡아당기는 중력이 있음에도, 예외적인 은총의 힘이 있어 우리는 하늘로 올라갈 수 있다는 것입니다. 아까 아름다움은 신비로운 만큼 끔찍하고, 신과 악마가 싸움을 벌이는 곳이라고 했는데, 가슴속에서 미를 추구하는 사람은 숙명적으로 이 중력의 힘과 은총의 힘을 마주하게 됩니다.

페트라셰프스키 서클과
푸리에의 네 번째 사과

도스토옙스키는 페트라셰프스키 서클 사건에 연루되어 1849년에 체포되어서 사형을 선고받습니다. 처형장에 끌려오면서 마지막으로 보는 햇빛, 무너져 내린 벽과 지붕, 보통 때는 사소하고 추악해 보이기까지 하는 것들이 모두 너무나도 찬란한 이미지로 그의 머릿속에 각인됩니다. 그런데 사형집행 15분 전에 감형되어서 시베리아로 유배를 가지요.

페트라셰프스키 서클은 주축인 페트라셰프스키를 비롯해, 샤를 푸리에의 사상에 도취한 사람들이 모여서 연 독서회입니다. 당시에는 이런 서클이 많았습니다. 그런데 다른 서클은 황제 암살을 모의할 수 있을 만큼 조직적이었고 민중의 지지를 받아 상당히 힘이 있었기 때문에 함부로 할 수 없었지만, 페트라셰프스키 서클은 사사로운 조직이어서 군법회의에 회부된 22명 중 무려 21명이 사형 선고를 받은 것입니다. 하지만 이건 사법당국의 쇼였지요. 일단 이 인텔리들에게 사형을 선고하고, 사형 집행장에서 어깨총하고 발사하려는 순간 "멈춰라. 황제께서 은총을 베푸셨다!" 하면서 살려주면, 적어도 이렇게 살아난 사람들은 황제 니콜라이 2세 편에 설 것이라고 기대했던 것입니다. 하지만 이 사람들이 지식인인데 그렇게 호락호락 넘어가겠어요? 이런 우스꽝스러운 정치극이 벌어지던 시절, 어느 지적이고 경건한 지식인이 한 모델 가족을 가지고 자신의 시대를 성찰한 내용이 이 소설에 담겨 있습니다.

부연하자면 페트라셰프스키 서클이 탐독한 샤를 푸리에(1772-1837)는

페트라셰프스키 서클 모의 처형 장면

프랑스의 공상적 사회주의자로 잘 알려져 있지요. 그가 보기에는 세상이 터무니없었습니다. 자유, 평등의 깃발을 내걸고 혁명이란 것이 벌어졌는데, 곧 공포정치가 시작되고 사람들이 계속 죽어나가는 것입니다. 그래서 푸리에는 이렇게 말합니다. "인류가 생긴 이래 지금까지의 모든 철학은 가짜다!" 그는 소크라테스와 플라톤, 모두가 잘못되었다고 주장합니다. 이들이 진짜 철학으로 인간에게 영향을 줬다면, 프랑스 혁명과 같은 이러한 암담한 일이 벌어질 수 있겠느냐는 것이지요. 전부 가짜이고, 조금도 영향을 주지 못했다는 것입니다.

　그래서 푸리에는 아까 이야기한 것처럼, 모든 것을 끌어당기는 뉴턴의 만유인력처럼 우주 보편의 물리적 힘이 있다면, 틀림없이 인간의 마음을 끌어당기는 생명의 법칙도 있을 것이라고 말합니다. 죽은 사물들 사이에도 원칙과 원리가 있는데, 하물며 살아 있는 마음과 영혼에 원칙

이 없겠는가고 말입니다.

　사람에게도 서로 끌어당기는 힘, 인력引力이 있습니다. 영어사전에서 'attraction'을 찾아보면 '매력'도 되고 '인력'도 됩니다. 인력에는 물리적 인력만이 아니라, 사람의 정념을 끌어당기는 인력도 있지요. 젊은 남녀들이 미팅을 할 때 서로 끌리지요? 사물에 대해서도 마찬가지입니다. 백화점에서 좋은 상품을 보면 마음이 끌리잖아요. 흔히 '땡긴다'고 하지요. 서로 척력을 지닌 사람들이 억지로 모여 사는 것이 힘들지, 끌리는 힘을 지닌 사람, 마음 맞는 사람들이 모이면 행복하게 살 수 있다는 것입니다. 노동도 마찬가지입니다. 임금이 적은 것보다 끌리지 않는 노동을 하는 것이 더 괴롭습니다.

　서로 끌리는 사람들이 끌리는 일을 하면서 살 수 있다면 얼마나 좋겠습니까? 푸리에는 이러한 정념의 사회의 인력을 만들 수 있다고 생각했고, 서로 사랑하는 사람들이 공동체를 이루어 사는 마을을 제안했습니다. 물론 오늘의 수용소와는 다르지요. 그가 '팔랑스테르phalanstère'라고 부르는 이상적인 공동체를 통해 사랑의 신세계를 일궈보자는 것이었습니다. 푸리에는 대단히 기독교적인 사람이었죠. 사랑을 인간이 가질 수 있는 최후의 가치로 보고, 사랑 공동체를 만들면 인간이 훨씬 아름답게 살 수 있을 것이라고 생각했습니다.

　프랑스 혁명기의 생시몽, 푸리에 같은 사람들이 폈던 이러한 사상을 마르크스의 과학적 사회주의와 비교하여 공상적 사회주의라고 부릅니다. 마르크스의 과학적 분석에 비하면 너무 낭만적인 사고라고 여겨졌기 때문인데, 이제 와서 보면 거꾸로 마르크스가 공상적이고, 생시몽이

나 푸리에가 더 현실적입니다. 요즘 활발한 협동조합 같은 것들이 전부 푸리에를 모델로 하고 있지 않습니까? 앙드레 브르통이나 롤랑 바르트 같은 현대 사상가들은 푸리에를 예찬합니다.

파리에는 프랑크 스쿠르티라는 유명한 조각가의 〈네 번째 사과〉라는 작품이 있습니다. 제2차 세계대전 때 폭격을 맞아 푸리에의 조상彫像이 파괴되고 기단만 남은 것을, 아래 사진과 같이 복원했습니다. 그런데 웬 사과, 그것도 '네 번째 사과'입니까? 푸리에는 생산지에서 사과 100개를 살 수 있는 돈으로 파리의 음식점에서는 사과 하나밖에 살 수 없다는

프랑크 스쿠르티, 〈네 번째 사과(푸리에에게 바치는 오마주)〉(2007)

것을 보고 충격을 받습니다. 이러한 가격차가 상업자본의 횡포 때문임을 발견한 그는 이 같은 부조리를 극복한 새로운 사회를 구상했고, 그렇게 탄생한 것이 팔랑스테르였습니다. 아담과 하와의 첫 번째 사과, 그리스 신화에 나오는 파리스의 두 번째 사과, 그리고 만유인력의 발견을 가져온 뉴턴의 세 번째 사과에 이어, 인류 역사에서 중요한 의미를 갖는 네 번째 사과라고 할 수 있는 것이지요.

지금 여기의
이야기로 읽기

도스토옙스키는 바로 그 푸리에의 영향을 받았습니다. 도스토옙스키의 사상적 배경이 되는 사회주의는 오늘날의 마르크스 계통의 사회주의와는 다릅니다. 가난하고 어려운 사람끼리 따뜻하게 사랑하는 푸리에 식의 사회주의이고, 《죄와 벌》의 라스콜리니코프나 《카라마조프 형제들》의 이반이 표상하는 서구의 논리적 지성, 과학적 지성으로는 실현할 수 없는 세계입니다. 결국 이들 작품의 마지막에서 이반은 자신의 사상이 만들어낸 파국적 결과를 깨닫고, 라스콜리니코프는 회개하고 엎드려 대지에 입을 맞추잖아요. 만약 신이 없었더라면, 기독교가 없었더라면, 사랑이 없었더라면, 이른바 휴머니티가 없었더라면, 도스토옙스키는 공산혁명의 선구자가 되고, 레닌이나 스탈린처럼 수십만, 수백만 명이 죽어나가는 비극의 역사 한가운데 섰을 것입니다. 이 소설은 1917년 볼셰비키 혁명과 이후 펼쳐질 러시아의 역사를 예견하고 있는 것처럼 보입니다. 사회가 변동을 겪으면서 무수한 사람이 피를 흘리는 그때 예수님이 다시 나타나고, 대심문관이 나와서 똑같은 짓을 하리라는 점을 보여주는 예언의 서 말이지요.

이것을 그 당시 러시아의 이야기로만 생각하지 말고, 지금 우리의 이야기로 읽어볼 필요가 있습니다. 우리나라의 고통받는 사람들을 위해서 예수님이 오늘 서울에 나타나셨다고 해봅시다. 그러면 가장 잘 믿는 사람, 기독교에서 가장 권세 있는 사람이 소설 속의 대심문관과 같은 일을 할지 누가 아느냐는 것이지요. 여느 문학 강의와는 조금 다르지만, 이 시간에 이야기하려는 것은 그것입니다. 종교 지도자, 교황쯤 되는 사람이 여기서 예수님을 만나면 어떻게 할 것인가, 그리고 내가 지금 예수님을 만나면 어떻게 할 것인가를 생각해보자는 것입니다. 카라마조프 형제들이 바로 우리 가족이고, 당시 러시아는 지금 우리나라입니다. 그리고 지금 예수님이 나타나셨고, 조시마 장로가 돌아가셨습니다. 그때의 알료샤는 나고, 이반도 나고, 드미트리도 나입니다. 이렇게 생각하고 읽어보면 이 작품이 가지는 매력을 한껏 느낄 수 있을 것입니다.

추락하는
영혼의 흔적

《카라마조프 형제들》 제5장이 바로 이 소설의 하이라이트인 〈찬반론Pro et Contra〉입니다. 제가 읽으면서 가슴을 치고 흥분한 대목이 이 〈찬반론〉, 그리고 그 속의 대심문관 이야기입니다. 바쁜 사람은 〈찬반론〉과 〈대심문관〉편, 파뿌리 이야기만 읽으셔도 좋아요. 'pro'는 어디에 찬성한다는 뜻이고, 'contra'는 반대한다는 뜻입니다. 5장에서는 이 양쪽이 서로 맞붙습니다. 특히 5장 후반부에 나오는 〈대심문관〉 편에서 그렇지요. 대심문관 이야기는 이반이 동생 알료샤에게 들려주는 자작 서사극인데, 알료샤는 이 이야기를 듣고 심한 충격을 받습니다. 어떤 문제를 두고 두 입장이 어떻게 맞붙는지는 잠시 후에 살펴보겠습니다.

　사진은 5장의 초고입니다. 제 원고가 지저분하다고 이름이 났는데, 여기에 대면 양반이에요. 이 흔적을 보십시오. 빚에 쪼들려 급히 쓴 원고라는 것이 생생하게 드러나 있지요. 인간은 참 약한 존재입니다. 도스토옙스키는 자기 빚만 해도 감당하기 벅찬데 형 미카엘의 빚도 끌어안습니다. 러시아 사람들이 한국 사람과 비슷해요. 정 많고, 거짓말도 잘하고, 그러면서도 아주 생존력이 강해요. 그랬으니까 지주들이 아무리

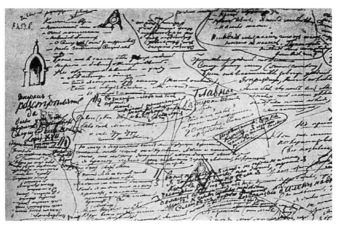

《카라마조프 형제들》육필원고

가혹하게 굴어도 겉으로는 순종하는 듯하면서도 그 아래서 줄기차게 살아왔던 것이지요.

최근에 러시아에 갔더니, 러시아를 알려면 '40'을 알아야 한다더군요. 얼마나 치열한 곳인지, 한국 사람이 생각하는 것에 40을 곱하거나 보태지 않으면 러시아를 이해할 수 없다는 것이었습니다. 영하 40도가 아니면 추위가 아니고, 알코올 도수가 40도가 아니면 술이 아니래요. 40명이 모이지 않으면 모임이 아니고, 40킬로미터가 아니면 떨어진 것도 아니라는 거예요. 러시아 사람의 생존력은 그러한 환경에서 나온 것입니다.

도스토옙스키의 이 5장 초고는 아까 이야기한 피의 싸움을 싸운 영혼의 흔적입니다. 도스토옙스키는 병적인 도박중독자였습니다. 도박에서 손을 떼겠다고 아내 안나에게 수없이 다짐했지만 그 약속을 한 번도 지킨 적이 없어요. 결혼반지, 아내의 귀걸이, 옷은 물론 낡은 신발까지 전당포에 잡혀가며 도박을 했습니다. 전당포에 잡힌 물건을 찾아오라고 아내가 돈을 주면 그것으로 또 도박을 했어요. '나는 인간도 아니야' 하고 자책하고 후회하면서도 독일의 바덴바덴에까지 가서 도박을 할 정도였어요.

발자크도 빚이 많았습니다. 그의 집은 출입문이 두 개였다지요. 토끼가 구멍 두 개짜리 굴을 파듯이, 빚쟁이들이 들이닥쳤을 때 도망갈 문이 하나 더 있는 집을 찾아다녔어요. 그렇게 빚이 많았습니다. 대니얼 디포는 '일요 신사'라는 별명이 있었어요. 많은 빚 때문에, 체포될 걱정이 없는 일요일에만 돌아다녔기 때문이지요.

정상인의 눈으로 보면 이런 작가들은 본받을 것이 없는 사람들이지요. 하지만 그 상처 입은 영혼에서 참으로 아름다운 것이 나옵니다. 인간의 아픔 속에서 누구도 보지 못한 사랑을 보고 신을 발견합니다. 그러니까 이들은 소위 '범생이'들의 종교와는 거리가 멉니다. 망가진 사람들, 그러나 영혼은 지극히 아름다운 이 사람들은, 한편으로는 끝없이 하강하면서 지렛대의 반대편 끝을 밀어올립니다. 그리고 그러한 모순을 끌어안고 살아가는 흔적이 이 소설에도 나타나 있습니다.

추리소설로서도 흥미롭다

전체 줄거리를 간략하게 살펴봅시다. 카라마조프 집안의 아버지인 표도르 카라마조프는 돈을 모으는 데는 천재입니다. 고리대금업까지 불사하면서 돈을 모아 적지 않은 땅을 지닌 지주가 됩니다. 그는 돈과 섹스 등 인간이 가질 수 있는 모든 세속적 욕망을 표상하는 인물입니다. 거짓말도 많이 하고 어릿광대짓을 해대는, 성실성이라고는 전혀 없는 사람입니다. 아내가 둘인데, 첫 번째 부인은 이런 남편을 견디지 못해 도망갔고, 두 번째 부인은 병으로 죽습니다. 큰아들인 드미트리는 첫째 부인의 자식이고, 이반과 알료샤는 두 번째 부인의 소생이지요. 그런데 세 아들을 아버지 표도르가 기르지 않습니다. 모두 바깥에 뿔뿔이 흩어져서 다른 후견인의 도움을 받아 자라지요. 그래서 소설은 이 네 사람이 처음으로 한자리에 모이는 장면에서 시작합니다.

왜 만나는가? 돈 문제 때문입니다. 드미트리는 퇴역장교인데, 잘생긴

멋쟁이이고, 미적인 것에 관심이 많은 심미적인 인간입니다. 고상한 면도 있고 여자들에게 인기가 있어요. 더군다나 자기 상사의 딸과 사랑하는 사이인데, 이 약혼녀의 후견인은 돈 많은 굉장한 집안입니다. 드미트리는 아들 중에서 아버지를 제일 많이 닮았어요. 탐욕이 많고, 쾌락주의자로서 세상을 살아갑니다. 낭비벽이 있어서 가진 돈을 다 탕진해요. 하지만 자기 어머니가 남기고 간 돈이 있어서, 아버지한테 그 돈을 찾으러 온 것입니다. 하지만 아버지 표도르는 그 유산이란 것이 이미 드미트리의 생활비로 다 나갔으니, 한 푼도 줄 수 없다는 입장입니다.

이렇게 부자간에 싸움이 붙으니까 자식들이 중개를 하고, 가족회의를 하려고 모인 것입니다. 그런데 아버지 표도르와 아들 드미트리는 돈만 놓고 싸우는 것이 아니라, 그루셴카라고 하는 아주 매력 있지만 거의 창녀와 같은 여자를 놓고 충돌합니다. 보수적인 한국 사람들이 보면, 아버지와 아들이 한 여자를 놓고 싸움을 한다든지, 아버지라는 사람이 아내가 남긴 유산을 가로채고서 아들과 다투는 모습이 완전히 막장 드라마지요. 아무튼 이러는 와중이었는데, 어느 날 밤 표도르가 살해당합니다. 당연히 드미트리가 혐의를 받게 되고, 체포되어 재판을 받습니다.

《카라마조프 형제들》은 진지하고 무거운 사상적인 소설인데도 독자들이 많은 데는 이유가 있습니다. 《죄와 벌》도 마찬가지인데, 추리소설 방식으로 사상을 추적하기 때문입니다. 이 소설에도 용의자를 쫓고 재판까지 가는 과정이 있어요. 제가 《카라마조프 형제들》을 처음 읽었을 때는 누가 범인인지를 밝혀내는 스토리가 재미있었지, 다른 것은 하나도 안 읽었거든요. 나중에야 제대로 읽었습니다. 이렇게 이 소설은 문학 작품이 아닌 추리소설로 읽어도 대단히 흥미롭습니다. 누가 죽었을까? 다 죽일 이유들이 있어요.

요즘 추리 소설에는 살인사건이 꼭 나오지요. 〈형사 콜롬보〉에 살인사건 안 일어나는 것 보셨어요? 추리극에서는 꼭 누가 죽어요. 그래서 수사해보면 저 사람이 범인인 줄 알았는데 의외의 사람이 유력한 용의자로 떠오릅니다. 수사와 재판은 계속되고, 독자는 배심원처럼 사건을 들여다보게 됩니다. 도스토옙스키가 살던 때는 '딱지 소설'이라고 해서, 이런 탐정소설이 유행이었습니다. 도스토옙스키는 가장 고상한 본격 문학 작가이지만, 이렇게 대중이 많이 읽던 탐정소설 양식을 순수 문학 속에 들여와 재미있는 소설을 썼던 것입니다.

삼형제,
더하기 하나

대화 이론으로 유명한 비평가 미하일 바흐친은 폴리포니polyphony, 즉 다성성多聲性이라는 특징이 유독 도스토옙스키의 《카라마조프 형제들》, 《죄와 벌》 같은 작품에서 잘 드러난다고 분석했습니다. 폴리포니란 이런 것이지요. 작가가 작품을 쓸 때는 자기 분신을 가져다 넣고, 반대되는 사람도 넣습니다. 이를테면 〈흥부전〉에서 작가의 분신은 흥부이지요. 놀부 편에서 쓸 사람이 어디 있겠습니까. 그런데 《카라마조프 형제들》은 안 그래요. 이 인물을 봐도 도스토옙스키고, 저 사람을 봐도 도스토옙스키입니다. 간질병 환자로 나오는 스메르쟈코프를 보면 이게 도스토옙스키의 분신인가 싶습니다. 그런데 사회주의에 기울어 있는 이반을 보면 꼭 이 사람이 도스토옙스키란 말이지요. 그러면서도 대지에 입을 맞추는 종교적인 대목을 보면 알료샤가 도스토옙스키입니다. 도박으로 돈을 날리고 돈 때문에 전전긍긍하던 작가를 생각하면 드미트리가 도스토옙스키이고요.

이 소설에서는 고상한 이야기만 나올 것 같지만 2백 루블, 3백 루블 하는 식으로 구체적인 액수의 돈 이야기가 자주 나옵니다. 사실 성경도 그래요. 몇 달란트, 몇 드라크마, 몇 렙돈 하면서, 돈 이야기가 꼭 나오거든요. 이게 재미있습니다. 세상 살아가는 데 필요한 돈이라는 것, 육체라는 것, 이런 것들을 여과 없이 그대로 드러내고, 그 가운데서 발견되는 하나님의 모습을 보여주니까요. 하나님은 우등생들, 깨끗한 천사들 사이에 계신 게 아니라는 이야기입니다. 예수님이 세상에 오셔서 상대하신 이들은 전부 이렇게 돈을 만지고 살던 육체를 지닌 사람들이었습니다.

그렇다면 우리도 구원이란 무엇인지 다시 생각해볼 필요가 있습니다. 성경을 보면 하나님에게 버림받은 것처럼 보이는 사람들이 오히려 하나님이 끌어안으시는 부류라는 것이 상식인데, 오늘날의 교회에서는 그렇게 생각하지 않는다는 것입니다. 이것이 장남 드미트리, 차남 이반, 막내아들 알료샤를 통해서 드러납니다.

그리고 한 사람, 스메르쟈코프가 더 있지요. 요즘 텔레비전 연속극을 보면 주인공들이 출생의 비밀을 간직하고 있는데, 스메르쟈코프가 바로 출생의 비밀을 지닌 인물입니다. 스메르쟈코프는 카라마조프 집안의 보잘것없는 하인인데, 동네를 떠돌던 여자 거지가 낳은 자식입니다. 그 여자는 추한 외모에 누더기 옷을 걸치고 온몸에는 부스럼이 덮인, 사람들이 거들떠보지도 않는 최하층민이었는데, 어느 날 아기를 가진 것입니다. 세상에 저런 여자와 관계하는 남자도 있느냐고 마을 사람들이 수군대는데, 실은 그 남자가 바로 표도르 카라마조프였습니다. 표도르는 그렇게 낳은 아들 스메르쟈코프를 오랜 하인인 그리고리에게 맡겨 키우고, 하인으로 삼습니다. 혹자는 표도르가 스메르쟈코프의 주인일 뿐 아버지는 아니라고 합니다만, 틀린 말입니다. 틀림없이 스메르쟈코프는 표도르의 서자입니다.

스메르쟈코프는 간질병 환자인데 천재적인 데가 있어요. 순진해 보이지만 머리가 아주 비상하고 자신에게 간질 발작이 일어날 것을 예견하기도 합니다. 그는 니힐리스트에다 반항적이고 전통과 현 사회에 아주 한이 많은 인간으로 그려지는데, 스메르쟈코프를 부추겨 그렇게 만든 것은 바로 차남 이반입니다. 아버지가 만들어놓은 육체에, 이반이 영혼을 찔러대니까 최악의 괴물이 탄생한 것입니다. 비극적인 아웃사이더이지요. 한국에서도 스메르쟈코프 같은 사람들이 일을 벌입니다. 그런데 아무 죄도 없는 사람의 영혼을 누가 찢었으며, 그 영혼에 누가 이런 사상을 집어넣었는가를 생각하면 너무나 불쌍합니다. 아시겠지만, 이 스메르쟈코프가 범인입니다.

예심이 진행 중일 때 이반이 스메르쟈코프를 찾아가 나누는 대화가 절품絶品입니다. 내 눈 앞의 사실 아니면, 이상이니 정의니 하는 것은 물론 이 세상의 그 아무것도 믿지 않는다는 니힐리스트와 니힐리스트의 대화입니다. 이것은 러시아적인 것이 아니고 유럽적인 것입니다. 투르게네프도 이런 면이 있지만, 볼테르와 루소에서부터 프랑스 혁명기를 거쳐 내려오는 세련된 무신론의 한 양태이지요.

의식주를 넘어서

이렇게 이반은 유럽적 지성의 소유자로서, 총명하고 천재적인 이성을 대표합니다. 드미트리가 미美를 나타낸다면, 알료샤는 선善을 상징하는 인물입니다. 장로 조시마 밑에서 모든 것을 끌어안고 아파하면서 사랑으로 융합시키려 하는 착실한 견습 수도사이거든요. 이렇게 말하면 재미없지만, 대입 수능시험에 나오는 식으로, 이반과 알료샤와 드미트리는 각각 진선미를 뜻한다고 말할 수도 있습니다. 그런데 사실 표도르 카라마조프가 보여주는 러시아는 진선미가 아니라 의식주가 가치로 여겨지는 세계입니다. 그 밑바닥에는 등 따습고 배부르면 괜찮다는 하나의 사고가 흐르고 있지요. 러시아 대중의 세계는 표도르 카라마조프처럼 먹고 자고 입는 것, 그리고 정욕만 충족하면 되는 세계였습니다. 높이도 없고, 타락도 없는 세계. 그래서 도스토옙스키는 카라마조프 집안의 이야기를 통해서 러시아의 다음 세대가 붙들고 가야 할 가치를 모색한 것입니다. 의식주 문제와 쾌락만을 좇을 뿐 어떤 성실성과 덕, 양심도 없는 썩은 러시아와 단절하지 않으면, 드미트리, 이반, 알료샤가 꿈꾸는 미래의 러시아는 없다는 것입니다.

러시아는 어디로 가야 할까요? 드미트리 쪽으로 가야 합니까? 드미트리는 아버지를 가장 많이 닮았지만 아버지와는 달리 교육받은 지식인입니다. 뜬 정신을 가지고 있고 낭비벽도 있지만, 가장 슬라브적인 인물이 드미트리예요. 전통을 이어받았으면서도 근대화된 인물입니다. 한편, 이반처럼 유럽적 지성을 갖고서 사회주의적 혁명을 꿈꾸는 사람이 있습니다. 그리고 그 반대편 끝에는 가장 종교적인 인물인 알료샤가 있습니다.

알료샤에 대해 말하자면 장로 조시마 이야기를 빼놓을 수 없습니다. 장로 조시마는 러시아정교의 수도사제였습니다. 흔히 '조시마 장로'라고 하지만, 개신교에서 말하는 장로가 아니라 나이 많고 권위 있는 사제입니다. 수도원장은 따로 있고, 직제상으로는 수도원장 아래입니다. 이 조시마 장로는 지금까지 정신적 지주로서 러시아를 끌고 온 정통 정교회의 전통과는 다른 성인聖人형 인물입니다. 한편에서 정교회 신도들은 보통 사람과는 다른 성인이 우리를 구제해준다고, 그런데 성인은 죽고 난 뒤에 시신이 썩지 않고 냄새도 나지 않는다고 믿었습니다. 오히려 온몸에서 황금빛이 나고, 향기가 난다고 믿었지요. 하지만 성인에 가까운 인물로 더할 나위 없이 존경받던 조시마 장로는 시신이 보통보다 빨리 부패하고 냄새도 심하게 납니다. 이 책에서는 이렇게 성인숭배 전통을 여지없이 치는 거예요.

장로 조시마의 이야기를 통해 말하는 것은 종래의 그런 거짓투성이 성인 사상에 대한 믿음이 아니라, 우리처럼 죽고 썩어 냄새가 나는 사람, 우리와 똑같은 죄인이 우리를 구제해준다는 것입니다. 이 소설에서는 성인이 따로 있어서 죽어도 썩지 않고 기적을 일으킨다는 사고를 배격합니다. 도스토옙스키는 그러한 성인들을 목표로 하는 교회가 아니라, 한없이 약한 죄인으로서 끝없이 위를 향해서 가는 인간을 장로 조시마의 말과 알료샤의 모습을 통해 보여주고 있습니다.

사건
경위
|

　　　　　　　　결말부터 이야기하면 스메르쟈코프가 아버지 표도르를 죽이고 목숨을 끊습니다. 그러니까 이제 구세대는 가고 미래의 세대인 삼형제만 남는 셈입니다. 그러면 그 업보를 누가 받느냐? 드미트리가 받습니다. 드미트리가 혐의를 쓰고 유형지로 떠나거든요. 그렇게 된 경위는 다음과 같습니다.

앞에서 이야기한 것처럼 드미트리는 카체리나라는 여자와 약혼한 상태입니다. 미모가 빼어나고 돈도 많고, 고상한 여성이지요. 그런데 드미트리가 그루셴카라는 젊은 여인에게 걷잡을 수 없이 빠져듭니다. 그루셴카는 카체리나와는 정반대되는 여인인데, 아버지 표도르도 이 여인에게 빠져 있습니다. 그래서 그루셴카를 두고 아버지 표도르와 드미트리가 다투게 되지요. 비단 표도르, 드미트리, 그루셴카뿐만 아니라 등장인물들의 관계가 서로 복잡하게 얽히고설켜 있어서, 이들의 관계를 모두 그림으로 나타내자면 빈칸 하나 없이 어수선하게 그려질 지경입니다.

아버지 표도르는 그루셴카와 결혼하고 싶어 합니다. 3천 루블을 준비해놓고서, 그루셴카가 자기 집에 오면 이 돈을 주겠다고 약속합니다. 표도르는 아들이면서 연적인 드미트리에게 위협받고 있는 상황이기 때문에 그루셴카와 문을 노크하는 신호까지 정해둡니다. 이에 드미트리는 그루센카가 과연 표도르의 돈을 얻기 위해서 아버지에게 가는지를 염탐합니다. 그러다가 그루센카가 표도르에게 갔다는 정보를 듣고 이 집 담을 넘어서 표도르에게 가는데, 하인 그리고리에게 들켜서 그를 절굿공이로 내리칩니다. 그리고리가 피를 흘리며 쓰러지자 죽은 것으로 알고 놀라 도망가지요. 그리고 자포자기의 심정으로, 그전에 숨겨두었던 카체리나의 돈을 들고 그루센카를 찾아가 흥청망청 써버립니다. 그런데 엉뚱하게도 표도르가 죽고, 절굿공이에 맞은 늙은 하인은 졸도했다가 일어난 것이지요. 그러니까 누가 보든지 드미트리가 살인범입니다. 담 넘어서 들어와 그루센카가 왔는지를 확인하려다가 하인을 내리치고, 표도르를 죽이고 돈 3천 루블을 가지고 나가 그날 써버린 것으로 볼 수밖에 없는 것이지요. 이렇게 정황이 딱 맞아떨어져 드미트리는 체포를 당합니다.

원래 그루센카는 사기꾼 애인이 있었습니다. 그런데 마음을 드미트리

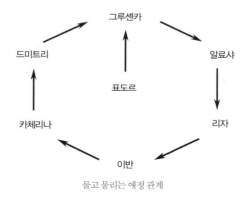

물고 물리는 애정 관계

에게 돌리면서 둘이 이루어지는 것 같은 순간에 드미트리가 체포당합니다. 그러자 약혼녀인 카체리나가 유능한 변호사를 데려와서 드미트리를 변호하는데, 이 장면이 아주 일품입니다. 변호사가 배심원들 앞에서 설득력 있게 변론한 덕분에 드미트리는 거의 무죄 판결을 받을 뻔합니다. 하지만 동생 이반이 느닷없이 나타나 살인범은 스메르쟈코프이고, 여기에는 이반 자신의 책임도 있다고 거의 실성한 상태로 증언해 사람들에게 충격을 줍니다. 그러니까 카체리나의 마음이 바뀌어 드미트리에게 아주 불리한 증거를 내놓습니다. 카체리나는 이반에게 반해 있었던 것이지요. 드미트리에게 여러모로 실망했지만 약혼녀이기 때문에 도와주다가, 이반을 위해서는 드미트리가 살인자가 되어야 한다는 생각에 이를 뒷받침하는 결정적인 증거물을 제시합니다. 결국 드미트리는 유죄 판결을 받게 되지요.

파
한 뿌리
|
　　　　　　　　한편 위에서 말한 일들이 있기 전의 일인데, 그루셴카는 알료샤를 유혹하고 싶어 합니다. 그래서 신학생이자 알료샤의 친구인 사촌 라키친에게 알료샤를 자기 집에 데려와주면 돈을 주겠다고 하지요. 조시마 장로의 죽음 이후에 벌어진 일들을 보며 상심한 알료샤는 라키친을 따라 그루셴카의 집으로 갑니다. 무척 순수한 젊은이였지만, 자포자기의 심정이었던 것이지요. 그루셴카는 장난스럽게 알료샤의 무릎에 앉아서 알료샤를 유혹합니다. 하지만 스스로를

창녀처럼 다 썩은 여자로 생각하는 그루셴카의 망가진 영혼 속에 마지막 남은 순결한 요소에 알료샤는 감동을 받습니다. 그리고 용기를 얻지요. 알료샤는 그루셴카에게서 부대낀 영혼만이 가질 수 있는 순수를 발견하고, 그루셴카를 '누님' 하고 부릅니다. 그루셴카를 성적 대상으로 대하지 않고, 아픔을 같이 나누는 것입니다. 그루셴카는 이러한 알료샤를 통해서 자기에게 남은 신성, 영성을 깨닫고서 이렇게 이야기합니다. 파 한 뿌리에 관한 이야기입니다.

"그래, 라끼뜨까, 내가 비롯 못된 여자이긴 하지만, 나는 파 한 뿌리를 적선했다고. … 어렸을 때 우리 마뜨료나, 지금 우리집 주방에서 일하고 있는 할멈에게서 들었어요. 바로 이런 이야기예요. 옛날 옛적에 몹시 심술 고약한 할멈이 살다가 죽었어요. 그런데 그 할멈은 평생 선행이라곤 눈곱만큼도 해본 적이 없었어요. 그래서 악마들은 그녀를 붙잡아다가 지옥 불에 빠뜨리고 말았지요. 할멈의 수호천사는 하느님께 말씀드릴 만한 할멈의 선행으로 어떤 것이 있을까 하고 곰곰이 생각했지요. 문득 한 가지 생각이 떠오른 천사는 '저 할멈이 밭에서 파 한 뿌리를 뽑아서 거지에게 준 일이 있습니다'라고 하느님께 말씀드렸어요. 그러자 하느님께서는 이렇게 대답하셨어요. '너는 바로 그 파 한 뿌리를 가져가 지옥 불 속에 내밀어서 할멈이 그걸 붙잡고 빠져나올 수 있도록 해라. 만일 할멈이 그걸 붙잡고 빠져나오면 천국으로 가도록 하고, 파가 끊어지면 지금 있는 곳에 계속 머물게 해라.' 그래서 천사는 할멈에게 달려가 파 한 뿌리를 내밀며, '자, 할멈, 어서 붙잡고 나와요' 하고 말했지요. 천사는 파를 조심스럽게 잡아당기기 시작해서 거의 다 끌어올렸는데 지옥 불 속에 있던 다른 죄인들이 할멈이 올라가는 모습을 발견하고는 함께 그곳을 벗어나려고 너도나도 할멈한테 매달리기 시작했어요. 하지만 몹시 심술 고약한 할멈은 '나를 끌어올리는 것이지, 너희들을 끌어올리는 것이 아니야. 이건 내 파지, 너희들의 파가 아니야' 하고 악을 쓰면서 사람들을 발로 걷어차기 시작했어요. 그녀가 이렇게 말한 순간 파는 뚝 끊어지고 말았어요. 그래서 할멈은 지옥 불 속에 떨어져 지금까지 고초를 겪고 있지요. 천사는 하는 수 없이 눈물을 흘리며 그곳을 떠나고 말았어요"(623-624쪽).

이 이야기를 듣고 알료샤가 큰 감동을 받아요. 도스토옙스키는 그루셴카뿐만 아니라 《죄와 벌》의 소냐, 《백치》의 나스타샤처럼 남들에게 손가락질당하는 악녀 또는 창녀를 등장시킵니다. 다른 사람들은 다 망가졌다고 생각하지만 남들이 가지고 있지 않은 가장 아름다운 신성을 그들에게서 발견하지요. 도스토옙스키는 신성한 곳, 성자에게서가 아니라 늪과 같은 곳, 타락한 죄인 속에서 신성을 찾습니다. 역설적이지만 사실이 그런지도 몰라요.

도스토옙스키의 소설에는 꼭 이런 여성이 나옵니다. 《지하생활자의 수기》에도 주인공의 친구들이 창녀 취급하는 한 여성이 나오는데, 주인공은 그 여성에게 사랑을 보여주거든요. 여기에서 나타나는 것은 쾌락이나 남녀관계라기보다 어쩔 수 없이 망가져가는 인간들의 생과 하나님과의 관계, 그리고 구원의 문제입니다. 모범생들이 구원받는 것이 아니고, 어쩔 수 없이 죄를 짓는 인간들에게 파 뿌리 하나와 같은 작은 사랑만 있어도 그 영혼은 살 수 있다는 이야기입니다. 이 파 뿌리 하나는 이 소설의 대단히 중요한 키워드이고, 대심문관이 제기한 문제에 답하는 열쇠이기도 합니다. 이반의 이성이 넘지 못하는 새로운 신앙의 세계를 오히려 그루센카를 통해서 발견하게 되는 것이지요.

세비야의 밤,
예수를 찾아온 대심문관

이 소설에서 가장 감동적인 이야기로 이어지는 핵심적인 장면, 가장 문제가 되는 부분이 이반의 극시 〈대심문관〉입니다. 아버지가 살해되기 직전, 알료샤는 큰형 드미트리가 아버지에게 큰일을 낼 것을 염려하면서 둘을 화해시키고자 불안한 마음으로 형을 찾아다닙니다. 그러다가 카페에서 작은형 이반을 만나는데, 그때 이반이 알료샤에게 들려준 이야기가 바로 〈대심문관〉입니다. 그러니까 〈대심문관〉은 작품 속에 등장하는 또 하나의 작품입니다.

무대는 16세기 스페인의 세비야입니다. 스페인은 당시 인근에서 제일 부유한 나라였습니다. 하지만 이슬람과 접경해 있었기 때문에 상인들과 이슬람인의 교류가 잦았습니다. 그때 가톨릭 추기경이 대심문관이 되어 유대인을 포함한 무수한 사람을 이단으로 몰아 죽입니다. 크리스토퍼 콜럼버스가 신대륙을 발견한 것도 사실은 유대인들이 이 압력에서 벗어나 자신들의 나라를 세우기 위해 돈을 댄 덕분이라는 설이 있을 정도로, 이 시기 스페인에서는 많은 사람들이 이교도 또는 이단으로 몰려서 죽습니다. 〈대심문관〉의 이야기도 이때를 배경으로 합니다.

이단 심문과 단죄로 수백 명이 화형에 처해진 어느 여름밤이 지나고 이튿날 예수님이 나타나셨습니다. 사람들을 위로하고 구원하기 위해 세비야에 오셔서 병자를 고치고 죽어가는 사람을 일으키시자 군중들이 한눈에 알아봅니다. 예수님이 재림했다며 가난한 사람, 아픈 사람이 떼를 지어 모여서 기적을 바랍니다. 이들을 고쳐주시는 예수님에게 대심문관이 부하들을 데리고 다가옵니다. 대심문관은 이 사람이 예수님이라는 것을 알면서도 체포해서 감옥에 가둬요. 그리고 그날 밤, 월계수 향과 레몬 향이 진동하는 세비야의 열대야에, 아흔 살 먹은 대심문관이 아무도 모르게 그림자처럼 예수님을 찾아옵니다. 야위었지만 눈만은 활활 불타는 그는 이교도를 대하듯 예수님을 심문합니다.

아주 고압적으로 예수님을 비판합니다. 당신이 예수인지 아닌지는 모르겠다면서도, 예수님의 가르침을 비판하기 시작해요. 예수님은 한 말씀도 하지 않으십니다. 대심문관 홀로 긴 이야기를 풀어놓습니다. 좋다, 당신이 말해봐야 옛날에 했던 이야기 그대로일 테니 말하지 마라. 당신은 더 할 말이 없다. 1,500년이 지나도록 우리는 당신의 가르침을 실행하기 위해 치열하게 현실에서 살았다. 그러나 당신 방식으로는 절대로 안 된다. 교회가 이 겁쟁이 반역자들의 양심을 영원토록 정복하고 사로잡으려면, 그리고 그들에게 행복을 가져다주려면 세 가지 힘이 있어야 한다. 그 세 가지 힘이 무엇이냐. 바로 기적과 신비와 권위다. 먼저 기적을 보여주어야 한다. 사람들을 조직에 묶어두기 위해서는 사람들에게 현세적 이익을 제공해야만 한다. 그러지 않으면 이들은 절대로 교회나 당신을 따라오지 않는다. 기적을 베풀어야 한다. 다음으로 신비가 필요하다. 사람들의 이목을 끌기 위해서 사람들에게 내세의 존재를 확신시켜야 한다. 이들이 내세를 믿지 않으면 결코 교회에 오지 않을 것이고 종교를 믿지 않을 것이다. 마지막으로 권위가 있어야 한다. 사람들이 가르침을 지키도록 하기 위해서 사람에게 벌을 내리는 힘을 보여주어야 한다. 이러한 권위가 없으면 사람들은 따라오지 않는다.

　이게 무슨 말이겠어요. 대심문관은 누구보다도 예수님을 잘 알고, 누구보다도 하나님을 잘 따르려고 하는 사람입니다. 하지만 현실의 교회는 기적, 신비, 권위가 아니면 예수님이 맡기고 간 이 땅에 더 이상 그들을 잡아둘 수가 없습니다. 대심문관은 그래서 오늘날의 교회, 오늘날의 예수회는 이렇게 될 수밖에 없었다고 말합니다. 당신이 잘못한 것이다. 만약 당신처럼 기적을, 신비를, 권위를 보여주지 않으면 한 사람도 남아날 사람이 없다. 그나마 우리들이 1,500년 동안 잘했기 때문에 교회가 유지된 것이다. 권위를 보여주기 위해서 이단을 처형하고, 사람들의 이목을 끌기 위해 내세의 존재를 확신시키고, 사람들을 묶어두기 위해서 그들에게 현세적 이익을 주었기 때문에 이 정도이지, 그러지 않았으면 한 사람도 남아 있을 사람이 없다. 우리가 지금까지 얼마나 고생하면서 여기까지 왔는데, 왜 우리를 방해하느냐. 이제 와서 다시 옛날처럼 하면 어쩌란 말이냐.

　교회의 역설입니다. 끔찍한 이야기이지요. 교회가 교회로서 살아남고 하나님의 영광을 현실 종교로 끌고 오기 위해서는 예수님 식으로 하지 않고 대중이 좋아하는 방식을 따라야 한다는 것입니다. 소위 포퓰리즘을 쓰지 않으면 한 사람도 예수를 따를 사람이 없다는 것입니다. 이나마

1528년 잘츠부르크에서 벌어진 화형 장면을 묘사한 얀 뤼켄의 판화

교회가 유지되고 사람들이 '호산나', '할렐루야' 하는 것은 자신들 덕분
이라는 것입니다. 그런데 왜 바로잡으려고 왔느냐. 이 사람들을 태워 죽
였다고 우리를 나무라는 것이냐. 이 사람들을 죽이지 않으면 권위가 살
지 않고, 권위가 없으면 한 사람도 우리를 쫓아오지 않는다. 이렇게 엄
하게 다스린 덕분에 다른 종교로 안 간다는 것입니다. 모르고 하는 소리
가 아니지요. 대심문관이 너무나도 세상을 잘 알고 예수님을 잘 아는데,
그 사이에 모순이 있다는 것입니다. 이 충격적인 이야기는 바로 오늘의

소설로 떠나는 영성순례

교회, 우리들에 대한 이야기이지요. 이것은 뒤에 더 이야기하겠습니다.

옆의 그림은 잘츠부르크에서 열여덟 명이 한꺼번에 화형당하는 모습을 그린 판화입니다. 정말 잔인하지요. 이건 기독교가 할 일이 아닙니다. 예수님이 이렇게 태워 죽이라고 하셨습니까? 그런데 예수님의 복음을 이 지상에 바로세우기 위해서는 이렇게 태워죽이지 않으면 안 된다고 하는 것이 인간들입니다. 이게 현실입니다. 이렇게 엄하게 해서 1,500년 동안 교회가 견뎌왔다는 것입니다.

정치도 경제도 똑같습니다. 우리는 신과 악마가 싸우는 전장 한복판에 떨어져 있고, 지옥과 천국을 왔다 갔다 합니다. 그런데 이것을 겪지 않고 공짜로 하나님께 가려는 것, 아무것도 안 하고 공짜로 신앙을 갖는 것은 바로 도둑질과 마찬가지입니다. 우리는 반드시 이 고통스런 과정을 겪어내야 합니다. 사실 저는 그 과정을 겪다가 아예 거기에 빠져버린 사람이라 여러분 앞에서 신앙 이야기를 할 계제는 아닙니다. 하지만 어머니 아버지가 믿으니까 믿은 모태신앙인들, 주일학교 다니고, 별 다른 고민이나 어려움 없이 오늘까지 잘 왔다고 하는 사람들은 자신의 신앙이 제대로 된 신앙인지 생각해볼 필요가 있습니다.

어째서 빵을 만들지 않았는가

도스토옙스키의 이 소설을 읽으면, 참된 신앙이 무엇이며 내가 지금부터 걸어야 할 길이 무엇인지를 느끼게 됩니다. 대심문관은 예수님이 광야에서 악마에게 시험받으면서 대응하신 것을 비판하면서 세 가지 물음을 던집니다. 그때 왜 그랬느냐는 대심문관의 물음에 대한 대답은 조시마 장로가 남긴 말에 들어 있지요. 이반이 대심문관의 입을 통해 하는 이야기를 들으면서, 독자는 대심문관에게 공감하고 이반에게 박수를 칩니다. 그런가 하면 그다음 나오는 알료샤의 이야기에 귀를 기울이고 조시마 신부의 강론을 읽으면서 아, 이게 참 신앙이구나 하는 것을 느껴요. 속된 말로 병 주고 약 주는 장면이지요. 독자들은 한참 대심문관의 말을 들으며 맞장구치는데, 그걸 뒤집어 보면 조시마 장로의 파 뿌리 하나 이야기로 이어지는 것이지요.

예수님이 40일 동안 단식기도를 하셨습니다. 왜 하필 40일 동안 광야에서 기도를 하셨죠? 왜 30일이 아니고 40일입니까? 40일 이상이면 견디기 어렵고, 30일이면 너무 약해서? 이스라엘 백성들이 출애굽 뒤에 광야에서 40년간 떠돌아다녔는데, 그걸 줄인 것이죠. 성경에는 40이라는 수가 자주 등장합니다. 노아의 홍수 때 비가 내린 기간도 40일이고, 모세가 십계명을 받으러 시내산에 올라가 있었던 것도 40일간이었습니다. 그 기간에 이스라엘 백성은 유혹에 빠져 금송아지를 만들어 섬기지요. 이러한 유혹과 시련의 40일을 예수님도 마찬가지로 겪었고, 그것을 극복하셨던 것이지요. 그러자 마귀가 와서 세 가지 문제를 냅니다. 수능시험과 비슷하지요. 다 답들이 있어요. 그리고 대심문관이 마귀처럼 나타나서 다시 한 번 세속적 입장에서 이 문제를 이야기합니다. 성경에서는 마귀가 예수님에게 이렇게 말하지요.

시험하는 자가 예수께 나아와서 이르되 네가 만일 하나님의 아들이어든 명하여 이 돌들로 떡덩이가 되게 하라. 예수께서 대답하여 이르시되 기록되었으되 사람이 떡으로만 살 것이 아니요 하나님의 입으로부터 나오는 모든 말씀으로 살 것이라 하였느니라 하시니, 이에 마귀가 예수를 거룩한 성으로 데려다가 성전 꼭대기에 세우고 이르되 네가 만일 하나님의 아들이어든 뛰어내리라. 기록되었으되 그가 너를 위하여 그의 사자들을 명하시리니 그들이 손으로 너를 받들어 발이 돌에 부딪치지 않게 하리로다 하였느니라. 예수께서 이르시되 또 기록되었으되 주 너의 하나님을 시험하지 말라 하였느니라 하시니, 마귀가 또 그를 데리고 지극히 높은 산으로 가서 천하만국과 그 영광을 보여 이르되 만일 내게 엎드려 경배하면 이 모든 것을 네게 주리라. 이에 예수께서 말씀하시되 사탄아 물러가라. 기록되었으되 주 너의 하나님께 경배하고 다만 그를 섬기라 하였느니라. 이에 마귀는 예수를 떠나고 천사들이 나아와서 수종드니라(마 4:3-11).

"네가 만일 하나님의 아들이어든 명하여 이 돌들로 떡덩이가 되게 하라." 대심문관 말이 이거예요. 왜 떡을 만들지 않았느냐. 이 세상에는 빵을 준다고 하면 엎드리지 않을 사람이 없다. 빵이면 최고다. 그때 악마 말대로 떡을 만들어줬으면, 이 세상의 모든 악과 근심이 사라졌을 것이다. 대중은 등 따숩고 배부르면, 그것으로 만족할 것이기 때문이다. 돌로 떡을 만들어주었으면 그것으로 행복하게 살 사람들인데, 이 약한 인간들에게 왜 빵은 주지 않고 하나님 말씀을 따르라고 했느냐. 이 불쌍한 사람들에게 빵을 주었더라면 혁명도 안 일어나고, 도둑질도 없고, 굶어죽은 자식 앞에서 통곡하는 일도 없었을 것이다. 이 모든 경제적 문제를 해결해줬으면 좋았을 것을, 지난 1,500년뿐 아니라 앞으로도 1,000년 동안 인류는 하나님 말씀이 아니라 떡 때문에 이 모양으로 살 것이다. 떡의 문제를 해결해주면 누구나 무릎을 꿇고 노예가 된다. 마귀에게 네 말 대로 하겠다고 했으면 기독교는 지금 대단했을 것이다.

빵 준다는데 교회 안 올 사람이 어디 있겠습니까. 이때 빵이라는 것은 돈이고, 세속적 욕망을 다 채워주는 것입니다. 이제 대심문관이 하는 말이 클라이맥스입니다. 당신이 그때 내 권능으로 이 돌덩이로 빵을 만들어주겠다고 했더라면, 우리의 고민은 끝났을 것이다. 인간은 위대하지 않다. 인간에게 하나님 말씀은 그대로 지키고 살기 어려운 것이다. 인간이 얼마나 약한데 어쩌자고 자유의지를 주었느냐. 빵만 있으면 아무 근심 없이 살 사람들인데. 도대체 몇 사람이나 빵 말고 하나님 말씀을 원하겠느냐.

이렇게 휴머니즘의 이름으로 대심문관은 빵과 자유의 문제를 거론합니다. 빵 때문에 죄를 짓고 빵 때문에 슬퍼하는 자가 너무나도 많은 것을 경험했기 때문에, 교회가 하나님 말씀보다는 빵을 줘야 한다고 보는 것이지요. 그 덕분에 지금 이만큼이나마 유지하고 있는데, 왜 다시 와서 빵이 아니라고 하며 우리를 방해하느냐, 이 이야기입니다. 첫 번째가 빵, 곧 경제이니, 경제 문제를 해결해주면 다 된다는 것입니다.

떠오르는 게 없습니까? 전 세계가 지금 하나님 말씀 가지고 정치합니까? 하나님 말씀 가지고 신문 만듭니까? 전부 경제 문제예요. '경제민주화', '일본의 금리인하', 전부 빵 이야기입니다. "일본 사람들이 금리를 내리면 우리는 어떻게 되는 거야?" "환율 떨어지면 수입, 수출은 어떻게 되는 거야?" "세법 바꾸면 우린 어떻게 되는 거야?" 자고 일어나서 우리들이 문제 삼는 것이 빵 문제이지, 어디 하나님에 관해 이야기들 하느냐 이것입니다. 그때 예수님이 빵을 만들었더라면 오늘 사람들이 싸우고, 데모하고, 혁명하는 문제가 싹 없어졌을 텐데, 왜 그렇게 하지 않으셨습니까?

"예수께서 대답하여 이르시되 기록되었으되." 신명기에 이미 나오는 이야기거든요. 그러니까 예수님은 자신의 이야기가 아니라 신명기에 이미 기록된 해답을 말씀하신다는 것입니다. "사람이 떡으로만 살 것이 아니요 하나님의 입으로부터 나오는 모든 말씀으로 살 것이라 하였느니라." 너는 왜 빵을 찾느냐. 인간이 빵만으로 사는 것이 아니다. 하나님 말씀으로 살아야지 어떻게 빵만 가지고 사느냐. 나는 너희들한테 먹으면 영원히 죽지 않는 빵을 주러 왔다. 아무리 먹어도 죽는 빵이 대수란 말이냐 하시는 거죠. 그러면 오늘날의 교회가 빵을 주는 교회인지, 하나님 말씀을 주는 교회인지 솔직히 이야기해보시기 바랍니다. 90퍼센트는 그래도 교회에서 어려운 생활을 도와주고, 음식도 나눠주고 하니까 오지, 교회에서 물 한 모금 주지 않고 하나님 말씀만 주면 대부분은 돌아서서 갈 것입니다. 그래도 먹을 것, 세속적인 무엇인가가 있으니까 지탱되는 것입니다. 이것이 바로 지금 교회의 현실이라는 것입니다.

여기서 빵이라고 했지만, 비단 먹을 것만을 이야기하는 것은 아닙니다. 의식주를 대표하는 말이지요. 교회에 비가 주룩주룩 샌다고 해보세요. 덥고, 습하고, 곰팡내 나는데 누가 교회에 오겠습니까? 이 대심문관은 인간의 현실을 너무나도 잘 아는 사람입니다. 그도 지금 미칠 것만 같습니다. 나는 예수님처럼 살고 하나님 말씀 전해야 하는데, 그래서는 이 사람들이 아무도 믿지 않을 것이니, 차라리 빵을 주는 것이 낫겠다는 것이지요.

신비와 기적과 권위

| 이반은 아주 이성적이고 악마 같은 지성인이잖아요. 알료샤가 하도 고상하고 이상적인 이야기를 하니까 이반이 이런 이야기를 들려줍니다. 대심문관 이야기를 하기 직전에 나오는 대목입니다.

"그런데 금세기 초에 세도 당당한 인척들이 많은 부유한 지주였던 어느 장군이 있었는데, 그는 관직에서 물러나 쉬면서 자기 하인들을 죽이고 살릴 권리를 부여받았다고 믿는 그런 부류들(사실 이미 당시에도 그런 작자들은 그리 많지 않았던 것 같다) 중의 한 사람이었어. 당시 그런 작자들이 있기는 있었지. 그런데 그 장군은 자기 영지에 2천 명의 농노를 거느리고 떵떵거리며 살고 있었으므로 이웃한 소지주들은 자기 집 식객이나 어릿광대 정도로밖에 여기지 않았던 거야. 거기에는 수백 마리의 개를 기르는 개집이 있었고, 1백 명에 달하는 사냥개지기들은 한결같이 제복을 입고 말을 타고 다녔어. 그런데 하인집 아이가, 겨우 여덟 살밖에 되지 않은 소년이 놀다가 돌을 잘못 던져서 장군이 아끼던 개의 다리를 다치게 만든 거야. '내가 아끼는 개가 어째서 다리를 저는 거냐?' 하고 장군이 묻자, 사람들은 소년이 여차저차

돌은 던져서 다리를 다치게 만들었다고 대답했어. 장군은 '바로 네놈이구나' 하고 그 소년을 바라보며, '당장 저놈을 잡아들여!' 하고 소리쳤지. 하인들은 어머니 품에서 그 소년을 빼앗아서 밤새 헛간에 가두었고, 다음날 동이 트기도 전에 장군은 사냥 채비를 갖추고 말을 타고 나타났어. 말 안장에 앉아 있는 그의 주변에는 식객들, 사냥개들, 사냥개지기들, 몰이꾼들이 말을 탄 채 에워싸고 있었던 거야. 주위에는 본때를 보여주기 위해 하인들이 모여 있었고, 그 맨 앞에는 잘못을 저지른 소년의 어머니가 서 있었지. 마침내 소년이 헛간에서 끌려나왔어. 음산하고 날씨도 차가운 데다가 안개가 낀 가을날이어서 사냥하기에 적당한 날이었지. 장군은 소년의 옷을 벗기라고 명령했고, 소년은 옷을 홀딱 벗긴 채 너무 무서워서 거의 정신이 나간 나머지 찍소리도 하지 못했어…. '저놈을 내몰아라!' 하고 장군이 명령을 내리자, 사냥개지기들은 '뛰어, 어서 뛰어!' 하고 외쳐댔고, 소년은 달리기 시작했어…. 장군은 '저놈을 쫓아라!' 하고 소리치며 보르조이 사냥개들을 모두 풀어놓은 거야. 바로 어머니가 보는 앞에서 물어 죽인 거지. 사냥개들은 아이를 갈기갈기 물어뜯고 말았거든! 그래서 장군은 금고형인가를 선고받았다는 거야. 그렇다면… 그자를 어떻게 해야 좋을까? 총살을 시킬까? 도덕적 감정을 만족시키기 위해 총살을 시킬까? 말해봐, 알료샤!"

"총살을 시켜야죠!" 알료샤는 하얗게 질려 일그러진 미소를 띤 채 형을 뚫어질 듯 응시하면서 조용히 대답했다.

"브라보!" 이반은 기뻐하며 탄성을 질렀다. "네가 그렇게 말하는 걸로 봐서… 고행 계율을 받은 네가! 그렇다면 네 가슴속에도 어떤 새끼 악마가 들어앉아 있는 거야, 알료샤 까라마조프!"

"제가 어리석은 이야기를 했군요, 하지만…"

"바로 그거야. 그런데 하지만은 또 뭐야…" 이반이 소리쳤다. "이봐, 수도사 나리, 어리석음이란 이 지상에 너무나 필요한 것이야. 세상은 어리석음 위에 세워져 있고, 그것이 없다면 세상에는 아마 아무 일도 일어나지 않을지 몰라. 우리는 우리가 무엇을 아는지 알고 있는 거라고!"(431-433쪽)

대심문관도 똑같은 이야기를 합니다.

예수님이 받은 두 번째 시험은 예루살렘 성전 꼭대기에서 뛰어내리라는 것이었습니다. 정말 예수가 하나님의 아들이라면 발이 땅에 닿기 전에 천사들이 받아주리라는 것이었지요. 예수님은 "주 너의 하나님을 시험하지 말라 하였느니라"면서 신명기에 기록된 구절로 응답하십니다. 이에 대해 대심문관은, 당신이 거기에서 뛰어내리고 천사들이 당신을 받아 올라왔더라면 우리가 이 고생을 하지 않아도 모든 사람이 당신을 믿었을 것이다. 그때 기적을 보여주었어야 하는데, 왜 뛰어내리지 않았느냐. 당신이 '그렇게 기적을 보여서는 안 된다', '기적 때문에 믿는 것은 안 된다' 하는 바람에, 사람들은 기적을 보여주는 다른 종교를 찾아가고 우리에게 오지 않는다. 그러니 우리가 기적을 보여줄 수밖에 없지 않느냐, 하고 공격합니다.

예수님이 받은 세 번째 시험은 마귀에게 절하면 천하만국의 권위와 영광을 다 주겠다는 것이었지요. 예수님은 "주 너의 하나님께 경배하고 다만 그를 섬기라 하였느니라"라며 마귀의 시험을 물리쳤습니다. 이에 대해 대심문관은 이렇게 말하지요. 그때 한 번만 절해서 왕국의 권리를 다 가졌으면 악인들이 통치하는 일도 없었을 것 아니냐, 왜 그것을 마다했느냐, 그 때문에 지금 얼마나 나쁜 사람들이 이 지상을 다스고 있느냐고요.

마귀가 말한 대로 떡을 주고, 높은 데서 떨어져서 기적을 보여주고, 만국의 권위를 가지고 하나님의 이름으로 세상을 다스렸더라면 이 지상은 지금보다 나아졌을 텐데, 왜 이 셋을 마다했느냐. 이것이 빵을 주기만 하면 모든 사람들은 그 앞에 무릎을 꿇는다는 경제 제일주의, 물질 제일주의입니다. 이반이 이야기해요. "왜냐하면 이 세상에는 빵보다 명확한 것은 없기 때문이다." 먹는 것, 등 따습고 배부른 것, 돈은 분명한 것이다. 이게 없으면 어떻고 있으면 어떻다는 것은 너무나도 확실하다. 그러니까 사람들은 추상적인 것을 믿지 않는다. 빵을 준다고 하면 온 세상이 무릎 꿇는다. 그것을 왜 주지 않았느냐는 것입니다.

대심문관의
비밀
마지막으로 대심문관이 무슨 끔찍한 이야기를 하는지 보십시오.

"우리들이 함께하는 것은 당신이 아니라, '그'〔악마〕요. 그것이 바로 우리들의 비밀이지"(458쪽).

충격적인 이야기입니다. 오늘날의 기독교, 오늘날의 종교조직, 오늘날 하나님의 권능과 예수님의 이름을 들먹이는 사람들은, 이미 예수님을 믿는 사람들이 아니라, 이제껏 말한 세 가지를 주는 것으로 연명해가는 악마 편이라는 것입니다. 그러지 않았으면 자신들은 벌써 사라졌다, 이것이 자신들의 비밀이라는 것입니다. 〈대심문관〉은 이렇게 대단한 종교 비판이었습니다. 당시의 예수회, 가톨릭에 대한 비판이었습니다. 개신교에 대해서는 말을 하지 않았습니다만, 이른바 제도권화된, 권위화된 종교, 신비와 권위와 기적으로 반석에 올라앉은 종교 시스템에 대한 강력한 비판입니다.

그것들에 대해 '노no'라고 말한 사람이 도스토옙스키의 알료샤이고 조시마 장로입니다. 마지막 유혹을 이기지 않으면 우리가 기독교인이 될 수 없다는 것입니다. 말만 기독교인일 뿐 종교적 시스템에 들어간 것이지, 예수님이 '노'라고 하신 것에 대해 우리는 전부 '예스Yes'를 외쳤다는 것입니다. 바로 예수님의 이름으로! 이 세 가지에 대해 '노'라고 한 교회가 있느냐는 이야기예요. 대심문관이 비밀이라며 이야기하는 바가 그것입니다. 교회는 악마를 따랐다. 예수님의 이름으로 빵을 주고, 기적을 보여주고, 권위를 보여주었다. 종교재판을 하고 마녀사냥을 자행했다. 교황이 왕들의 권력을 움켜쥐고 있었고, 거기에는 황금이 있었다. 광야의 유혹을 뿌리친 예수님이 이 세상에 오면 이단자로 몰려서 대심문관에게 쫓겨나간다는 것입니다. 교회의 방해자가 된다는 것이지요. 이것이 도스토옙스키의 양심이고 도스토옙스키의 신앙이었습니다. 이것을 통과하지 않는 영혼은 악마라는 점을 도스토옙스키는 알료샤와 조시마 신부를 통해서 보여주었습니다.

예수의
대답
|

"그러나 갑자기 그는 아무 말 없이 심문관에게 다가오더니 아흔 살 노인의 핏기 없는 입술에 조용히 입을 맞추는 거야. 이것이 그의 대답의 전부야" (467쪽).

대심문관의 추궁에 대해서 예수님이 어떻게 하시는지를 보면 놀랍습니다. '이런 고얀 놈! 십자가에 매달렸을 때 내 고통이 얼마나 심했는지 알아? 그런데 넌 내 이름을 팔아먹고 있단 말이냐!' 하지 않으십니다. 대심문관이 예수님에게 왜 왔느냐고 욕하며 비판하는 것은 꼭 어린아이가 아버지에게 투정하는 것 같습니다. 아버지의 사랑을 잘 알면서도 어리광피우고, 떼쓰고, 대들고, 욕하고 하는 어린아이 같아요. 투정하는 아이에게 어쩌겠습니까. 끌어안아주는 것이지요. 예수님이 아흔 살 먹은 대심문관을 끌어안고 입을 맞추면서, '네가 잘 아는구나. 누구보다 잘 아는구나. 겉으로만 나를 따르는 자보다도 네가 나를 잘 알고 있구나' 하시는 거예요.

욥도 마찬가지입니다. 억울한 자기 입장에서 하나님께 욕하고 대들었지만 하나님은 그를 구제해주었습니다. 욕하지 않는 사람들은 구제되지도 못해요. 진실함 속에서 투정을 하고, 투정 속에서 신을 발견하는 것입니다. 어린아이들이 투정을 통해서 어머니 아버지의 사랑을 체험하듯이, 인간은 복종하는 착한 아이가 아니라 투덜대고 투정하고, 심하면 탕자처럼 집을 나가는 경험 속에서 어머니 아버지의 사랑을 얻고 이해한다는 것입니다. 이러한 모순의 세계를 논리로는 설명할 수 없고 법칙으로도 해명할 수 없기 때문에 소설과 시가 있는 것입니다. 소설만이, 시만이 그걸 할 수 있어요. 모순인 그대로 드러내어 느끼게 해주는 것이 예술입니다. 종교적 색채를 가진 도스토옙스키가 많은 무신론자, 종교와 관계없는 사람에게도 신과 대면할 수 있는 기회를 줄 수 있는 것은 예술과 소설이 지닌 바로 이러한 힘 때문이지요.

이것은 한국 교회의 가장 부족한 점이기도 합니다. 위선자의 무리는 절대로 구제받지 못합니다. 오히려 닭이 울기 전에 세 번이나 예수님을 배신한 어쩔 수 없는 인간인 베드로처럼, 후회하고 눈물 흘리고 가슴을 찢는 죄인에게 하나님은 구원의 손길을 내밀어주는 것입니다.

저는 사람들이 머리에 두 팔을 올리고 하트를 만들어 보이는 게 참 싫어요. 어디서나, 아무한테나 그래요. 사랑이 그렇게 쉽습니까? 사랑이 그렇게 흔한 거예요? 우리에게 마지막 남은 게 사랑입니다. 얼마나 힘든 일인데 아무데서나 그렇게 합니까. '나눔'이란 말도 너무 흔해빠졌습니다. 뭘 나눈단 말입니까? 고통부터 나눌 일입니다. 빵을 나누지 말고 아픔부터 나눠야지요. 빵 줄 사람은 많아요. 정치가들이 선거 때마다 빵 주겠다고 하지 않습니까? 그 사람들이 빵을 준다고 하지, 하나님 말씀 준다고 합니까? 그렇게 해서 표 얻잖아요. 우리가 원하는 것이 그것뿐이면, 그것으로 끝나는 것입니다. 빵보다 귀한 것이 있습니다. 한 번밖에 살지 않는 인생, 빵 이상의 것을 추구하는 자만이 하나님을 만날 수 있고, 고통을 견딜 수 있고, 그 많은 거짓의 세계에서 조금씩 조금씩 상승해가는 것입니다. 우린 빵 앞에서 노예가 됩니다. 돈 앞에서 노예가 됩니다. 아버지, 어머니를 왜 버렸습니까? 빵 때문에 버리지 않았습니까? 돈 때문에 버리지 않았습니까? 돈 때문에 사랑하는 사람을 배신하지 않았습니까? 빵이, 돈이 도대체 뭐란 말입니까? 누구나 빵 앞에서는 무릎 꿇기 때문에 빵을 준다는 사람이 승리합니다. 사람들은 빵을 준다는 이에게 달려가지, 예수님처럼 가시 면류관 쓰는 길은 아무도 가지 않습니다. 그 사랑의 길은 아무도 가지 않습니다.

카라마조프의 저열한 힘

이반도 참 불쌍하지요. 이 세상을 잘 아는 거예요. 〈대심문관〉이란 극시를 쓴 사람이니까 하나님이 누구인지, 세상이 무엇인지 잘 알고 있습니다. 이 사람은 이과 출신이라 과학적으로 이해하고 있습니다. 그래서 마지막에 알료샤가 이렇게 말해요.

"형의 서사시는 예수님에 대한 찬사이지, 형이 원한 것처럼… 비난은 아니거든요. 그리고 형이 말한 자유를 믿을 사람이 있을 것 같아요? 자유를 그렇게, 그렇게 이해해야 하다뇨! 그것이 정교에서의 해석일까요? 그것은 로마의 해석, 그것도 로마 전체의 해석이 아닌 단지 거짓말에 불과하며, 가톨릭교도들의, 심문관들의, 예수회 중에서도 가장 나쁜 자들의 해석이에요!"

(464쪽)

형은 예수님을 욕하는 것이 아니라, 예수님이 진정 어떤 분인지를 내게 이야기해주고 있는 거야. 빵이 아니라 하나님 말씀을 주신 것, 빵을 주셨으면 쉽게 악마를 이길 수 있는데 그러지 않고 어려운 길 택하신 것을 형도 이야기하는 거잖아. 빵과 권력을 주는 건 가짜라는 것, 심문관이 잘못하고 있다는 것을 이야기하고 있잖아. 형은 지금 예수님을 욕하고 있는 것이 아니라 찬미하고 있는 거야. 알료샤는 이렇게 꿰뚫어보는 것이지요. 그게 오늘날의 지성인들이 감추고 있는 비밀입니다. 과학자, 지성인들은 알고 있어요. 그런데 현실이라는 이름 앞에서 그것을 부정하는 것입니다. 예수의 말없는 입맞춤이 "가슴속에서 불타고 있지만 과거의 사상을 고수"하는 대심문관처럼요.

이것을 잘 보여주는 것이, 가슴과 머릿속에 그러한 지옥을 담아두는 것을 염려하는 알료샤의 말에 대한 이반의 대답입니다.

"무엇이든 견뎌낼 정도의 힘은 있어!" 이반은 냉소를 흘리며 말했다.
"어떤 힘 말인가요?"
"까라마조프의… 까라마조프의 저열한 힘 말이야"(468쪽).

기가 막힌 이야기이지요. 우리가 그렇게 더럽게 살았어. 그래서 지금껏 버텨온 것이니 걱정하지 마. 앞으로 어떤 상황이 와도 카라마조프는 결코 망하지 않아. 저속한 힘을 가지고 있으니까! 고상한 힘이 아니고, 저열한 힘. 가장 더러운 늪에서 사는 강한 것이 바로 카라마조프의 욕망이다. 그러니 고상한 척하지 마. 너도 저속해져! 이렇게 이야기하는

소설로 떠나는 영성순례

것입니다. 역설적이지만, 이반이 생각하는 나라는 높은 영혼의 나라인데, 현실 속에서는 이 저속한 힘을 믿고 하나님보다도 이 힘을 가까이 합니다. 여기에 대한 반론이 결론입니다. 조시마 장로의 이야기를 들어 보지요.

세상은 자유를 선언하였고, 현대에 들어서는 더욱 그렇습니다만, 그들의 자유 속에서 우리는 무엇을 보고 있습니까? 그것은 예속과 자살에 지나지 않습니다! 세상은 이렇게 말하기 때문입니다. '욕구가 있으면 충족시키시오. 당신들도 귀인들이나 부자들과 똑같은 권리를 가지고 있지 않소? 욕구 충족을 두려워하지 말고 오히려 더욱 증대시키시오'라고 말입니다. 이것이 오늘날 이 세상의 교리이며, 세인들은 그 속에서 진리를 발견하고 있는 것입니다. 그런데 욕구 확대라는 권리는 어떤 결과를 낳았습니까? 부자에게는 '고독'과 정신적 자살을, 가난한 사람들에게는 질투와 살인을 낳았을 뿐입니다. 왜냐하면 권리를 주었으되 욕구를 충족시키는 방법을 미처 가르쳐 주지 않았기 때문입니다(557쪽).

중요한 대목입니다. 우리에게 세속적 자유, 평등은 주어졌습니다. 부자와 같이 잘살 동등한 권리를 갖게 되었습니다. 그러면 결과는 어떻습니까? 가진 사람은 고독과 정신적 자살에 빠졌고, 가난한 자는 동등한 권리를 가졌음에도 잘사는 사람들에 대한 질투와 살인에 빠져들고 맙니다. 욕망을 채울 수단이 제시되지 않았기 때문입니다. '빵이 최고다', '무릎 꿇으면 빵을 주마' 하는데, 그 빵을 주는 수단은 제시되지 않았습니다. 자유, 평등, 권리에 대해 말하지 않는 경제학자가 없지만 가난한 사람들은 여전히 가난합니다. 경제학자들은 평등한 사회이니 권리를 누리고 욕망을 채우라고 가르치지만 그 수단은 아무도 가르쳐주지 않습니다. 이것이 과학이고, 현대의 상황이라는 것입니다. 하지만 인간을 구제하는 것은 그런 것들이 아니라, 파 뿌리 하나입니다.

오스트리아 출신의 철학자 비트겐슈타인은 도스토옙스키 소설을 사랑한 것으로 유명하지요. 제1차 세계대전 중이던 1916년 러시아 전선에 배속된 그는 《카라마조프 형제들》을 여러 차례 읽었다고 합니다. 특히 조시마 장로의 설교문은 거의 외울 정도였다지요. 그는 도스토옙스키의 작품 속에 나오는 이야기들에서 명석한 합리성과 실증성의 논리에서 한 걸음 더 나아갈 수 있는 계기를 발견합니다. 예를 들어, 살인 후에 문을 열어놓고 나왔다는 장면에서 암시되어 있는, 악 속에서 돌연히 열리는 출구, 극한의 상황 속에서 이루어지는 반전들이 그렇지요. 말년에 비트겐슈타인의 철학이 달라지는데, 여기에는 도스토옙스키의 영향이 있었을 것입니다. 악인에게서 거꾸로 신성함을 발견하는 것, 창녀에게서 가장 순결한 여심을 찾는 역설의 세계는 과학적 인과법칙에서는 도저히 나올 수가 없는 것이지요.

가나의
혼인잔치

여러 가지 설이 있지만, 예수님이 물을 포도주로 바꾸는 기적을 일으킨 가나라는 마을은 가난한 곳입니다.

소설로 떠나는 영성순례

그 가나의 아무 이름 없는 사람의 결혼식입니다. 평범하고 세속적인 사람들의 결혼식에 예수님과 어머니 마리아가 초대를 받은 것이지요. 가서 보니 즐거움이 있습니다. 이 사람들에게 신앙심이 크게 있는 것도 아니고, 욕심이 있는 것도 아닙니다. 그저 결혼하고 아이 낳고 할 것을 축하하고 기뻐하는 것입니다. 그런데 가난한 사람들이다 보니, 잔치하는 도중에 술이 떨어집니다. 그러자 마리아가, 자신은 손님이면서도 아들에게 포도주가 떨어졌다고 알립니다. 아들이 보통사람이 아니며 기적을 행할 수 있다는 것을 알고 있기 때문에, 아들에게 저 불쌍한 사람들을 위해 술을 만들어달라고 요구하는 것입니다. 하지만 예수님은 "여자여 나와 무슨 상관이 있나이까? 내 때가 아직 이르지 아니하였나이다"(요 2:4) 하고 차갑게 거부합니다.

이것도 잘못 생각하면 큰일 날 대목입니다. 자기 어머니보고, "여자여" 하고 부르는 것도 그렇고, 술이 떨어진 것이 자신과 무슨 상관이냐는 것이 그렇습니다. 자신은 하나님의 부름을 받고 성聖의 길을 걸어가는데 잔치는 속俗에 속한다는 것입니다. 내가 술 만들러 여기에 왔느냐, 인간에게 영생을 주러 온 사람에게 술을 만들어내라는 것이 뭐냐, 이런 투로 이야기하는 거예요. 그러니까 어머니는 멋쩍어서 가만히 있다가, 일꾼들에게 "너희에게 무슨 말씀을 하시든지 그대로 하라"고 합니다. 이 사람은 마음이 약해서 절실하게 요구하면 들어주니, 시키는 대로 하라는 것입니다.

"내 때가 아직 이르지 아니하였나이다." 아직 기적을 베풀 때가 아닙니다. 그 기적은 예수님이 십자가에서 죽었다가 부활하는 것입니다. 그렇게 해서 불쌍한 사람들에게 진짜 생명을 주는 기적 말이지요. 이 세속에서의 목숨이 아니라, 정말 아름다운 삶, 생명을 주러 내가 왔다. 내가 너희들의 죽음을 짊어지고 죽었다가 다시 살아나는 것을 너희 눈으로 볼 그때는, 술 떨어지는 것이 문제가 아니다. 지금 내가 '달리다굼' 해서 소녀를 살린들, 그 아이는 언젠가 죽는다. 그것이 무슨 기적이란 말이냐. 내 기적은 딱 하나, 곧 영원히 인간이 살 수 있는 빵, 내 살과 피를 너희들에게 주는 것이다. 예수님은 이런 메시지를 주시는 것이지요.

때가 아직 이르지 않았다고 하셨으면서도 예수님은 몇 번 기적을 보여주셨어요. 마음 약하셔서, 사람들을 사랑하셔서요. 그래서 나사로도 살려주고, '달리다굼' 해서 소녀도 살리셨습니다. 그런데 예수님은 다른 사람들에게는 절대 이야기하지 말라는 말씀을 하시잖아요. 사람들이 하나님 말씀을 믿지 않고 기적을 믿을 것을 우려하셨기 때문이지요. 부활은 믿지 않고, "아무개 딸을 살렸다면서?" 하고 몰려오는 것, 그것은 믿음이 아닙니다. 제 이야기를 좀 하자면, 사람들이 제게 와서 묻습니다. "따님 눈을 고치셔서 믿었다면서요?" "그랬지." "따님은 이제 이 세상 떠났잖아요." "그렇지." "그럼 이제 안 믿으셔도 되는 거지요? 눈 떠서 믿으신 것 아닙니까?" 그런데 이게 아무 소용도 없는 말입니다. 몰라서 하는 소리예요. 실제로 눈을 떴다 할지라도 그게 무슨 의미가 있습니까? 예수님이 '달리다굼' 해서 일으키신 소녀가 지금 살아 있어요? 어차피 죽잖아요. 기적이 무슨 기적이에요, 영원히 살아야 기적이지. 예수님이 그걸 말씀하시잖아요.

내가 너희들 눈 뜨게 하는 것, 죽은 사람을 살리는 것, 그건 너희들이

하도 원하니까 할 수 없이 해주는 것이지, 진짜 기적이 아니다. 내가 그걸 하려고 온 것이 아니다. 물로 술 만들려고 온 것 아니다. 영원한 빵, 영원히 목마르지 않는 물을 주고, 영원히 살 수 있는 피를 주기 위해서 온 것이다. 그걸 위해 내가 십자가에 달려 죽었다가 부활하는 것, 그게 진짜다. 그 이전에는 내가 무엇을 하든, 그건 수단일 뿐 결론이 아니다. 예수님은 이것을 말씀하고 계신 것입니다.

가나의 혼인잔치 이야기는 알료샤가 꿈결에 조시마 장로를 만난 뒤 엎드려서 대지에 입을 맞추는 장면으로 끝납니다. 이반의 대심문관이 예수님에게 가하는 비판에 대해, 알료샤는 이반의 말이 오히려 예수님을 찬미하는 말이라고 했고, 조시마 장로는 드미트리가 자신에게 던지는 비난에 침묵으로 답합니다. 둘 다 그들의 황량한 영혼을 불쌍하게 여깁니다.

> 장로는 드미뜨리 표도로비치 앞에 무릎을 꿇더니 그의 발에 대고 이마가 땅에 닿도록 머리를 완전히 조아리며 분명히 의식적으로 절을 했다(140쪽).

조시마 장로는 카라마조프 일가가 자신을 찾아 수도원을 방문했을 때 드미트리가 늘어놓는 추악하고 적개심에 찬 말을 들으며, '이 사람이 사고를 치겠구나, 이 사람 앞에 큰 폭풍이 오겠구나' 하는 것을 내다보고 말없이 큰절을 합니다. 그게 조시마 장로, 그리고 알료샤가 가는 길입니다. 임종하기 전, 조시마 장로는 알료샤에게 속세로 나가라고 말하지요.

난 네가 이 담장 밖으로 나가더라도 속세에서 역시 수도사처럼 살아갈 거라고 생각하고 있어. 많은 반대자들이 있을 테지만 그 원수들조차 너를 사랑하게 될 거야. 인생이 너에게 많은 불행을 안겨주겠지만 그로 인해 행복해질 것이고 인생을 축복할 것이며 결국 다른 사람들의 인생도 축복하게 될 테니, 그것이 무엇보다 중요한 사실이지. 너는 바로 그런 사람이란다 (505쪽).

파올로 베로네제라는 이탈리아 화가는 가나의 혼인잔치 장면을 어마어마하게 큰 그림으로 그렸습니다. 루브르 박물관에서 가장 큰 그림으로, 폭이 무려 10미터에 이릅니다. 그림 한가운데 예수님과 어머니 마리아가 앉아 있습니다. 신부와 신랑은 자리를 양보하고 왼쪽 끝에 앉아 있어요. 종교적 행사가 아니라 세속인들의 떠들썩한 잔칫날이란 점을 화려한 그림으로 표현하고 있습니다. 그런데 이 잔치 자리에서 예수님이 포도주를 만들었다 이거예요. 이것이 성찬식입니까? 교회에서 일어나는 일입니까? 아니지요. 하지만 예수님은 우리의 세속적인 즐거움도 버리지 않으신다는 것입니다. 빵을 달라고 하는 요구도 버리지 않으십니다. 빵만으로는 살 수 없다고 했지, 빵 없이 살기를 바라시지는 않는 예수님입니다.

사람들이 배고파하는 것이 예수님과 무슨 관계가 있습니까? 의식주의 욕망이 하나님나라의 소관입니까? 하지만 예수님은 그것조차 그대로 버려두지 않는 따뜻한 사랑을 가진 분입니다. 때가 아니라면서도 최초의 기적을 종교행사도 아닌 인간들의 잔치의 기쁨을 위해서, 그 잔치

파올로 베로네제, 〈가나의 혼인잔치〉(666×990cm, 캔버스에 유채, 1562-1563, 파리, 루브르박물관)

가 끝나지 않게 하기 위해서 베푸셨습니다. 곧 죽어야 할 인간들이지만, 그래도 살아 있다고, 결혼한다고, 신랑 신부가 된다고 기뻐하는 것이 너무나 애틋해서, 너희들의 기쁨을 즐기거라, 하면서 술을 만들어주셨습니다. 이 예수님을 모르면, 아까 이야기한 대로 교회는 신비와 기적과 권위로 다스리는 기관이 될 수밖에 없습니다.

우리는 가나의 결혼식에 초대받은 사람들입니다. 포도주가 떨어져도 잔치의 기쁨을 끝내서는 안 됩니다. 여기 여섯 동이의 물을 술로 만드신 주님의 사랑이 있기 때문입니다. 하나님은 인간의 기쁨을 기뻐하십니다.

사랑보다 기적을
구하는 사람들

|

이제 결론입니다. 아까도 이야기했지만 많은 이들이 성인이라고 믿던 조시마 장로가 죽을 때가 되자 사람들은 모종의 기대감에 차 있었습니다. 당시에는 성인이 죽을 때는 기적이 일어나고, 시신도 썩지 않는다는 성인 신앙이 퍼져 있었으니까요. 그런데 조시마 장로의 시신은 통상적인 경우보다도 더 빨리 썩는 거예요. 시신이 놓인 방 안에 냄새가 진동합니다. 그러니까 여태까지 조시마 장로를 추앙하던 사람들이 불쾌감을 감추지 못하고 모두 실망하여 떠나갑니다. 조시마 장로는 성인이 아니라 죄인이었다고들 수군대지요. 그러니까 그렇게 조시마 장로를 존경하던 알료샤도 헷갈립니다. 그 역시 조시마 장로의 시체가 썩지 않으리라 내심 기대했는데 웬걸, 고약한 냄새가 나는 거예요. 충격과 상실감에 수도원을 나와 그루셴카를 만났고, 그에게서 파 한 뿌리 이야기를 듣고 수도원에 막 돌아온 참이었지요.

시신이 놓인 방 한켠에서 독경하는 신부가 요한복음의 가나 혼인잔치 기사를 읽습니다. 썩는 냄새가 풍기는 방 안에서 독경 소리가 퍼지고, 알료샤는 꾸벅꾸벅 졸면서 기도하는 거예요. 그러다가 까무룩 잠이 들었는데, 눈앞에는 가나의 혼인잔치가 펼쳐지고 조시마 장로가 자기에게 다가와 이야기합니다.

사랑하는 알료샤, 나도 초대를 받았단다. … 어째서 넌 여기 숨어 있는 거냐, 널 찾을 수 없게 말이다… 자 우리들이 있는 곳으로 함께 가자. … 함께 즐겨보자. … 우리는 새 포도주를 마시는 거야, 새롭고 위대한 기쁨의 포도주를. 자, 보려무나, 손님들이 얼마나 많은지를. 저기 신랑 신부도 있고, 지혜로운 연회장도 있고, 새로운 포도주를 맛보는구나. 왜 나를 보고 놀라는 거냐? 나는 파 한 뿌리를 적선했고, 그래서 이 자리에 있는 건데. 그리고 이 자리에 있는 많은 사람들도 단지 파 한 뿌리씩, 단지 조그만 파 한 뿌리씩 적선했던 사람들이란다…. 우리가 할 일이 뭘까? 그런데 조용하고 온순한 내 아들아, 너도 오늘 구원의 손길을 뻗는 한 여인에게 파 한 뿌리를 적선했더구나. 이제 시작하거라, 사랑하는 내 아들아, 이제 네 임무를 시작해, 얌전한 내 아들아(640-641쪽).

그루셴카나 스메르쟈코프 같은 사람들이 나오는 결혼식에서 잔치가 끊기지 않게 하기 위해서, '때가 안 되었다', '기적이 필요한 것이 아니다' 하시면서도 기적을 베푸시는 예수님. 그런데 이 어리석은 사람들이 예수님을 술 만들어주는 사람으로 압니다. 술 떨어질 때마다 예수님을 찾는 사람들이 있어요, 세상에! 우리가 그렇습니다. 우리가 너무 불쌍해서 술을 만들어주셨는데, 예수님이 술도가예요? 거기에 담긴 사랑을 모르고서 빌기만 하면 뭐든 이뤄주는 분으로 압니다. 안 들어주면 삐치고요.

대지에 입을 맞춘다는 것

도스토옙스키는 주인공 하나에 자신

의 생각이나 행동을 이입하지 않고 작중인물 하나하나가 모두 독자적인 소리를 내도록 했습니다. 그것을 바흐친은 다성성을 가진 도스토옙스키 특유의 문학적 기법이라고 풀이했다고 앞서 이야기했지요. 이 작품에서 도스토옙스키는 남들은 불쾌하게 여기고 피해 도망가는 여자하고도 관계할 수 있는 표도르이고, 이반처럼 명석한 이성을 가진 자이고, 알료샤처럼 끝없이 끌어안고 감동하면서 대지에 엎드려 입을 맞추는 사람입니다.

대지에 입을 맞추는 것에는 아주 큰 의미가 있어요. 《죄와 벌》에서도 라스콜리니코프가 대지에 입을 맞추지요. 여기서도 꿈결에 알료샤가 가나의 혼인잔치에 참여한 조시마 장로를 만나 크게 깨닫습니다. 현인이건 성인이건, 죽으면 다 썩어 냄새가 나는 인간일 뿐이니, 그렇게 엉터리로 성인숭배할 것이 아니다. 전부 우리는 파 뿌리 하나들이라는 것을요. 그래서 엎드려 대지에 입을 맞추는데, 우리는 이게 상상이 안 됩니다. 우리는 그렇게 넓은 대지가 없기 때문인데, 러시아에 가면 그 황막한 땅, 장엄한 대지에 안기고 싶은 마음이 듭니다. 천상, 하나님이 계신 하늘은 몰라도, 우리 인간은 땅에 엎드릴 때 만나는 수렁탕 속에서 하나님을 만날 수 있어요. 그게 대지에 엎드리는 것입니다.

하늘을 향해서 기도하는 게 아니라, 이 죄 많고 썩어 냄새나는 땅, 우리가 죽으면 썩어 묻히는 흙에 입을 맞추는 것입니다. 사실 하늘에 입을 맞추어야겠지만, 거기까지는 못 가고 땅에다 입을 맞추는 것이 우리가 할 수 있는 최고, 최선의 것입니다. 그 이상은 거짓말입니다. 모두 위선이고 속임수입니다. 우리가 지닐 수 있는 것은 파 뿌리 하나입니다. 그것으로 구원받아서 여전히 지상(하늘이 아닌)에 엎드려서 입 맞추는 것, 서로 끌어안고 입 맞추는 것, 이것이 장로 조시마와 알료샤의 꿈이고, 도스토옙스키의 꿈입니다.

이 저주받은 카라마조프가가 새롭게 거듭나는 것은 혼자 힘으로 되지 않습니다. 카라마조프가에는 알료샤, 이반, 드미트리, 그리고 그 더러운 여자와 자서 스메르쟈코프 같은 괴물을 낳는 표도르까지도 필요합니다. 그 속에서 거듭나는 것이 새로운 러시아, 새로운 미래이고, 우리들이 찾는 복음입니다. 열정과 관능의 드미트리를 통해서, 순수한 이성의 이반을 통해서, 그리고 영성의 추구자 알료샤를 통해서, 심지어는 파뿌리 이야기를 들려준 육의 화신 그루셴카를 통해서, 약혼자를 형지로 보내고 그의 동생 이반에게로 가는 카체리나 같은 사람들, 그 모든 것을 합칠 때 하나님은 나타나실 것이고, 그때 카라마조프 형제들은 구제를 받을 것입니다.

죄인들아 서러워 말자, 잔치는 끝나지 않았다

도스토옙스키는 이 작품을 '위대한 죄인의 생애'라는 제목의 좀 더 방대한 내용으로 구상했고, 속편을 쓸 계획이었습니다. 출판사에 마지막 원고를 보내면서도, 앞으로 20년은 더 살면서 작품을 쓸 것이니 작별인사는 하지 않겠다는 메모를 첨부하지요. 그처럼 이 작품을 서곡으로, 알료샤가 20년 후에 겪는 이야기가 더 이어져야 했습니다. 그래서 이 작품은 일류샤라고 하는 아이의 장례식

장면으로 끝납니다. 꼭 《레미제라블》의 '가브로슈'처럼, 이 소설의 전체 줄거리상으로는 별로 중요하지 않은 어린아이들 이야기가 나오는 것은 속편에서 이 아이들이 꿈꾸는 새로운 러시아를 이야기하기 위함이었습니다. 그 꿈은 결코 볼세비키 혁명 같은 것은 아니었지요. 빵을 내세워 복종시키고 하나님을 부정하는 러시아가 아니라, 사랑 속에서 이루어지는 사회주의, 함께 사는 공동체(코이노니아)를 그려 보이려 했습니다. 알료샤의 영성과 어린아이들의 순수한 영혼을 통해서, 그리고 조시마 신부의 파 뿌리 하나를 통해서 새로운 카라마조프 일가가 만들어지는 내용의 속편을 쓰려던 것이었지요. 하지만 도스토엡스키는 이 소설이 나오고 얼마 되지 않아 죽고 맙니다.

저는 이것이 얼마나 다행스러운지 모릅니다. 왜? 속편을 쓴다고 어찌 해결이 되었겠어요. 도스토엡스키는 여기에서 우리에게 무한한 상상력을 불러일으킵니다. 알료샤의 미래는 어떻게 되었을까요? 그리고 드미트리는 호송되는 길에 탈출해 그루셴카와 함께 미국으로 도피할 것을 궁리하는 것으로 나오는데, 이들의 계획이 성공했을지, 미국에 가서는 무엇을 했을지, 많은 이야깃거리를 남겨주고 갔어요.

그러면 이 속편은 누가 쓸까요? 도스토엡스키가 아니라, 지금 저와 함께 도스토엡스키를 읽은 한국의 독자들의 몫입니다. 이 저주받은 카라마조프들, 친부 살해라는 끔찍한 일을 저지른 이 가족이 어떻게 거듭나는가 하는 이야기는 아직 끝나지 않았습니다. 그것은 카라마조프가의 이야기가 아니라 우리들의 이야기이고, 19세기 말의 이야기가 아니라 20세기 말을 지나 21세기를 살고 있는 우리들의 이야기입니다. 그 이야기는 바로 지금부터 쓰여지는 것입니다.

카라마조프 형제들. 우리는 다 형제들이고 죄 많은 아버지 밑에 태어난 사람들, 그러면서도 사랑할 수밖에 없는 사람들입니다. 그러한 사람들의 이야기는 여기서 끝나지 않습니다. 죄인이면서도 '위대한' 죄인들의 이야기를 우리들은 그려나가야 합니다.

도스토옙스키가 약속만 하고 끝내 쓰지 못한 속편을 우리가 씁시다. 그리고 이것을 기억하시기 바랍니다. 아무리 나쁜 사람들도 파 뿌리 하나는 있습니다. 이 파 뿌리의 잔치가 열립니다. 우리는 성스러운 성찬식이 아니라 가난한 동네 가나의 혼인 잔치에 초대받은 사람들이고, 초대받은 우리에게 주님께서는 넉넉한 포도주를 주십니다. 서러워하지 마십시오. 우리들의 기쁨의 잔치는 끝나지 않습니다. 이것이 오늘의 결론입니다. 부디 오늘 우리들도 파 뿌리 하나씩 가지고, 끝나지 않은 가나의 혼례식에서 주님이 내리시는 포도주를 마시는 사람이 되길 바랍니다.

우리는 지금껏 들어왔습니다. 지하 갱도나 땅굴이 무너졌을 때 깜깜한 벽 속에 광부들이 갇힙니다. 칠흑 같은 어둠 속 밀폐된 공간에서 촛불을 켜면 어딘가 작은 구멍에서 불어오는 바람을 타고 촛불이 나부낍니다. 그쪽으로 가보면 반짝이는 작은 빛 하나를 만날 수 있습니다. 탐욕스러운 육체와 끝없는 욕망의 구렁에 우리는 갇혀 있습니다. 출구도 없습니다. 그런데 그 실낱같은 바람을 쫓아가보면 거기 빛이 있고, 그 빛을 가로막고 있는 돌들을 생채기가 있는 손톱으로 긁어내고 긁어내다 보면 거기에서 바로 출구가 보이는 것입니다. 어떠한 상황 속에서도 낙심하여 뒤로 물러나지 않을 때 우리가 만날 수 있는 빛과 한 줄기 바람,

공기, 그것을 우리는 영성이라고 부릅니다. 흔히 영성이라는 것은 밝고 큰 빛으로 오는 것이 아니라, 한 줄기 작은 빛으로 오는 것입니다. 우리는 누구나 그러한 영성이 있기 때문에 절망적인 상황에서도 출구를 찾아갈 수 있습니다.

깊이 읽기

●

'카라마조프' 형제의 성姓은 어디에서 온 것인가?

왜 하필 '카라마조프'일까? 러시아에서 매우 희귀한 성인데 어째서 표제로
오를 가족 이름을 '카라마조프'로 정했을까? 이런 궁금증을 느껴본 적이 있는
사람이라면 남보다 한층 깊이 이 소설에 접근할 통로를 발견하게 될 것이다.

제목부터 잘못 번역된 소설

우선 우리말로 번역된 '카라마조프가의 형제들'이라는 제목부터가 아주
어색하다는 것을 알게 될 것이다. 한국에서는 한 집안을 가리키는 데 '가家'
라는 말을 붙이지 않는다. 남의 성씨에 '가'자를 붙여 '이가', '김가'라고 하
면 싸움이 벌어진다. 점잖게 '이씨 댁', '김씨 댁'이라고 해야 한다. 그렇다고
'카라마조프씨 댁의 형제들'이라고 해도 부자연스럽다. 비칭도 존칭도 아닌
중립어여야 하는데 그런 게 없다. 굳이 우리 입맛에 맞추자면 '철수네', '영
희네'처럼 '네'자를 달아 '카라마조프네 형제들'이라고 하는 편이 무난할 것
같다.

그런데도 우리가 '카라마조프가'라는 말을 붙이고 있는 것은 일본어의 잔

상효과 때문이라고 할 수 있다. 우리와 달리 무가사회武家社會를 이룬 일본에서는 일찍부터 '헤이게平家'니 '도요토미게豊臣家'니 해서 한 성씨의 무사집단을 '가'라는 이름으로 지칭해왔다. 그래서 서양의 경우 'family'니 'house'니 하는 말이 없이 그냥 '카라마조프 형제들The Brothers Karamazov'인데 우리는 일본의 관습에 따라 '집 가'자를 붙인 것이다.

까다롭게 굴려는 것이 아니다. 이렇게 한 가족을 부를 때 호칭이 서로 다르다는 것을 새삼 거론하는 것은, 바로 가족제도에 따라서 한 사회와 민족의 문화가 달라진다는 것을 보여주기 위해서이다.

황제를 쏜 카라코조프

그런데 도스토옙스키는 왜 '카라마조프'라는 성을 썼을까? 사실 여기에는 사람들이 잘 모르는 사연이 있다. 도스토옙스키가 이 소설을 〈러시아 통보〉지에 연재한 때가 1879년이었다. 그런데 13년 전인 1866년 4월 4일 오후 4시, 한국식으로 하면 4가 연거푸 들어가서 444, '죽을 사死'자가 붙은 것인데 (물론 러시아엔 그런 것이 없다), 러시아 전체를 발칵 뒤집어놓는 흉사가 벌어진 것이다. 알렉산드르 2세가 별장인 여름 정원에서 산책을 하고 돌아오는 길에 황제의 마차를 향해 총탄 하나가 날아왔다. 그것이 곧 러시아에서의 대 권력 테러의 시작이었다.

알렉산드르 2세는 계몽군주와 같은 역할을 한 개혁적인 성격의 황제로서, 이미 1861년에 단행한 농노해방을 비롯해, 대개혁이라고 불리는 사법·행정 개혁을 추진했다. 처음에는 해방군주, 계몽군주로서 기대를 모았는데, 개방·유화정책을 쓰자마자 밀려드는 저항세력 때문에 지식인들을 탄압하기

소설로 떠나는 영성순례

카라코조프의 황제 암살 시도를 묘사한 그림

시작했고, 1863년에는 폴란드에서 일어난 봉기를 진압하면서 강경한 억압정
치로 돌아선다. 이러한 시대적 상황에서 알렉산드르 2세의 암살을 시도한 이
사건은 러시아 사회의 일대 터닝포인트로서, 한쪽은 탄압하고 한쪽은 사회
운동으로 저항하는 현실을 심화시키는 계기가 되었다.

　황제를 저격한 범인은 현장에서 체포된다. 한 농민 출신 모자제조공의 저
지를 받아 미수에 그친 것이다. 범인은 그에게 "이 바보야! 난 너희들을 위해
싸우는 거야. 그걸 모르느냐!" 하고 외쳤는데, 이 저격범의 이름이 바로 '드
미트리 카라코조프'였다. 이 이름이 13년 뒤 도스토옙스키가 집필하는 소설
의 표제가 된 '카라마조프'로 옮겨진 것이라고 짐작할 수 있다. 카라마조프의
'마'를 '코'로만 바꾸면 저격범이 되는 것이다.

러시아의 미래는 어떻게 될 것인가

그렇다면 도스토옙스키의 《카라마조프 형제들》이 단순한 부친 살해라는 한 가정의 비극적 드라마를 다룬 소설이 아니라 알렉산드르 황제 2세 치하 러시아의 혼란스런 상황을 나타내려 했다는 사실을 실감하게 된다. 가정을 국가로 옮기면 아버지 표도르는 황제 알렉산드르 2세가 된다. 부친 살해 사건을 에워싸고 있는 카라마조프 형제들은 바로 황제를 암살하려던 카라코조프와 맞물리게 된다.

암살 미수범 카라코조프는 사라토프 현 소지주 귀족의 자제인 26세 청년으로, 모스크바 대학의 청강생이라는 사실이 밝혀져 더욱 큰 파문을 일으켰다. 이름만이 아니라 이반 카라마조프나 스메르쟈코프의 닮은꼴이다. 그들도 농민 아닌 소지주의 아들들이었으니 말이다. 가벼운 정신질환자이기도 한 카라코조프는 당시 새로운 러시아를 꿈꾸는 인텔리 청년들의 모임에 가입해 있었다. 이들은 지하활동의 모토 가운데 하나로 '토지는 인민의 것이다'라는 것을 내세웠고, 민중을 위한 무료 학교를 세우고 도서실을 만들고 협동조합을 만들어 민중과 교류했다. 결국은 당시의 농민, 신학생, 농촌의 선생들에게 사회주의를 보급한 것이다.

도스토옙스키 자신이 푸리에의 사상에 심취했고 페트라셰프스키 서클 활동으로 사형 직전까지 갔었다는 것은 앞에서 설명한 바와 같다. 당시 러시아의 인텔리들은 서구 사상, 푸리에나 생시몽 등 초기 사회주의자의 영향을 받았고, 이것은 도스토옙스키도 마찬가지였다. 이러한 도스토옙스키에게 《카라마조프 형제들》은 자신의 문학관과 사상을 총결산하는 작품으로서, 한 가족의 아버지와 아들의 관계, 형제들의 관계를 통해 러시아 사회의 현재를 돌아봄은 물론 미래를 내다보는 소설이었다. 러시아의 운명을 건 장대한 서사인 것이다. 그래서 어떤 비평가들은, 결국 이반의 사상을 이어받은 스메르쟈코프가 아버지를 죽였듯이, 저자는 (구상에 그치고 만 제2부에서) 순수한 신앙을 간직한 크리스천으로서 인류의 구제를 꿈꾸던 막내 알료사가 또 하나의 카라코조프가 되어 황제를 암살하는 것으로 이 소설을 끌고 가려고

드미트리 카라코조프(1840-1866)

했다고 말한다. 이렇듯 '카라코조프'와 '카라마조프'라는 유사한 이름만큼이나, 이들이 각각 기도한 '황제 살해'와 '친부 살해'가 가깝다는 점을 확인할 수 있다. 한 가정의 이야기를 통해 한 나라의 미래를 살피려는 작가의 의도를 소설의 제목에서부터 짐작할 수 있는 것이다.

모든 것은 허용된다

혐의를 받은 것은 드미트리였지만, 실질적으로 아버지 죽이기를 사주한 것은 이반이었다. 드미트리는 슬라브주의를 대표하는 인물로, 유럽은 관념이며 무덤일 뿐, 살아 있는 대지와 생명력은 러시아의 것이라고 생각하는 러시아주의자다. 반대로 이반은 프랑스의 자유사상과 급진사상에 경도된 유럽

주의자다. 작품에서는 니힐리스트로 나오는데, 이때의 니힐리스트는 우리가 생각하는 허무주의자와 다르다. 당시 러시아의 사회주의자들, 서구주의자들을 부르는 이름이 니힐리스트였다. 신이 없다면 모든 것이 허락된다고 생각하고 전통 종교를 부정하는 무신론자, 자유사상가가 이들이었다.

이반의 영향을 받은 스메르쟈코프 또한 니힐리스트다. 유럽을 '지상의 낙원'으로 생각하며 프랑스어를 배우기도 한다. '모든 것이 허용된다'는 사상에 가장 충실한 인물이 바로 그다. 하지만 이 사상에 따라 아버지 표도르를 죽이고 보니 그게 아니었다. 살인에서 이반과의 대화로 이어지는 일련의 과정 속에서 그가 깨달은 것은 무엇이었던가? 스메르쟈코프는 자신이 훔친 돈 3천 루블을 이반에게 내놓는다. 외국에라도 나가 새로운 삶을 살아보고자 표도르를 죽이고 빼앗은 돈이다. "이젠 하느님을 믿는 게로군?" 하고 묻는 이반에게 그렇지 않다고 대답하면서도, 그는 무도덕의 무의미에 직면한다. 그리고 이반을 떠나가 자살한다. 스메르쟈코프가 깨달은 것은 '신이 없어도 모든 것이 허락되는 것은 아니다'라는 점이었다. 자기 자신이 허락할 수 없다는 것이다. 이것이 자기 내면에 있는 적극적 의미에서의 도덕 윤리이다. 이러한 니힐리스트 스메르쟈코프의 모습은 예수를 팔아 받은 은화 30개를 내던지고 목을 매단 가룟 유다의 모습을 닮아 있다.

알료샤, 물구나무 선 표도르

하나같이 카라마조프 형제들에게서는 도스토옙스키의 모습이 보인다. 도스토옙스키의 작품이 지닌 다성성이라고 했다. 그런데 이것은 삼형제와 아버지의 관계에도 그대로 적용된다. 드미트리와 이반, 알료샤는 모두 카라마조프다. 서로 다른 성격을 지닌 형제들이지만, 모두 아버지 카라마조프의 피가 흐르고 있는 것이다. 카라마조프의 피라는 것은 지칠 줄 모르는 생명력과 욕망이다. 슬라브주의자이고 관능적인 것에 이끌리는 드미트리는 남들이 모두 피하는 여성과도 잠자리를 같이하는 표도르가 업그레이드 된 것이다. 신도, 자식도 믿지 않는 표도르의 모습은 이반에게로 연결된다. 그러면 알료샤는? 알료샤는 모든 사람들을 정화하는 사람이다. 산소 결핍에 걸린 사람들에게 산소가 되어주는 사람이다. 그래서 그루셴카도 알료샤의 순수성 앞에서는 성녀가 된다. 이반도 그렇다. 모두가 알료샤 앞에서는 무장을 해제하고 숨겨둔 감정의 세계를 드러내 보인다. 지금 자신이 어떤 사람이건 간에, 행복했던 어린 시절, 들판의 향기와 미풍을 알료샤로 인해 떠올리게 된다.

하지만 그런 알료샤에게도 분노와 욕망이 있다. 알료샤는 물구나무를 선 표도르인 것이다. 자신이 기르는 개를 다치게 한 어린아이를 사냥개들을 풀어 물려 죽게 만든 장군을 어떻게 해야 하느냐는 이반의 물음에 알료샤가 외친다. "총살을 시켜야죠!" 어른들이 자신이 지은 죄 때문에 고통당하는 것은 참을 수 있어도, 죄 없는 아이들이 당하는 폭력은 용서할 수가 없다는 것이다. 이 말에 이반은 알료샤에게도 카라마조프의 피가 흐르는 것을 본다. 무고한 어린아이가 겪는 고통에 분노하고, 악인을 죽이고자 하는 욕망이 알료샤에게도 있다. 이에 비해 이반은 지적으로 뛰어나고 뚜렷한 정치적 견해도 가지고 있지만 행동력이 없다. 그는 기실 혼란 속에 있는 사람이다. 그런 그에게 유일한 출구는 알료샤의 순수성이었다.

제2부가 쓰였다면 과연 알료샤는 민중을 위해 총을 들어 황제를 쏘았을까? 그렇지 않을 것이다. 미래의 러시아를 위해 현재의 아버지를 죽이고 황

제를 살해해야 한다는 것, 악인이 됨으로써 악을 구제한다는 것은 이반이 처한 비극적인 실존의 모순이었다. 알료샤의 실존은 이러한 폭력과 증오를 넘어서는 영성이요 사랑이다. 현재의 러시아를 구원하는 힘은 여기에서 나온다. 이 소설에서 이것을 달리 보여주는 것이 어린아이 모티프이다. 그다지 연관도 없어 보이는 어린아이들 이야기가 길게 나오고, 이 기나긴 소설이 한 아이의 장례식 장면으로 끝나는 것은 어린아이들이 알료샤, 아니 카라마조프들의 희망임을 보여준다. 카라코조프의 폭력적 저항이 현재라면, 마지막 장면에서 손에 손을 잡고 입을 모아 함성을 지르는 어린아이의 순수성이야말로 러시아의 미래인 것이다.

도스토옙스키
카라마조프 형제들

러시아의 사상가 니콜라이 베르쟈예프는 "도스토옙스키를 낳았다는 것만으로도 러시아 민족의 존재는 충분히 정당화될 수 있다"고 말했다. 북미의 저명한 영성학자 유진 피터슨은 일주일에 세 번은 오후에 두 시간씩 도스토옙스키를 읽는 일정표를 짜고서 7개월에 걸쳐서 도스토옙스키의 모든 작품을 읽으며 자신의 영적 위기를 극복할 수 있었다. 도스토옙스키가 창조한 인물들은 너무도 생생해서 그의 사후 130여 년이 지난 지금도 우리에게 자기 발견과 인간 이해를 위한 마르지 않는 샘이 되어준다.

하지만 도스토옙스키만큼 질곡 많고 신산한 삶을 산 작가도 드물다. 그는 1821년 퇴역한 군의관의 둘째 아들로 모스크바에서 태어났다. 작은 영지를 소유했지만 위세 있는 귀족보다는 중산계급에 가까웠던 괴팍한 성격의 아버지는 도스토옙스키가 18세 되던 해 모스크바 근교의 영지에서 농노들에게 살해당한다. 이 때문에 도스토옙스키는 심한 정신적 트라우마를 겪으며, 평생 모스크바를 마음에 들어 하지 않고 페테르부르크를 근거지로 생활했다. 《카라마조프 형제들》에 등장하는 '살해당하는 아버지'라는 모티브는 바로 그 자신의 경험에서 비롯된 것이기도 하다.

육군 공병학교와 하급 장교 시절의 습작기를 거쳐 24세에 발표한 《가난한 사람들》로 당대의 유명 평론가 벨린스키에게 극찬을 받으면서 데뷔했으나, 절대왕정을 옹호하는 소설가 고골을 비난하는 벨린스키의 편지를 문학모임에서 읽다가 체포되어 4년간 강제 노동 수용소에 수감된다. 33세에 출옥한 뒤에는 유부녀인 이사예프 부인에게 반해 끈질긴 구애 끝에 3년 뒤 결혼, 그녀가 병으로 사망하는 1864년까지 7년을 함께 산다.

하지만 그동안에도 수슬로바라는 여인과 함께 해외를 여행하며 도박으로 돈을 탕진하는 등 무절제한 생활을 이어간다. 20대 중반에 시작된 간질은 평생 그를 따라다녔고, 도박중독은 그가 지천명의 나이가 될 때까지 발목을 붙잡았다. 늘 빚에 쪼들려 가진 것을 저당 잡혔고, 원고료를 받기 위해 시간에 쫓기면서 글을 써야 했다. 원고를 제때 마무리하기 위해 속기사를 고용하기도 했는데, 스물여섯 살 연하의 이 여인 안나 그리고 리예브나는 곧 그의 평생의 헌신적인 반려자가 된다.

《죄와 벌》, 《악령》, 《백치》 같은 세기의 걸작은 이런 상황 속에서 창작되었다. "도스토옙스키는 내가 무언가를 배울 수 있었던 유일한 심리학자였다"는 니체의 고백처럼, 그의 소설은 인간의 선의와 악마성, 병적인 치졸함에서 정신의 거대함까지를 세밀하게 파고드는 심리적 묘사와 통찰로 가득하다. 그가 3년에 걸쳐 쓴 말년의 대작 《카라마조프 형제들》은 단행본이 발매되자 며칠 만에 동이 날 정도로 인기를 끌었다. 프로이트는 이 작품에 대해 "지금까지 쓰인 가장 장엄한 소설이고 대심문관의 이야기는 세계 문학사의 압권"이라고 평했다. 폐기종으로 투병하던 도스토옙스키는 각혈 끝에 1881년 1월 28일 60세로 사망해 알렉산드르 네프스키 수도원 묘지에 묻혔다.

2

말테의 수기

Rainer Maria Rilke

1

도시인의 내면 풍경과 생명 찾기

Aufzeichnungen des Malte Laurids Brigge

제 인생에서 한 권의 책을 꼽는다면 바로 릴케의 《말테의 수기》입니다. 릴케가 1910년 발표한 이 작품은 덴마크 귀족 출신의 젊은 시인 말테가 파리에서 죽음과 불안에 떠는 영락零落한 생활을 하면서 쓴 수기 형태의 글로서, 통일된 줄거리가 없습니다. '파리의 생활', '죽음', '시인과 고독', '소년 시절의 회상', '사랑', '신神', '탕아의 전설' 등 71개의 단편적인 패러그래프로 이루어져 있습니다. 하지만 전체적으로는 하나의 통일된 견해, 즉 인간이란 무엇인가, 인생이란 무엇인가에 대한 진지한 물음이 관통하고 있지요.

릴케는 말테를 통해 자신의 10여 년에 걸친 파리 생활의 체험을 묘사하면서, 예술적 응시의 세계를 시도 아니고 산문도 아닌 중간의 영역에서 매력적으로 멋지게 그려나갔습니다. 존재론적 반성을 촉구하며 개인과 세계가 이어지는 통로가 잘 형상화되어 있어, 봐도 봐도 생각할 거리가 있는 명저입니다. 대학 시절 저는 《말테의 수기》에 무척 반해 있어서, 당시 제가 쓴 소설은 전부 수기체였어요.

오늘 날씨도 별로 좋지 않고 음산한데, 사실《말테의 수기》는 청명한 날보다도 오늘 같은 날 이야기해야 격에 맞습니다. 여러 사람이 모이기보다는 좋아하는 사람들 서너 명이 둘러앉아서, 《말테의 수기》에서 제일 감동적이었던 몇 마디 말 혹은 짤막한 삽화를 이야기하는 것이지요. 제가 문학청년 시절에는 릴케에 대해 아무것도 모른 채, '라이너 마리아 릴케'라는 예쁜 이름에 반해서 릴케를 읽던 사람도 있었어요. 릴케를 여성 시인으로 착각하는 학생들도 있었죠. 웃지 못할 이야기도 있습니다. 어느 일본 지식인의 군대생활을 회고한, 그야말로 수기에 나오는 글인데요. 초년병이 릴케의 시집을 가지고 입대를 한 겁니다. 릴케를 좋아하는 문학청년이었던 거죠. 그때 한 장교가 와서 그 시집 표지에 적힌 '마리아'란 이름을 보고는 "야, 사내새끼가, 그것도 군대에 들어온 놈이 여자가 쓴 시집을 읽어?"라고 꾸짖었다는 거예요. 이름만 보고, 아니면 몇 가지 서정시를 보고, 릴케를 여자로 아는 사람들이 적지 않아요.

사실 릴케의 작품 중에는 대중적인 서정시가 많이 있습니다. 널리 알려진 〈엄숙한 시간〉의 한 구절 "지금 세상 어디에선가 누가 울고 있다 / 세상에서 이유 없이 울고 있는 사람은 / 나 때문에 울고 있다"에서 보듯 아주 감상적이에요. 낙엽이라든가 장미가 등장하는 몇 편의 시가 거의 유행가 수준으로 퍼져 있어서, 《말테의 수기》나 《두이노의 비가》(1923) 같은 심오한 진짜 릴케의 맛을 사실상 모른 채로 우리는 릴케를 이야기하고 있습니다. 특히 문학비평가나 학자들은 대단히 감성이 무딘 편이에요. 머리로 작품을 분석하려 들기 때문에 릴케의 맛을 느끼기 어렵습니다. 그런데 어디서 미진이 일어나도 땅에 묻힌 지진계는 우리가 느낄 수 없는 그 미세한 진동을 포착하지요. 릴케는 선천적으로 이런 지진계를 영혼 속에 지닌 사람이었습니다.

그래서 저는 학교 다닐 때 사람들을 《말테의 수기》를 아는 인간과 모르는 인간, 둘로 구분했습니다. 《말테의 수기》를 읽고도 감동하지 않는 인간과 《말테의 수기》를 읽고 공감하는 인간이 어떻게 같은 인간이겠느냐고 말할 정도였어요. 하지만 이제 들어보면 아시겠지만, 《말테의 수기》는 누구나 감동받을 수 있는 쉬운 작품입니다.

《말테의 수기》가 오늘까지도 오해되는 까닭은 이 작품에 소설이라는 이름을 붙여놓은 것이 한몫합니다. 소설이라면 사건을 찾아야 하는데, 이 작품은 전혀 사건이 없습니다. 《말테의 수기》를 소설이라고 부르는 것은 대개 학자들이지요. 릴케 자신도 그냥 산문 작품이라고 할 뿐입니다. '수기'잖아요. 소설의 플롯도 없고, 물론 주인공 말테가 나오긴 하지만, 일테면 여자 문제라든가, 이렇다 할 사건이 전혀 없어요. 하지만 그 대신 이미지를 쫓아가 보면 기가 막힙니다. 마치 앞에 나온 테마를 받아 변주하는 푸가나, 1악장의 모티프가 4악장에서 다시 나오는 소나타처럼 치밀하게 짜여 있습니다. 이 작품에는 몇 개의 키워드와 이미지가 서로 물고 물리면서 이어지는데, 그것을 조금만 쫓아 읽어봐도 무척 재미있습니다.

금은 얇게 펴지고 늘어나는 성질이 뛰어나서 1그램의 순금으로 3킬로미터의 금실을 뽑을 수 있다고 하지요. 언어도 마찬가지인데, 언어를 두들기고 또 두들기면 금실 같은 이미지가 다시 이미지를 낳으면서 이어지는 것입니다. 짧은 시간이지만 오늘은 몇 가지 키워드를 가지고 《말테의 수기》를 읽어나가면서 문학이 무엇이고, 감성과 영혼이 무엇인지, 왜 문학들을 하는지, 그리고 왜 우리가 문학을 모르는지 함께 생각해보겠습니다.

가난한 릴케

릴케를 흔히 독일 작가로 알고 있는데, 잘못된 것입니다. 릴케가 독일어로 시를 썼지만(마지막에는 프랑스어로 시를 썼지요) 독일어 작가이긴 해도 독일 작가는 아니에요. 릴케는 무국적자였습니다. 오스트리아 지배하의 체코 프라하에서 태어났지만 고향을 떠난 뒤로는 한 번도 돌아가지 않았고, 여권조차 잃고 떠돌았습니다. 오스트리아에서 전혀 관심 없는 육군 군사학교에 들어간 것은 아버지의 압력 때문이었는데, 아버지는 아들이 자기 앞가림을 하길 바라며 넉넉지 않은 상황에서 죽기 전까지 계속 학비를 대줍니다. 주의원을 지내기도 했던 지체 높은 백부도 평생 릴케의 학자금을 대주지요. 그러니까 릴케는 어떻게 해서든 아들이 취직하고 결혼도 해서 남들처럼 살아가기를 바라는 아버

라이너 마리아 릴케(1875-1926)

소설로 떠나는 영성순례

지와, 아홉 살 때부터 시를 써서 수재 소리를 듣는 조카가 출세해서 가문의 영광이 되기를 바라던 백부의 지원으로 문학 수업을 했던 것이지요.

그렇게 투자를 아끼지 않던 두 분이 돌아가시자 릴케는 돈 없이 평생을 살아갑니다. 릴케는 조각가 로댕을 좋아해서 《로댕론》을 썼고, 그의 비서 일을 하기까지 했습니다. 그렇게 해서 받은 돈이란 게 정말 형편없었죠. 릴케가 파리에서 이 작품을 쓰는 동안 최고로 많이 벌었던 것이 200프랑에 불과했어요. 당시에 가장 수입이 낮은 편이던 초등학교 교사의 한 달 수입이 170프랑, 자전거 한 대 값이 600프랑 정도였다고 하니 그 삶이 어떠했는지 우리는 미루어 짐작할 수 있지요. 보통 400프랑은 가져야 살던 때, 그 절반의 돈을 가지고 살았습니다. 평생을 이렇게 아주 가난하게 지냈어요.

릴케와 클라라

아무튼 릴케는 1901년 3월에 조각가인 클라라와 결혼해서 딸까지 두 었지만 혼자서 파리 생활을 했습니다. 부양 능력이 없어서 딸을 처갓집 에 맡긴 것이지요. 아내인 클라라는 몇 차례 파리에 찾아왔어요. 클라라 릴케는 조각가였는데, 이 사람도 가난했던 터라 장학금으로 겨우겨우 학교를 다녔습니다. 두 사람의 수입을 합쳐봐야 월 200프랑에서 300프 랑인데, 모델료를 주고 나면 빵 살 돈조차도 없는 때가 많았습니다. 그 러니까 생활, 리빙living을 제대로 영위한 릴케는 없다는 것이지요. 때문 에 릴케는 내면의 세계, 라이프life를 그렸지, 외부의 세계, 리빙을 그리 지 않았습니다. 리빙의 세계에서 릴케는 처세술도 모르고 살아갈 방도 가 없는 무능력자였지만, 내면의 세계에 들어갔기 때문에 우리에게 생 명을 만져볼 수 있는 힘을 주었습니다. 그는 살아가는 '방법'에 대해서 는 아무런 정보를 주지 않았지요.

좀 더 정확히 말하자면, 릴케에겐 혼자 살아가는 데 도움이 되는 능력 이 딱 하나 있었어요. 오므라이스 만드는 것. 그는 계란 부치는 것 말고 는 별 재주가 없었어요. 저도 혼자 살아봤는데, 오므라이스 부칠 정도면 이 세상 혼자 살 수 있어요. (웃음) 그것 말고 더 많은 것이 필요해요? 제 가 파리에서도 살고, 동경에서도 살았는데, 한 번에 며칠 먹을 밥을 지 어놓고, 요일마다 먹을 것을 비닐에 싸서 냉동실에 넣어두었다가 필요 할 때 녹여 먹는 거죠. 비벼 먹고, 그래도 남으면 마지막에 물에 말아 먹 습니다. 산다는 게 그렇게 별거 아니에요. 그런데 왜들 그렇게 요란하게 사는 걸까요? 속이 비면 겉에라도 성을 쌓아야 하거든요. 그 성을 쌓느 라고, 담을 쌓느라고 그렇게 고생들을 하는 것이지요. 하지만 중요한 것은 하루를 살아도 내면에 생명이 있느냐는 것입니다.

나중에 릴케는 제1차 세계대전에도 참전해 전쟁의 참상을 직접 경험하기도 했습니다. 그러면서 릴케는 소유의 세계, 돈으로 꾸려가는 생활이 아닌 생명, 영혼, 존재를 주제로 아름답고 깊이 있는 시를 썼습니다. 때문에 과거의 독자뿐 아니라 오늘의 여러분에게도《말테의 수기》가 가까이 다가갈 수 있으리라 생각합니다.

그런데 이 릴케의 일생을 통틀어 가장 행복했던 때, 이 사람들과 이곳에서 살고 싶다는 마음이 들었던 때가 바로 루 살로메와 러시아를 여행했던 1899년과 1900년의 7개월간이었을 것입니다. 그때 릴케는 러시아의 광대한 공간을 체험하고, 궁핍한 농민들의 내면의 빛을 보고 가난의 의미를 터득합니다. 이 사람들의 가난 속에 밝혀진 촛불, 빈자의 제단의

니체, 프로이트, 릴케를 매혹시킨 독일 작가 루 살로메

촛불이 가장 아름답고 영적이라는 사실을 안 것이지요. 거기서 시의 원체험을 얻었다고 합니다. 하지만 여행에서 돌아온 뒤에는 루 살로메와 시들한 관계가 되어서 결국은 조각가인 클라라와 결혼합니다. 이런 점에서 그의 인생에서 사랑하는 사람과의 '생명' 여행은 이로써 끝나고 여기서부터 '생활'이 시작된다고 할 수 있겠네요.

정보와 이야기,
물질과 생명

이 작품 속으로 들어가기 전에, 먼저 정보와 이야기의 차이를 아서야 해요. 대학의 소설론 시간에는 복잡하게 다루지만, 발터 베냐민 같은 사람은 아주 간단하게 이야기합니다. 정보는 순수하게 사건 또는 사물의 실체를 듣는 이에게 전달한 후 유용성을 상실하지만, 이야기는 체험한 사람의 흔적도 함께 전달하는데, 유용성을 상실하지도 않고 오래 기억된다고요. 그러면 신문 기사는 어떨까요? 누가 언제 어디서 무엇을 어떻게 해서 그 결과가 어떻게 되었다 하는 이야기를 기사가 전달합니다. 거의 처음 듣는 이야기들이지요. 그렇다면 신문 기사의 이야기와 여기 《말테의 수기》에 나오는 그 많은 이야기가 무엇이 다르냐 하는 것이지요. 우리들이 커피 마시면서 떠드는 내용, 누가 누구와 결혼했고, 알고 보니 어느 친구에게 벌써 애가 있었다 하는 이야기, TV 드라마에 단골로 나오는 출생의 비밀 같은 가십은 또 어떻습니까? 정보는 신문지의 유효기간과 함께 퇴색하고, 잊혀진 채로 우리에게 사라져버립니다. 그런데 우리의 신화나 전설, 어렸을 때

들었던 구미호 이야기들, 이솝우화라도 좋아요. 시간이 지났다고 그 이 야기가 신문기사처럼 사라지나요? 아닙니다. 대대로 구전으로 이어져 서 오늘날 같으면 애니메이션 같은 것으로 유전하게 되지요. 화석 같은 거예요.

우리가 '스토리'라 하는 이야기, '히스토리'의 스토리, 소설의 스토리, 또는 우리가 기억하는 어렸을 적의 그 많은 이야기가 정보와 어떻게 다 른가를 알아야 합니다. 오늘 읽을 《말테의 수기》는 하나도 정보를 주지 않습니다. 정보를 구하는 사람은 여기서 아무것도 얻지 못할 것이고, 이 야기에 굶주린 사람들은 아주 풍요로운 잔치를 벌이게 될 것입니다. 무 슨 지식이나 정보를 얻으러 왔다면 대단히 재미없는 시간을 보낼 테지 만, 이야기의 잔치에 참여하러 왔다면 오늘처럼 맛있는 음식을 먹고 갈 때가 없을 것입니다.

쉽게 이야기하겠습니다. KTX를 탈 때는 '5호 차의 3A' 하는 식으로, 몇 호 차의 몇 번 좌석인지를 모르면 절대로 기차를 탈 수 없습니다. 그 게 정보예요. 그런데 그 정보는 기차에서 내리고 나면 아무런 가치가 없 습니다. 그날로 떨어지는 것입니다. 그런데 우리가 구하고 있는 지식이 나 인생에서의 그 많은 이야기들은 99퍼센트가 정보입니다. 지나고 나 면 아무 소용없는 것이지요.

정보는 생선이라고 할 수 있습니다. 그대로 두면 썩어요. 그런데 이야 기는 씨앗입니다. 피라미드 속, 옛날 왕들의 무덤을 뒤져보면 아주 오래 된 곡식들이 들어 있지요. 우리나라에서도 옛 무덤에서 항아리에 담긴 연밥, 연꽃 씨가 나왔어요. 그런데 일반적인 조건만 맞으면 별다른 특수

처리를 하지 않아도 이런 천 년 묵은 씨에서 싹이 나오는 거예요. 생명이라는 것이 무엇입니까? 생명이 물질이라면 그 비바람 치는 천 년 세월 동안 어떻게 그 씨앗 속에 잠들어 있었겠어요. 생명은 물질이 아닙니다. 컴퓨터의 알고리즘 같은 것이지요. 지금 여러분 책상 위의 컴퓨터를 부수고 윈도우를 지워버린다 해도, 알고리즘만 있으면 똑같은 소프트웨어를 만들 수 있지요. 바람이 불고 시간이 흘러도 가능합니다. 생명은 일종의 DNA 같은 것입니다. 영화 〈쥬라기 공원〉 보세요. 1억 년 전 공룡의 DNA를 가지고 공룡을 만들어냅니다. 최근에는 네안데르탈인의 화석 뼈에서 복원 가능한 수준의 DNA를 추출하는 데 성공했다는 소식도 들려옵니다. 더 한층 나아가면 그 맵을 가지고 복제를 할 수가 있어요. 생명은 물질이 아니란 말씀입니다. 디지털 알고리즘과 똑같아요.

음악은 또 어떻습니까? 음악이 물질입니까? 일테면 바흐의 칸타타를 생각해봅시다. 그것이 음반으로 나올 때 물질이고, 그것을 연주하는 바이올린이 물질이겠지요. 하지만 똑같은 곡을 풍금으로 칠 수도 있고, 바이올린으로 연주할 수도 있고, 노래로 부를 수도 있습니다. 이 세상 악보를 다 불태운다 해도 그 악보에 기록된 음정과 박자 등 구성요소의 코드를 알고 있으면 그대로 재생할 수가 있어요. 음악을 아는 사람이라면 생명이 물질이 아니라는 것을 알게 되지요.

그러니까 유물론자들이 '종교에서 말하는 영혼이니 생명이란 것은 없다'고 말하는 것은 생명을 물질로 보기 때문입니다. 그런데 생명은 물질이 아닙니다. 한 개체가 죽어 없어지더라도 씨앗 속의 DNA는 남습니다. 그래서 우리는 천 년 묵은 씨앗으로 싹을 틔워 재생산할 수 있지요.

그게 스토리입니다. 서양의 그리스 신화는 몇천 년이 지났는데도 살아 있습니다. 정보는 다 사라졌지요. 당시의 아테네로 들어가는 길 같은 정보는 사라졌지만, 그 그리스인들이 만들어낸 이야기의 DNA는 몇천 년이나 이어져서, 오늘날의 어린이들도 그리스 신화를 책으로 읽고 동영상으로 볼 수 있습니다.

성경도 마찬가지입니다. 전부 이야기로 되어 있다는 거예요. 탕자 이야기, 천지창조 이야기, 노아 이야기…. 성경의 그 이야기들은 겉으로는 죽어 있는 것, 물성을 지닌 책에 담겨 있습니다. 하지만 그 언어, 말씀 속에 들어 있는 DNA는 생명을 싹 틔웁니다. 마치 천 년, 2천 년 된 씨앗을 심으면 거기서 싹이 나는 것처럼, 흙과 마찬가지로 살아 있지 않은 것 속에서 생명이 나온다는 것입니다.

기억, 이야기, 금붕어

그러나 추억이 있다는 것만으로는 아직 충분하지 않다. 추억이 많으면 그것을 잊을 수도 있어야 한다. 그리고 그 추억이 다시 살아날 때까지 기다릴 수 있는 큰 인내심을 가져야 한다. 왜냐하면 추억 그 자체만으로는 시가 될 수 없기 때문이다. 그 추억이 우리들의 몸속에서 피가 되고, 시선과 몸짓이 되고, 이름도 없이 우리들 자신과 구별되지 않을 때에야 비로소 몹시 드문 시간에 시의 첫마디가 그 추억 가운데에서 머리를 들고 일어서 나오는 일이 일어날 수 있다(27-28쪽).

말테가 추억과 시 쓰기에 대해 이야기하는 이 대목은 흔히 이야기하는 시적 변용의 예로 여겨지기도 합니다. 우리가 먹은 밥알이 발효되고 형체를 알아볼 수 없을 정도로 변형되어야 몸속의 피가 되고 살이 되는 것처럼, 추억도 그래야만 시가 될 수 있다는 통속적인 이야기로도 충분히 설명할 수 있을 것입니다.

다만, 마르셀 프루스트도 그랬지만 이 이야기의 이면에는 우리들의 기억이란 것을 과거 시간이 지속되는 것으로 보느냐, 과거와 단절된 것들이 퇴적된 것으로 보느냐 하는 문제는 남습니다. '나'라는 게 무엇입니까? 어제의 나와 오늘의 내가 다르지 않습니까? 더군다나 어렸을 적의 나와 지금의 나는 얼굴도 마음도 판이하게 다르지 않습니까? 그러면 초등학교 때 사진을 보고 '이게 나야' 하고 이야기할 수 있는 이유는 무엇입니까? 기억의 일관성, 연속성 때문이지요. 그래서 프루스트가 《잃어버린 시간을 찾아서》에서 유년시절의 이야기를 쓴 것은 그것이 이미 사라져버린 시간이 아니고, 지금 지속하는 시간으로 이 자리에 있다는 것을 보여주기 위함이었습니다. 프루스트는 마들렌을 먹고 차를 마실 때 어린 시절의 이야기가 그 맛과 냄새를 타고 여기로 오는 모습을 그려내잖아요. 인간들의 기억은 장롱 속에 차곡차곡 개켜놓은 옷 같은 것이 아니라 끝없이 흐르는 강 같아서, 사물을 보고 있는 지금 여기까지 지속되고 있다는 것입니다.

저는 이제껏 살아오면서 많은 사건을 겪은 사람은 아닙니다. 남들이 봤을 때는 드라마틱한 것과는 거리가 먼 평탄한 삶을 살았지요. 그래도 얼마나 많은 이야깃거리가 있겠어요. 그런데 특히 신혼 초에 겪었던 한 가지 사건은 지금도 뚜렷하게 기억하고 있습니다. 그때는 전쟁이 끝난 지 얼마 되지 않아서 모든 사람들이 가난한 시절이었지요. 우리도 셋방 살이를 했어요. 그런데 사실, 지금 보면 이상하게 생각할지 몰라도, 우리가 문학청년이던 시절에는 거의 결혼이라는 것을 생각하지 않았거든요. 결혼을 하고 애를 낳고 하는 이런 것은 속물들이 하는 것으로 알았는데, 제가 결혼을 하게 되었습니다. 그러니까 사람들이 "어머, 쟤도 결혼을 다하네. 얼마나 갈까" 하고 수군댔지요. (웃음)

아무튼 저도 제 아내도 그 당시 있었던 아주 사소한 일 하나가 잊히지 않습니다. 겨울 아침이었는데, 자고 일어나 보니까 연탄불이 꺼져서 금붕어 어항이 얼어버렸습니다. 그러니까 어항 안의 금붕어들이 수정 안에 들어간 것처럼 눈을 멀뚱멀뚱 뜬 채로 죽어버린 거예요. 화석처럼 말이지요. 그런데 뜨거운 물을 부으니까 살아나더란 말입니다. 이야기는 그것뿐이에요. 그보다 더 극적인 사건, 사람이 죽고 하는 별일을 다 겪었는데, 그까짓 금붕어가 얼었는데 더운 물 주니까 살았다고 박수 치고 하던 것, 그게 뭐 그렇게 대단한 이야기이겠습니까. 그런데 그게 지금도 계속 떠오른단 말이지요.

금붕어에게 무슨 물을 주어야 하나 고민하던 일, 아침에는 양미리를 먹었는데 저녁에는 똑같은 물고기이지만 먹지도 못하는 금붕어에게 먹이를 주던 일, 금붕어도 감기 든다는 말에 주의하던 일이 생각납니다. 그리고 금붕어의 물과 제가 먹는 물이 다르잖아요. 금붕어는 양쯔 강에서 왔거든요. 애초 자연 상태에서는 붉은 색이 아닌데, 돌연변이를 일으킨 것들을 육종해서 퍼트린 것입니다. '붕어'에 '금金'자는 왜 붙였습니까? '금'자가 붙으니까 일반 붕어와는 지위가 전혀 달라집니다. 그런데 금붕어면 누래야 하는데, 왜 빨갛습니까. 뭐, 이런 이야기를 하던 것이 기억납니다. 아까 이야기의 DNA 이야기를 했지만, 그러한 기억이 정보인 경우에는 금세 잊어버립니다. 그때 월세가 얼마였는지, 첫 월급이 얼마였는지는 다 잊어버렸는데, 금붕어 이야기는 안 잊어버립니다. 결국 그 금붕어도 죽었겠지요. 그까짓 어항이라고 해봐야 돈이 얼마나 되겠습니까. 하지만 생명이잖아요. 내가 이름까지 지어준 애들이잖아요. 이름 지어주고, 겨울에 죽을까 조심하고, 얼었을 때 물 부어줬더니 살아났을 때의 감동, 이런 것들이 있기 때문에 먹는 붕어와는 다를 수밖에 없습니다.

이렇게 이야기의 DNA가 있으면, 물고기를 맨 처음 애완동물로 삼은 사람들이 중국인이고, 금붕어가 남송 때 전 세계로 퍼져서 '골드피시'가 되었다는 지식이 다른 것과 연결되고, 끝없이 물고기 이야기로 이어져 바다로 흘러들어갑니다. 그러니까 50년 전 어느 추웠던 겨울날의 금붕어 이야기는 단순한 기억, 정보가 아니라, 이야기의 DNA를 통해 오늘에 이어져 지금까지 이야기를 만들어냅니다. 제가 생명 사상 이야기를 할 때도, 전혀 금붕어 이야기가 아닌데도, 금붕어 비늘들이 반짝입니다. 제 안에, 내 무의식 속에 금붕어 지느러미가 헤엄치고 있습니다. 이런 것들이 그때의 정지된 기억으로 머물지 않고, 지식으로, 지혜로, 내 행동으로 계속 이어지는 것입니다.

이것을 우리는 설명할 수 없습니다. 아마도 지독히 어려웠던 신혼 시절, 그 모든 사회의 역사성, 개인의 가난과 고통, 이 모든 것들이 총합된 이미지로서 그 이야기가 지금까지 이어져오는 것일 텐데, 그렇다면 그 때의 신혼 셋방살이하던 그 사람은 지금의 나와 동일시될 수 있는 중요한 하나의 이야기의 DNA를 가지고 있는 것입니다. 이야기는 이렇게 단순히 기억되고 되풀이되는 것이 아니라, 피가 되어 내 혈관 속을 흐르는 것입니다.

정말 좋은 건 그냥 좋은 것

오늘 《말테의 수기》를 읽는 것은 이야기 깊숙이 잠들어 있는 영혼들, 누군가가 깨우면 눈뜨고 일어서는 가장 아름다운 영혼들을 만나보는 여행입니다. 그런데 이건 참 드문 일입니다. 대개 문학 연구하는 사람은 문학을 생산하는 사람, 창조하는 사람과는 달라서 상상력과 감성이 부족하기 때문입니다. 문학 작품에 꼬리표를 붙여서 운반하는 그 사람들이 정말 릴케의 감성을 안다면, 자기가 시를 쓰지 평론을 쓰겠어요? 평론은 저처럼 모르는 사람들이 쓰는 거예요. 그런데 사람들이 평론, 해설을 읽고서 라이너 마리아 릴케에 대해 이러쿵저러쿵해요.

제가 여러분들께 성경 이야기를 여러 번 했지만, '마태복음 14장 12절', 이러는 거 보셨어요? 저는 그 이야기가 좋고 말씀이 좋은 거예요. 그게 12절이나 13절이냐는 정보일 뿐입니다. 대개 성경을 잘못 읽는 사람들이 몇 장 몇 절은 기가 막히게 잘 알아요. 누가복음 몇 장 몇 절, 시편 몇 편 몇 절 하면 유식하다고 우러러들 보는데, 릴케를 그렇게 읽어서 뭐 하겠습니까?《말테의 수기》에는 장 구분이 없습니다. 그런데 이야기를 전부 잘라서 자기네들끼리 제36화에 나오는 무슨 이야기, 몇 화에 나오는 손 이야기 하는 식으로 떠들어댑니다. 하지만 이 사람들이 정말《말테의 수기》를 사랑한다면 36화인지 47화인지를 생각하겠어요?

조금 더 이런 이야기를 하자면, 제가 대학 다닐 때는 음악감상실에서 디스크자키에게 모차르트의 무슨 곡, 쾨헬 번호 몇 번, 누구 지휘, 이렇게 종이에 쭉 써서 주는 친구들이 있었어요. 우리 같은 시골 사람은 그저 모차르트가 좋아서 왔는데, 그런 친구들 보면 기가 팍 죽죠. '이 친구는 음악을 잘 아나봐' 하는데, 나중에 알고 보면 아무것도 모르는 애들이에요. 쾨헬 번호 몇 번 하는 이들치고 음악 제대로 아는 사람이 없어요. 그냥 좋은 거죠. 여러분들이 처음 누구를 좋아할 때 뒷조사하고서 해요? 아버지가 누구고, 어디서 살고, 직업이 뭐고 알아보는 건 사랑하는 게 아니에요. 흥신소에서 나온 사람이나 그러지, 정말 좋은 건 그냥 좋은 거예요. 끌어안는 것입니다.

릴케의 손톱으로
생명을 긁어보자

| 니체가 토리노 광장에서 마부에게 채찍질당하는 말을 끌어안고 울다가 실신하고서 미쳐버렸잖아요. 그게 삶이에요. 니체는 그렇게 미쳐 죽었습니다. 그런데 우리는 살면서도 항상 삶의 본질을 피해 갑니다. 삶이라는 것이 너무나 두렵고 불안하고 생생하기 때문입니다. 맨손으로 만지면 생명이 느껴지는데, 장갑을 끼고 만

지려 듭니다. 요새는 주방에서도 꼭 비닐장갑을 끼고 일하잖아요. 그것과 마찬가지입니다. 그래 가지고는 이 현실과 생명이 만져지지 않아요. 우리가 기억하는 어머니의 그 손맛도 느낄 수 없는 거지요.

우리는 생명 속에 있기 때문에 생명을 쉽게 잊어버립니다. 생명은 허리띠와 같아요. 우리가 허리띠를 매고 있지만, 허리띠가 느껴지십니까? 생명이란 것은 병에 걸리거나 이상이 생겨야 비로소 의식됩니다. 평소에는 손이 있다는 것을 느끼기 어렵지요. 어느 날 빙판에서 넘어져서 깁스를 하면 그제야 손에 신경이 쓰입니다. 비로소 손이 사는 거예요. 손이 제대로 작동할 때는 손을 느끼지 못하는 것처럼, 생명에 이상이 없을 때는 생명을 몰라요. 그런데 신열이 나서 한밤중에 일어났을 때, 암 선고를 받았을 때, 그때 비로소 생명을 느낍니다. 가장 귀중한 생명을 내가 못 만지는 것이지요. 사형선고, 암 선고를 받는 순간에야 비로소 '아, 내가 이런 삶 속에 있었구나, 이게 내 생명이구나' 하고 깨닫게 됩니다.

저는 그런 경험을 아직은 못했습니다. 그렇게 치열하게 살아본 적이 없어요. 《말테의 수기》 같은 책을 보고 전율하는 대목이 나올 때, '아, 이게 생명이구나' 하고 느낄 뿐이지요. 생명을 아는 인간과 생명을 그냥 소비하고 사는 인간, 두 부류의 사람이 있다면, 적어도 생명이 뭔지를 아는 사람은 《말테의 수기》를 읽다가 '아, 이런 게 삶이구나' 하고 뭔가 찡하게 오는 느낌을 받을 것입니다.

어렸을 때 고기 잡는 아이들을 따라 처음 개울에 들어갔던 일이 기억납니다. 제가 붕어를 잡지는 못하고 다른 아이들이 잡은 것에서 하나를 달라고 해서 만져봤는데, 탁 잡으니까 붕어가 퍼드덕해요. 털 달린 짐승은 아무리 잡아봐도 생명이 덜 느껴집니다. 하지만 물고기는 알몸이고 생명이 비늘에 다 노출되어 있기 때문에, 잡는 순간 퍼드덕하는 게 나한테 오는 거예요. 그게 생명이에요. 내가 생명을 만져본 것이지요.

우리는 일평생 살면서 아주 가까운 사람이 죽거나, 아주 슬픈 영화를 보거나, 정말 좋은 문학 작품을 볼 때, 가슴이 찡해오는 얼마 안 되는 시간을 경험합니다. 저는 이것을 얼음이 쪼개진 틈으로 비유합니다. 얼음이 꽝꽝 얼었는데 자세히 보면 금이 가서 쩍 갈라진 틈새가 있거든요. 생명도 마찬가지예요. 강물이 꽝꽝 얼어붙었는데 거기에 금이 가서 만들어진 틈, 살다 보면 그런 틈에 빠집니다. 그게 생명이에요.

그러니까 오늘 《말테의 수기》를 읽는 것은, 그저 문학작품을 읽으라는 게 아니라, 우리 일상 속에서 굳은살이 박여 아무리 만져도 느껴지지 않는 그 생명을, 라이너 마리아 릴케의 손을 통해서 긁어보자는 것이지요. 릴케의 손톱으로 피가 나도록 긁어보자는 거예요. 그러면 그 굳은살 속에 말랑말랑하고 아주 여린 여러분들의 생명이 숨겨져 있었음을 알게 됩니다. 우리는 눈물 없이 그 생명을 만나지 못합니다. 왜요? 그 생명은 오래가지 않는 것이기 때문이에요. 돌멩이는 오래가도, 우리가 그토록 갈망하고 아끼고 사랑하는 생명은 절대로 오래가지 않습니다. 내일 사라질지도 모른단 말이죠.

정보 속에서는 절대 들을 수 없는 그런 이야기의, 천 년이 가도 저 생명 깊이 숨어 있는 알고리즘, 수학, 음악이 되는 멜로디, 이런 것들을 우리는 이 《말테의 수기》를 통해서 재생할 수 있습니다. 그리고 그것을 들을 때, "저건 내 이야기야. 내가 예전에 겪었던 바로 그 이야기야!" 하고

소설로 떠나는 영성순례

무릎을 치게 됩니다. 그러한 회상을 통해서 우리는 벌써 세상을 떠난, 그러나 문자에 의해서 시 속에 숨겨져 있는 스토리의 DNA를 만져볼 수 있습니다.

9월 11일
툴리에가에서
| 이러한 정보와 스토리의 차이와, 생명이라는 이야기에 공감한다면 우리는 그다음 이야기를 할 수 있습니다. 6년이나 걸려서 가장 가난한 파리의 이야기를 쓰긴 했지만, 릴케는 파리를 좋아하지 않았어요. 《로댕론》을 쓰기 위해서 하는 수 없이 파리에 왔고, 결혼한 뒤에 파리에서 7년이나 머물렀지만, 도저히 부양할 능력이 없어 처자식 다 버리고 홀로 빈한한 생활을 했습니다. 앞에서도 이야기했지만, 정말 좋아한 곳은 애인이었던 루 살로메와 두 차례에 걸쳐 몇 달 동안 여행한 러시아였습니다. 백화白樺(자작나무)가 서 있는 그 광막한 공간. 그리고 가난하게 태어나서 여전히 가난하게 사는 농민들의 그 궁핍 속에서 단련되고 단련된 내면의 빛이 확 타오르는 것을 보았기 때문이지요. 아주 순수한 영혼의 빛. 그래서 릴케는 러시아를 '고향'이라고 부르며 자기 조국처럼 생각했어요. 진짜 고향인 프라하에는 한 번도 돌아가지 않고 여기저기를 떠돌았지만, 러시아는 자신의 정신적인 고향이라고 생각했습니다.

　《말테의 수기》는 외형상으로 가난한 28세 청년 말테의 파리 생활을 적은 수기입니다. 하지만 연도도 없고 첫머리에만 딱 한 번 날짜가 나올

뿐, 수기인데도 뒤에는 날짜가 전혀 안 나와요. "9월 11일 툴리에가街에서." 툴리에라는 곳은 가난한 사람들이 사는 곳으로 나오지만 사실 빈민굴은 아닙니다. 부자들이 사는 곳은 아니지만 그렇다고 달동네, 슬럼가는 아니지요. 하지만 《말테의 수기》에서는 아주 가난한 사람들이 모여 사는 처절하고 탈락된 변두리, 소위 성문 밖 인간들의 땅으로 묘사하고 있습니다.

9월 11일 말테가 툴리에가로 외출한 것으로 이야기가 시작됩니다. 그리고 '나'는 툴리에가를 하나하나 관찰하지요. 사건도 없이 그냥 관찰만 합니다. 이것이 첫 줄에 나오는데, 첫 줄부터 가슴을 조이는 그 강력한 힘이 느껴집니다. 소설 같으면 곧바로 클라이맥스로 들어가는 것이지요. 그러니까 앞에서 열 쪽만 읽어도 《말테의 수기》의 정수를 제대로 맛볼 수 있습니다. 이 작품을 끝까지 읽은 사람이 없다는데, 어찌 보면 당연합니다. 열 쪽만 읽어도 더 이상 읽을 수 없을 정도로 진한 충격을 받게 되니까요.

《말테의 수기》는 같은 테마가 되풀이되면서 점점 깊어집니다. 그러니까 정말 바쁜 분들은 끝까지 읽으려고 애쓸 필요 없습니다. 어디 릴케가 독자들이 이걸 다 읽으라고 썼겠어요? 작가들이 쓰다 보면 원고료 때문에 더 길게 쓰기도 합니다. (웃음) 릴케는 시인인데, 이 정도의 시를 썼다고 해보세요. 그 시를 어떻게 다 읽겠어요? 《말테의 수기》는 말이 산문이지, 아무런 스토리도 없는 시입니다. 그런데 작정하고 처음부터 차례대로 읽지 않더라도, 어느 정도 훈련된 독자들은 좋은 대목에 끌려서 끌려서 읽다 보면 마지막 탕자 이야기까지 다 읽게 될 거예요.

제가 아주 젊은 시절에 《말테의 수기》를 읽었지만 지금도 9절까지는 기억하고 있습니다. 오늘 이야기하려는 것도 제 기억에 남은 것 중 가장 좋았던 부분들인데, 대부분 9절까지의 내용에서 가져온 것입니다. 그러니까 여러분도 첫 장부터 끝 장까지 다 읽는 게 반드시 좋은 것이 아니고, 그럴 필요도 없다는 점을 유념하시면 좋겠습니다. 친구를 사귈 때 그 사람과 24시간 함께 있습니까? 긴요할 때 조금씩 만나는 것이지요. 아주 깊이 사귀는 친구가 있는가 하면, 어쩌다 만나는 친구도 있습니다. 소설도 마찬가지예요. 자신에게 좋은 곳을 한참 읽다가, 지루하면 내버렸다가, 또 생각나면 읽는 것이지요. 그러다 보면, 친구도 마지막엔 잘 알게 되듯, 좋은 책은 끝까지 다 읽게 되고, 마지막까지 머리에 두게 됩니다. 띄엄띄엄 읽었어도 다 읽은 것과 진배없습니다. 친구를 남에게 '내가 믿는 친구다' 하고 소개하듯이, 다른 사람에게 이 작품을 소개해 줄 수 있습니다.

　그러므로 오늘 저는 비늘 하나만 봐도 전체 물고기를 알듯이, 이야기의 핵심이 되는 키워드를 통해서 전체를 이해할 수 있도록 키워드의 네트워크를 만들어보려 합니다.

내면의 감춰진 삶을 찍는 언어의 자기공명장치

　　　　　　　　　　　　이 작품의 테마는 생과 죽음, 생명 찾기입니다. 첫 줄부터 그 이야기이지요.

9월 11일 툴리에가에서

사람들은 살기 위해서 여기로 몰려드는데, 나는 오히려 사람들이 여기서 죽을 것 같다는 생각이 든다. 외출을 했다가 자선병원 몇 군데를 보았다(9쪽).

"9월 11일 툴리에가에서 … 외출을 했다"는 이 한 구절이 저 뒤에 가고 다시 저 뒤에 가도 기가 막히게 연결이 됩니다. 처음 몇 쪽의 이야기가 어떻게 산문 전체에 이어져 있는지를 찾아보면 무척 흥미롭습니다. 이렇게 이미지와 사상이 중첩되고 서로 파고들어가면서 우리들 삶의 깊은 영혼을 만져볼 수 있게 하지요.

그러므로 사실, 작품의 외적 정보는 이것으로 끝입니다. '28세의 가난한 덴마크 청년 말테의 파리 생활을 적은 수기'. 그런데 왜 덴마크일까요? 사실 알고 보면 말테는 요절한 노르웨이 시인 시비에른 옵스트펠데르를 모델로 삼았다는 얘기도 있고, 릴케 자신의 체험을 투영한 것이라는 설도 있습니다. 릴케 자신이 실제로 금전출납부처럼 적어놓은 수첩이 있는데, 《말테의 수기》를 쓰기 훨씬 전부터 기록하던 거라는 것이지요. 마치 마지막 면회를 하는 사형수가 "여기 사건의 진상이 담겨 있소. 이것을 밝혀주시오" 하며 호주머니에서 수첩을 꺼내 건넨 것이라며 이야기를 발표하는 작가처럼 말이지요. 《로빈슨 크루소》를 쓴 대니얼 디포 같은 사람이 그랬거든요. 자기가 써놓고서, 사형수가 내게 준 것이라고 이야기하면 사람들이 흥미를 갖고 읽잖아요. 이것도 그런 이야기입니다. 다 쓴 수기를 내가 발표하는 거라는 것이지요. 때문에 이 작품은 소설이 아니면서도 소설로 여겨집니다.

그런데 여기서 누가 모델이냐고 하는 것은 사실 아무 의미가 없습니다. 릴케 자신의 이야기이든, 옵스트펠데르든 또는 덴마크의 한 가공 인물의 이야기이든 상관없습니다. 외면의 사건이 아니라 우리 자신의 내면에 감춰진 삶을 언어의 자기공명장치MRI로 찍은 것이기 때문입니다. 《말테의 수기》는 겉모습을 카메라로 찍은 것이 아니라 MRI로 내면을 찍은 것입니다. 얼굴 사진이야 바뀔 수가 없지만, 폐를 찍은 사진은 다른 사람 것과 바뀌기 쉽지요. 겉으로 드러난 얼굴은 다르지만, 안으로 투시해보면 누구 내장인지 누구 폐인지 알 수 없으니까요. 그래서 멀쩡한 사람을 잘못 수술하기도 합니다. 《말테의 수기》가 바로 MRI로 찍은 사진입니다. 그러니 누굴 모델로 하든 아무 상관없습니다. 사건이 없고 이 사람의 캐릭터가 응시하는 시선일 뿐인데, 그게 누구면 어떻습니까. 보통 소설은 비디오카메라로 찍은 것이지만, 《말테의 수기》는 우리 뇌를 찍은 것이기 때문에, 이것이 누구 뇌인지 아느냐 하는 질문은 별 의미가 없다는 말씀입니다. 여기 나오는 이야기는 외부의 이야기가 아니라, 누구라고 할 것 없이 전부 내부로 들어간 것입니다. 지금까지의 소설이 모두 외과수술이라고 하면 이 작품은 내과수술입니다. 우리의 내장을 그렸기 때문에 거기에는 이 씨 내장이냐 김 씨 내장이냐 하는 꼬리표가 붙지 않습니다. 영혼, 생명에는 내 생명과 네 생명, 내 영혼과 네 영혼이 없습니다.

도시

|

　　　　　　　《말테의 수기》에서 가장 중요한 테마가 되는 것은 파리라는 도시입니다. 농촌, 시골이 아닌 도시입니다. 이 작품은 도시가 무엇인지, 도시 생활이 어떤 것인지를 우리에게 알려줍니다. 우리에게 《말테의 수기》가 가깝게 느껴지는 까닭은 지금 우리가 도시 이야기를 하고 있기 때문입니다. 도시란 이런 것입니다. 한마디로 줄이면 이렇지요.

　　사람들은 살기 위해서 여기로 몰려드는데, 나는 오히려 사람들이 여기서 죽을 것 같다는 생각이 든다.

　　도대체 파리가 무엇인지, 온 유럽 사람들이 '파리', '파리' 하면서 모여듭니다. 사람들은 여기에 삶이 있다, 여기에 생명이 있다며 모여드는데, 자신이 보기에는 꼭 죽으러 오는 것처럼 보입니다. 실제로 파리에 오면 천천히 진행되는 도시의 죽음만이 있을 따름이라는 것입니다. 그러니까 책을 다 읽지 않았더라도 "《말테의 수기》가 무슨 이야기야?"라는 물음에 우리는 이렇게 답할 수 있습니다. "응, 살려고 사람들이 왔는데, 조금씩 죽어가는 이야기래. 우리가 생각하는 것하고 다르대. 여기, 도시라는 것은 사람들이 다 죽으러 오는 곳이래." 공해만이 아니라, 정말 우리 생명의 켜마다 그을음이 앉고 점점 몰라지게끔 만드는 게 도시라는 것이지요.

소설로 떠나는 영성순례

솔직히 이야기해서, 고향이라는 것이 우리에게 뭘 해준 것이 있어요? 고향에는 소문도 많아서, 조금만 잘못해도 "쟤는 오줌싸개, 기저귀 차고 다니는 애야" 하고 온 동네 사람들이 알게 됩니다. (웃음) 사실 선지자는 고향에서 환영받지 못한다고 하잖아요. 그런데 왜 그렇게 죽어라 고향에 갑니까? 아무것도 주지 않는데. 거기에 생명이 있거든요. 생명이라는 것은 좋고 나쁘고 행복하고 불행한 것을 따지는 것이 아니에요. 죽을 병에 걸렸더라도 목숨이 붙어 있으면 그냥 사는 거예요. 이유가 없어요. '왜 사냐면 웃지요'라는데 그것도 우스운 이야기예요. 왜 사느냐면, 삶이 있으니까 사는 것이지 웃고 울고 그런 것도 없어요.

파리라는 도시에 사람들이 죽으러 오는 것처럼 보인다고 했습니다. 그러니 이제 이어지는 이야기는 파리에서 죽어가는 죽음과 시골에서의 죽음이 어떻게 다르냐는 것입니다. 내가 유년 시절에 겪은 삶과 어른이 되어서 파리에서 사는 것이 무엇이 다른가? 실연을 하고 나서야 사랑이 무엇인지 깨닫는 것처럼, '내가 파리에 와서 죽어보니 생명이라는 것이 무엇인지 알겠구나' 하는 것입니다. 그러니까 《말테의 수기》를 읽는 우리 역시 견딜 수 없게 만드는 것은, 우리 또한 도시에서 살고 있고, 우리 또한 마루타처럼 죽으러 도시에 오기 때문입니다. 서울이라는 도시는 파리처럼 온갖 쾌락이 화려하게 번쩍여서 생명이 넘쳐 보였는데, 와서 보니까 아니라는 것이죠.

릴케는 그러한 도시 이야기를 서울에 가니 코 베어가는 사람, 날치기가 많고, 인심이 사납더라 하는 식으로 통속적으로 쓴 것이 아니라, 존재의 결핍을 건드립니다. 금붕어들이 산소가 부족하면 물 밖에 나와서 뻐끔거리듯이, 도시에 사는 사람들이 오염된 어항 속 금붕어처럼 입 벌리고 뻐끔뻐끔 하는 소리가 들리는 것이지요. 둘러보면 사람들이 열심히도 사는데 그건 열심히 사는 게 아니라 전부 수면 위에 올라와 뻐끔거리는 것이란 말입니다. 릴케는 이를 문학적으로 표현한 것이지요.

파리의
냄새

|

　　　　　　　　　　　　　文학평론은 이런 점이 재미있습니다. 화자는 시각적 표현을 사용합니다. 지도를 손에 들고 거리를 거닐면서 자신이 본 것을 기록하지요. 그런데 조금 더 읽으면서 논리적으로 분석해보세요. 아주 사소한 것까지 세세히 그려내는 그의 시선이 보는 것은 어디까지나 지도를 보는 눈을 통해서입니다. 그는 파리를 관찰하면서 지도를 보고 일일이 확인하지 않으면 안 됩니다. 그런데 그의 눈이 보는 것은 실제가 아닙니다. 그에게 실제, 현실은 냄새입니다.

> 좁은 거리의 곳곳에서 냄새가 나기 시작했다. 요오드포름 냄새, 감자튀김의 기름 냄새, 불안의 냄새였다(10쪽).

　환자들에게 발라주는 소독약인 요오드포름 냄새가 나고, 감자튀김의 기름 냄새가 납니다. 부자들이 아니에요. 감자를 튀겨서 먹고사는 사람들입니다. 병든 사람들, 먹고살려고 하는 사람들, 불안의 냄새를 풍기는 사람들이 이 도시에 살고 있습니다.

　　　　　　　　　　　　　　　　　　　　소설로 떠나는 영성순례

화자는 "여름에 냄새가 나지 않는 도시는 없다"고 말하고는, 시각적이거나 청각적인 도시가 아닌 냄새로 상징되는 도시의 분위기, 도시의 내면을 그려냅니다. 그렇기 때문에 여기에서 묘사되는 시각적 대상들은 모두 후각적 대상으로, 즉 냄새로 녹아서 화자의 의식 속으로 들어오는 것입니다. 지도에 표시된 것들조차 살아 있는 시각의 살아 있는 대상이 되려면 냄새가 더해져야 합니다. 지도는 이성적이고 개념적인 것이라면, 냄새는 생명 그 자체라고 할 수 있습니다.

시각은 외부적인 것을 묘사하지만, 냄새는 영혼의 집결지입니다. 앞에서 이야기한 것처럼 외과 촬영이 아니라 MRI로 내부를 찍는 이 사람으로서는 후각적 표현을 사용하지 않을 수 없습니다. 파리를 눈으로 보기는 하지만, 눈으로 본 결과를 후각으로 표현하게 되는 것이지요. 이 작품에서 가장 중요한 장면이 이 대목입니다. 사실 이 작품은 겉으로 보기에는 전편이 시각 표현으로 되어 있지만, 실은 파리의 냄새를 그리고 있는 것입니다.

이번 강의에서는 리투아니아계 미국인으로서, 릴케를 아주 좋아했던 화가 벤 샨의 그림을 함께 보려고 합니다. 대공황 시대를 몸소 겪은 사회주의 리얼리즘 계열의 화가인데, 이 사람이 《말테의 수기》를 보고 그린 작품이 있어요. 그것을 보면 《말테의 수기》에서 묘사하는 냄새가 떠오릅니다. 《말테의 수기》를 읽지 않았더라도 말이지요. 마찬가지로 어떤 음악을 듣고서 《말테의 수기》의 냄새가 떠오를 수 있겠지요. 냄새란 바로 그런 것입니다. 아까 이야기한 DNA처럼 지울 수 없는 것이지요.

다음 사진은 파리의 좁은 골목 풍경입니다. 보통 파리 관광을 가면 루브르 박물관, 에펠탑 같은 데를 찾아갑니다. 하지만 파리에서 거길 가보는 것은 정말 돈 버리는 일이에요. 이건 아까 이야기한 정보를 확인하러 다니는 것이고, 기념사진 찍고 여권에 도장 찍어서 거기 갔다 왔다는 증명서 만드는 일에 지나지 않습니다. 실제 파리를 보려면 영화에서처럼 이런 골목을 가봐야 합니다. 말테가 다닌 곳이 무슨 명소가 아니었습니다. 여기에 말테가 "오늘 루브르 박물관에 갔다. 에펠탑에 올라가봤다"라고 썼다면 읽으시겠어요? 정보뿐이지, 거기 무슨 생활이 있어요? 그건 파리의 개념일 뿐이에요. 《말테의 수기》를 보면 꽃 파는 사람이 나오

파리의 골목(외젠 앗제, 〈생뤼스티크가〉, 1922)

고, 얼굴에 부스럼이 난 아이가 유모차에 누워 있는 이야기이거든요. 그런데 여기에 이 작품 전체의 테마가 있어요.

　다음 그림이 1789년 당시 베르사유 지도입니다. 베르사유는 본래 굉장히 큰 사냥터였는데 루이 14세가 여기에 별궁을 지은 뒤로는 프랑스혁명이 일어날 때까지 루이 14세, 15세, 16세가 여기서 살았어요. 파리를 두고 별궁인 여기에 와서 산 이유가 무엇입니까? 파리의 도로는 돌로 포장되어 있잖아요. 그런데 산업화가 되어 수가 늘어난 마차들이 골목길을 질주하면 그 소리가 너무 요란한 거예요. 게다가 당시에는 간판도 많이 늘어나서 세로로 간판을 달았는데, 바람이 불면 이것들이 삐걱거리는 소음이 단말마의 소리처럼 엄청났던 거예요. 또 한 가지, 당시

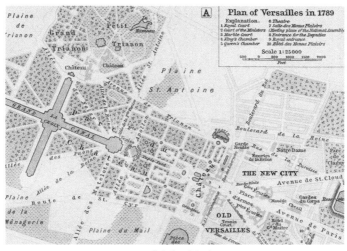

1789년의 베르사유 지도

파리의 고층 건물에서는 오물을 처리하기가 마땅치 않아서 변이고 뭐고 다 밑에다 버렸습니다. 그래서 오물로 뒤범벅된 더러운 길을 절벅절벅 걸어야 했고, 그 때문에 하이힐이 생겼다는 이야기도 있을 정도지요. 영국에서는 월터 롤리 경이 여왕 엘리자베스 1세 발밑에 자기 외투를 깔아서 점수 따잖아요. 길거리가 더러우니까 그랬지, 깨끗하면 진흙탕 밟지 않고 지나가게 할 기회가 어디 있어요. 이렇게 소음과 길거리의 오물은 파리의 골칫거리였습니다.

그나마 궁전에는 간판도 없고, 진창도 없고, 마차도 통제할 수 있고, 소음도 차단할 수 있었지요. 파리 시의 더러움과 완전히 격리되어 특별 생활을 할 수 있었는데, 냄새는 막을 수 없었습니다. 산업화 초기의 도시에서 온갖 더러운 냄새들이 궁전이고 뭐고 가리지 않고 막 스며들지요. 이 냄새를 피해서 도망간 곳이 바로 베르사유라고 하는 뚝 떨어진 별궁이에요. 결국 혁명이 일어나서 3천 명이 베르사유궁에 쳐들어옵니다. 왕이 파리가 아니라 여기에서 사니까 파리 시민들의 삶을 모른다면서, 사냥을 다녀와 상황을 실감하지 못하는 루이 16세를 납치하다시피 끌고 파리로 돌아옵니다. 파리의 진짜 혁명은 루이 16세가 파리의 냄새 속으로 강제로 끌려오는 데서 시작하는 것입니다. 그는 냄새 속으로 끌려와 그 냄새 속에서 죽었습니다.

아무튼 이렇게 파리에는 냄새가 있습니다. 요오드포름 냄새와 병 냄새. 요오드포름은 아픈 사람이 바르죠. 그리고 매일매일 먹는 감자튀김의 냄새. 감자는 하층민이 먹는 거예요. 이 요오드포름 냄새와 감자튀김의 기름 냄새가 합쳐지면 불안의 냄새가 됩니다. 불안은 어디서 옵니까? 여러분들의 생명이란 것이 유리그릇 같습니다. 깨지기 쉬운 물건을 호주머니에 넣고 다니면 뭘 해도 불안하지요. 파리는 죽음의 도시이기 때문에, 깨지기 쉬운 유리병 같은 것이기 때문에, 항상 불안이 따릅니다. 늘 도시에는 스트레스가 쌓입니다. 그만큼 생명과 멀고, 생명에 위험한 것이지요.

파리의 악취로부터 도망치기 위해서 루이 14세가 만들어낸 베르사유의 궁전은 바로 이 골목길의 냄새로부터 도피한 것입니다. 다른 것은 다 피할 수 있지만, 냄새만은 못 막았다는 것은 냄새가 우리의 영혼, 마음, 정신의 집결지이기 때문입니다. 《말테의 수기》 첫 장면에 나오는 냄새 이야기는 바로 파리의 전통적인 냄새 이야기이고, 사람들이 살기 위해 파리에 모여들지만 죽으러 온 것 같다고 보는 것은 그들 주위를 감돌고 있는 죽음의 냄새 때문입니다. 그것은 인간이 절대로 피하지 못한다는 거예요. 프랑스 대혁명은 냄새의 혁명이었고, 인간은 누구도 그 냄새로부터 도망치지 못한다는 사실을 우리들에게 보여주었습니다.

이 냄새는 그 후 200년이 더 지난 지금도 가시지 않고 있지요. 지금의 파리 지도는 대혁명 당시의 지도나 말테가 들여다보던 지도와는 전혀 다를 것입니다. 그 지도를 들고 관광에 나서면 엉뚱한 곳에 가게 되겠지요. 하지만 우리는 그 냄새를 맡을 수 있습니다. 요오드포름의 냄새라든지 감자튀김의 냄새는 아닐지 모릅니다. 올리브유 냄새 또는 새로 칠한 왁스 냄새가 풍길지 모릅니다. 하지만 그 총합이 불안의 냄새라고 하는 데서는 다르지 않을 거예요.

임산부
|

파리를 시각적으로 그린 것을 보면 제일 먼저 다음과 같은 묘사가 나옵니다.

임신한 여자도 한 명 보게 되었다. 그 여자는 햇볕으로 따뜻해진 높다란 담 벼락을 따라 힘들게 걸음을 옮기면서 벽이 아직도 거기에 있는지 확인하는 듯이 때때로 벽에다 손을 대어보곤 했다. 그래, 벽은 아직도 거기 있었다(9 쪽).

이 담 뒤편에는 병원이 있어요. 담을 기준으로 한편에는 병원에서 죽어가는 병자들이 있고, 다른 편에는 생명을 잉태한 임산부가 있는 거예요. 담 하나를 사이에 두고 생명과 죽음이 있어요. 이 모티브가 마지막에 등장하는 탕자 이야기에 이르기까지 계속됩니다. 탕자가 집에서 도망하는 것도 병 이야기이지요. 좀 더 읽어보겠습니다. 이건 말테가 본 또 다른 임산부들에 관한 이야기입니다.

여자들이 아이를 잉태하고 서 있으면, 그 모습이 얼마나 우수에 찬 아름다움을 느끼게 했는지. 그녀들은 자기도 모르게 가느다란 손을 배 위에 올려놓고 있는데, 그 커다란 배 속에는 **두 개의 열매가 들어 있었다. 하나는 태어날 아이였고 다른 하나는 죽음이었다**(23쪽).

소설로 떠나는 영성순례

이 한 줄만 봐도 기가 막히잖아요. 우리가 아이를 갖는다는 것은 가장 기쁜 일, 생명을 얻는 일인데, 달리 보면 죽는 인간을 하나 만드는 일입니다. 그러니까 아름다움과 우수가 있습니다. 생명이라는 것은 우수와 아름다움 없이는 느낄 수 없는데, 그걸 느낄 수 있게 해주는 것이 죽음과 생명을 함께 잉태한 여인네들의 배입니다. 그런데 여자들은 그 섬세한 손으로 가끔 이 생명과 죽음이 함께 있는 자기 배를 만지지요. 또 기가 막힌 표현이 나옵니다.

> 그 말끔한 얼굴에 감도는 짙고도 거의 풍요로운 미소는 이따금씩 이 둘이 몸속에서 성장하고 있음을 그녀들이 생각하는 데서 비롯된 게 아니었을까?(23쪽)

그 임산부들이 짓는 미소에는 쓸쓸한 슬픔도 있고, 황홀한 행복도 있고, 풍요도 있습니다. 레오나르도 다빈치가 그린 모나리자의 미소가 아름답다는데, 임산부들은 다 그런 미소를 가지고 있어요. 슬픔인지 기쁨인지 모를 미소. 가장 기쁜 생명이지만, 죽어야 할 생명을 잉태했으니까요. 생명과 죽음이 함께 있잖아요. 두 개의 씨앗을 잉태한 거예요.

이런 이야기를 할 수 있는 것은 릴케뿐입니다. 톨스토이나, 그 옛날 호메로스 같은 위대한 고전 작가들 중에도 이렇게 말한 사람은 없어요. 임산부의 본능적인 그 웃음은, 생명의 기쁨과 죽음의 슬픔이라는 두 개의 열매가 동시에 자기 배 안에서 자라고 있음을 생각하는 데서 비롯된 것입니다. 이러한 임산부 이야기가 《말테의 수기》에서는 반복해서 나옵니다.

이렇듯 《말테의 수기》는 마치 어린애가 잉태되듯 생사 이야기가 시작됩니다. 즉, 생과 사가 함께 있는 현실의 출발점이 아이를 배는 순간이고 임산부라는 것이지요. 그렇게 생명을 잉태한 여자가 손으로 짚으며 쉬엄쉬엄 걸어가는 담장 저쪽에는 죽음을 육체 속에 가지고 있는 사람들이 상주합니다. 여자의 배 속에는 생명이 있는데 말이지요. 그런데 그게 거의 같습니다. 담 하나로 생과 사가 갈라져 있습니다. 그러니까 이 임산부는 가장 생명적인 어린아이를 잉태했음에도 환자와 똑같이 보입니다. 때문에 이렇게 새로 태어나는 생명과 종이 한 장 차이로 죽음이 있는 그 속에서 생명은 악센트를 갖고 더 큰 소리로 울려오는 것입니다. 이렇게 치밀한 설계가 어디 있어요. 벽 하나를 사이에 두고 아슬아슬하게 나뉘어 있는 생명과 죽음, 생과 사가 동시에 자라고 있는 임산부의 배 속의 이미지, 살기 위해들 오지만 죽으러 오는 것 같은 파리라는 도시의 모습, 가장 화려하고 생명이 넘치는 것 같지만 요오드포름 냄새와 감자튀김 기름 냄새가 섞여 감도는 불안의 냄새, 이러한 요소들이 얽히고설켜, 불안 그 자체인 생명을 느끼게 해줍니다.

불안을 느끼지 않으려면 생명을 잊어야 합니다. 그러기 위해서 화투도 치고, 골프도 치고, 부부싸움도 하지요. 부부싸움이라는 게 고통을 이기고 죽음을 견디기 위한 방편입니다. 싸우는 동안은 그런 것을 잊어버리거든요. 자꾸 싸우라는 이야기가 아니라, 일상생활에서 우리가 다투고 하는 그것이 생명 장치라는 것입니다. 그게 없으면 사람이 죽습니다. 자살하고 말지요. 그러니까 미운 사람도 좋은 거예요. 미운 사람, 정말 아니꼬운 사람들이 내 생명을 견디게 합니다. 그것 없이 정말 생명과 대면하면 살기 힘들죠.

그런데 왜 하필 임산부입니까? 감춰져 있다는 것입니다. 파리는 커다란 임산부의 배와 같습니다. 그 안에는 생명과 죽음이 자라고 있는데 MRI와 같은 상상력과 언어를 가진 사람 아니면 임산부의 미운 배, 허덕거리고 걸어가는 사람의 숨결만 적지, 그 안에 함께 자라는 생명과 죽음을 들여다볼 수 있는 내부 투시의 글을 쓰지 못합니다. 이렇듯 내면의 기록인 《말테의 수기》에서 처음으로 문학이 MRI 촬영을 시도합니다.

발자크니 하는 작가들은 귀족들이 아침에 일어나 차를 몇 잔 마시고 하는 식의 '정보'를 기록했습니다. 하지만 릴케는 그런 정보는 전부 소거하고 우리의 폐와 간, 내장 속으로 들어가서, 추악해서 보지 못할 것, 너무 생생해서 보지 못할 생피의 언어들을 뿌려줍니다. 겉만 보고 살아가는 사람은 이러한 임산부 이야기를 듣고 "세상에 무슨 작가가 이런 재수 없는 소리를 하는가. 아이 밴 여자를 놓고 죽음하고 생명을 같이 보

벤 샨, 〈세 남자〉(1953, 연필)

다니, 악담하고 앉아 있네" 이러지 않겠어요? 다른 작가들은 이런 이야기를 다 숨겼는데, 릴케는 행복하고도 슬픈 여자의 미소 속에서, 죽음과 생이 동시에 잉태되었다는 것을 자신도 모르게 감지했음을 보여줍니다. 생과 사가 대립 개념이 아니라 동일 개념임을, 서로가 서로를 공유하고 있음을 보여주는 것이지요.

앞의 그림은 피카소의 작품처럼 보이지만 앞서 말씀드린 리투아니아 출신 화가 벤 샨의 그림입니다. 선 하나하나가 우리에게 큰 우수와 슬픔을 불러일으킵니다. 아까 이야기한 임산부들의 손가락으로 그림을 그리면 아마 이런 그림이 나오지 않을까 싶어요.

병원

생명을 잉태한 임산부와 대비되는 것이 죽음을 잉태한 병원입니다. 릴케는 병원을 "공장과 같다"고 했어요. "559대의 침대에서 사람들이 죽어가는", 죽음을 대량으로 생산하는 곳이라고 표현합니다. 병원은 병을 고치고 사람을 살리기보다는 죽음을 생산하는 곳이 되었습니다.

유독 우리나라의 병원은 장례식장까지 딸려 있습니다. 병원은 병 고치라고 있는 곳인데, 아예 그곳이 죽어서 가는 장례식장이 되었습니다. 그렇게 빨리 갑니다. 기능주의도 이런 기능주의가 없어요. 외국은 그렇지 않습니다. 세계 어디를 가든지 상여가 있어요. 일본만 해도 '긴삐까 きんぴか'라는, 자기들만의 상여가 있어요. 그런데 우리는 관광버스에다

까만 띠만 두르면 장례버스가 돼요. 부끄럽지 않습니까? 죽음을 모르는 사람이 어떻게 생을 알아요? 아파트에서 살던 사람이 죽을 때는 자기 집에서 자식들이나 사랑하는 사람들 옆에서 죽지 않습니다. 아파트에 관이 들어오는 것을 사람들이 싫어한다고, 죽게 된 사람이 병원으로 내쫓깁니다. 그렇게 죽으러 가서 병원에 며칠 있다가 장례 지내러 갑니다. 저는 이 넓은 지구에서 한국 말고 이런 장례법, 병원에 붙어 있는 장례식장은 본 적이 없습니다. 일본은 병원 근처에서는 장례품이나 묘지 광고도 못하게 해요. 병원이란 살러 들어가는 데 아닙니까? 죽을지 살지 모르는데, 이쪽에서는 구급차가 들어오고, 그 옆에서는 운구차가 나갑니다. 도대체 정신이 있는 사람들입니까? 이젠 장례식장에서 울지 않아요. 릴케는 이 이야기를 쓴 거예요.

이제 아무도 살지 않는 고향집을 생각하면, 그전에는 죽음이 달랐을 거라고 여겨진다. 옛날에 사람들은 과일에 씨가 들어 있듯이, 사람도 내부에 죽음을 간직하고 있음을 알고 있었다(아니면 그저 예감했던 것인지도 모른다). 아이들은 작은 죽음을, 어른들은 큰 죽음을 간직하고 있었다. 여자들은 그것을 자궁 안에, 남자들은 가슴속에 간직하고 있었다. 어쨌든 독특한 위엄과 말 없는 자부심을 주는 죽음을 가지고 있었다.

시종관이셨던 나의 할아버지 브리게 노인께서도 죽음을 잉태하고 있었음을 사람들은 알았다. 그런데 그건 어떤 죽음이었던가. 그의 죽음은 두 달간이나 지속되었고, 그 소리가 얼마나 컸는지 집에서 멀리 떨어진 부설 농장에까지 들릴 지경이었다.

그의 죽음을 위해서는 오래된 큰 저택도 너무 비좁았다(16-17쪽).

죽음 앞에서 집이 좁았다고 쓴 것은 릴케밖에 없어요. 옛날에는 그렇게 죽음이 대단한 것이었어요. 아무리 큰 집을 지어도 죽음은 집보다 컸다는 것입니다. 죽음이 꽉 차 있었던 것이지요. 죽어가는 사람이 어렵게 죽어가는 한 달 내내 울부짖으니 마을 사람 전부가 그 소리를 듣고, 그 사납고도 장엄한 죽음 앞에서 전율합니다. 마을 전체의 대사건이었지요. 그리고 파리가 아무리 형편없어도, 구급마차가 환자를 싣고 병원으로 달릴 때면 귀족들도, 제왕들도 길을 비켜줬습니다. 죽음이 이렇게 소중하고 당당한 것이었기 때문입니다.

말테는 묻습니다. 생명은 이렇게 대단한 것인데 요즘 생명이라는 것은 어떤가? 과거에는 각자가 제 얼굴을 가지고 자기 죽음을 가졌습니다. 어떤 사람은 소리를 지르며 죽고, 어떤 사람은 울면서 죽고, 어떤 사람은 혼수상태에서 죽고, 백 사람에게는 백 가지 죽음이 있었습니다. 그런데 공장 같은 병원에서 오늘날 죽어가는 사람들은 사망진단까지 똑같은 코스를 거치고 똑같은 죽음을 겪는다는 것입니다. 사건조차 되지 못하는 죽음. 그것이 파리라는 말입니다.

죽음이 없는데 무슨 생명이 있겠습니까? 교회는 왜 있는 것입니까? 그래도 교회에 오면, 붕어를 맨손으로 잡을 때 느껴지는 파닥하는 생명이 전달되고, 죽음이라는 것이 얼마나 소중한 것인지 깨달아야 할 것이 아닙니까? 예수님이 한 사람 한 사람을 위해서 피를 흘려 돌아가셨고, "내 아버지 집에 거할 곳이 많도다. 그렇지 않으면 너희에게 일렀으리라 내가 너희를 위하여 거처를 예비하러 가노니"(요 14:2)라고 하셨잖아요. 그 죽음의 무게가 얼마나 큰 것입니까. 회당장 야이로의 딸이 죽었을 때 이것이 얼마나 큰 사건이었습니까? 예수님이 '달리다굼' 하고 일으키셨지요. 나사로가 죽었을 때 예수님이 눈물 흘리시잖아요. 이에 비하면 오늘날의 죽음이라는 것은 아무것도 아닙니다. '교통사고 사망자, 어제는 몇 명, 오늘은 몇 명' 하는 통계숫자에 지나지 않게 되어버렸습니다.

욥은 이렇게 탄식합니다. "내 수금은 통곡이 되었고 내 피리는 애곡이 되었구나"(욥 30:31). 이게 죽음이고, 이게 병이지요. 욥이 가진 것을 잃고 병에 걸려서 모든 것을 상실했을 때, 그의 생명의 즐거웠던 하프 소리는 비탄이 되었고, 피리 소리는 울음이 되었습니다. 그리고 여기에서 하나님과의 대면이 이루어지고, 대화가 이루어집니다. 마치 마차에 깔린 듯 자기 생명이 깔려 납작해졌을 때 들리는 소리가 있다는 것입니다. 그것이 욥기입니다.

적어도 교회라는 곳은 들어와 보면 생명의 전율을 느끼고 죽음의 냄새를 맡을 줄도 아는 데라야 합니다. 적어도 《말테의 수기》 첫 장 같은 분위기가 있는 교회가 교회지, 못 자국도 없고, 옆구리에 창 자국도 없고, 산 것도 아니고 죽은 것도 아닌 곳이 교회입니까? 아까 이야기한 대로 이 성경구절이 이사야서 몇 장인지, 마태복음 몇 장인지 안다고 해서, 그것이 우리에게 구원을 가져다주지 않습니다. 그 구절 속에 쓰인 말씀이 문제이지요.

이렇게 《말테의 수기》는 파리의 임산부와 병원이라는 두 개의 테마를

벤 샨, 〈죽은 자 곁에서〉(릴케 작품집, 57×45cm, 석판, 1968, 케임브리지, 포그미술관)

그린 작품입니다. 그러면 《말테의 수기》가 뭐냐고 묻는 이에게 이렇게 말할 수 있겠네요. "응, 벽 하나를 사이에 두고 이쪽엔 죽음, 저쪽엔 생명이 있어. 여자로 치면 아이를 밴 것인데, 쌍둥이야 그게. 죽음과 생명이라는 쌍둥이지. 사람들은 모두 쌍둥이를 낳아. 한쪽에선 죽음이 자라고 한쪽에서는 생이 자라. 태어나면서부터 사람은 죽는 거야. 한 살 때부터."

　　　　　　　　　　　　　　　소설로 떠나는 영성순례

얼굴

이것을 실제로 보여주는 것이 얼굴입니다. 우리는 생명을 다 숨기고 삽니다. 얼굴을 감추고 있어요. 손으로 얼굴을 가린 남자를 그린 벤 샨의 그림처럼요. 실제 작품 속에서 얼굴이 어떻게 그려져 있는가를 봅시다.

엄청나게 많은 인간들이 살고 있지만, 얼굴은 그것보다 훨씬 더 많다. 누구나가 여러 가지의 얼굴을 가지고 있기 때문이다. … 그 여자는 두 손에 얼굴을 묻고 있었다. 나는 그녀를 보자마자 소리를 죽여 걸어가기 시작했다. 가난한 사람들이 생각에 잠겨 있을 때에는 방해해서는 안 된다. 어쩌면 그들에게 지난 날에 대한 생각이 떠오를지 모르니까. … 그 여자가 그 소리에 놀라 너무 갑작스럽게 빨리 몸을 일으켰기 때문에 얼굴이 두 손 안에 남아 있는 상태였다(12-13쪽).

얼굴을 손으로 가리지 않더라도, 우리는 얼굴을 감추고 삽니다. 얼굴이 한두 개가 아니니까요. 출근하면서 넥타이나 머플러를 목에 두르듯 우리는 집에서 나오면서 자기 얼굴을 하나씩 달고 나오지 않습니까? 얼굴이 많아요. 결코 하나가 아니에요. "쟤, 안면 바꿨네" 그러잖아요? 엄청나게 많은 인간들이 살고 있지만, 얼굴은 그보다 훨씬 더 많습니다. 남한 인구가 5천만이면, 한국인의 얼굴은 1억이 넘는다는 이야기입니다. 누구나가 여러 가지 얼굴을 가지고 있기 때문입니다. 이게 얼마나 슬픈 이야기입니까? 내가 김 아무개, 박 아무개를 알고 있다 하더라도 이들의 얼굴이 한결 같아야 아이덴티티가 확실해서 나와 김가의 이야기, 나와 박가의 이야기가 이루어질 텐데, 김이 박이 되고, 박이 이가 되고 매일 얼굴이 바뀌면, 그게 불가능해집니다. 생명을 만져볼 수 없게 된다는 것입니다.

말테는 정말 기막힌 이야기를 들려줍니다. 파리 시내를 돌아다니다 보니 빈민굴의 절망한 사람들이 보이는데, 그중 한 여자는 몸속으로 폭삭 가라앉아 버렸어요. 벤 샨의 그림처럼 완전히 추락한 여자가 얼굴을 가리고 있습니다. 보통 사람은 얼굴을 수백 개 가지고 다니는데, 절망한 사람은 얼굴을 가리고 있어요. 얼굴이 없어진 거예요. 자기가 없어졌어요. 생명이 없어진 것입니다. 가면을 쓰고 없어지는 사람이 있는가 하면, 두 손으로 가리고 없어지는 사람이 있습니다. 대개 가난한 사람들은 가면을 쓸 돈도 없어서, 두 손으로 제 얼굴을 가려요.

"그 여자는 두 손에 얼굴을 묻고 있었다." 가난한 여자가 절망적으로 앉아 있는데, 얼굴을 가리고 있습니다. "나는 그녀를 보자마자 소리를 죽여 걸어가기 시작했다." 놀라게 하지 않으려고요. 지금 절망 속에 있는 이 여인을 깨우지 않으려 조심합니다. 그다음 이야기가 더 걸작이죠.

가난한 사람들이 생각에 잠겨 있을 때에는 방해해서는 안 된다. 어쩌면 그들에게 지난 일에 대한 생각이 떠오를지 모르니까.

가난한 사람들에게 아픈 기억이 얼마나 많겠어요. 그러니까 그걸 깨우

소설로 떠나는 영성순례

면 안 된다는 것입니다. 깰 때 현실로 돌아와서 자신의 가난에 대한 생각이 막 나올지 모르니까 살금살금 그 옆을 지나갑니다. 그런데 '나' 말고 다른 사람들이 지나가는 소리에 이 여인이 깜짝 놀라서 깨는 거예요.

여자가 그 소리에 놀라 너무 갑작스럽게 빨리 몸을 일으켰기 때문에 얼굴이 두 손 안에 남아 있는 상태였다.

초현실적이고 기가 막힌 표현입니다. 손 안에 남아 있는 것 같다는 그 얼굴이 어떻겠어요. 깊숙하게 손자국이 있는 얼굴을 생각해보세요. 이게 파리의 여자들, 파리에서 보는 인간들의 얼굴인데, 인간의 얼굴이 없는 거예요. 있더라도 그것은 내일이면 변하는 얼굴이고, 손으로 감싼 얼굴이에요. 누가 놀라게 하면 손자국이 그대로 남아 있는 얼굴입니다. 이렇게 절실한 인간의 얼굴을 릴케 말고 어느 시인이 그려주었습니까? 사실 《말테의 수기》를 읽어보면 종교 없이는, 예술 없이는 살아갈 수 없는 인간들이 생각납니다.

가면

가면에 대해 좀 더 생각해봅시다. 파리를 돌아다니는 사람들 가운데는 제 얼굴을 한 사람이 없습니다. 제 얼굴인 것 같지만 다들 가면을 쓰고 있어요. 라틴어 '페르소나*persona*'는 '가면'이란 뜻인데, 지금은 성격, 캐릭터를 가리킵니다. 영어의 'personality'가 바로 그것이지요. 《말테의 수기》의 중요한 이미지 중 하나가 가면이나 가장행렬 같은 것입니다.

외면과 내면의 차이, 상실한 자기 정체성을 인간의 얼굴과 그 가면의 관계로 그리고 있습니다. 자신이 누구인지를 모른다는 것입니다. 왜입니까? 가면을 썼기 때문입니다. 이 얼굴을 쓰면 이렇게 변하고 저 얼굴을 쓰면 저렇게 변하기 때문에 어떤 게 제 얼굴인지 모릅니다. 모두 자신이 누구인지를 모릅니다. 가면을 쓰지 않더라도 인간의 얼굴은 근본적으로 존재의 가면인 것입니다. 얼굴들은 자기 마음과 관계없이 멋대로 떠돌지요.

여러분은 이런 경험 안 하세요? 앞에 있는 사람이 미워 죽겠는데 겉으로는 내색하지 않지요. 속으로는 죽이고 싶은데 얼굴이 제멋대로 "잘 지냈어?" 이렇게 물으며 웃는 거예요. 나는 지금 분노가 끓어올라 한 대 쥐어박고 싶은데, 사회에 부대낀 내 얼굴은 세련된 표정을 제멋대로 지으며 마음에도 없는 소리를 늘어놓습니다. 《말테의 수기》는 이렇게 사지가 해체된 인간, 손은 손대로, 발은 발대로, 얼굴은 얼굴대로 나뉘어 제멋대로 떠도는 인간들을 그리고 있습니다.

이것을 가장 잘 그린 것이 '무도병舞蹈病'에 걸린 노인을 묘사한 대목입니다. 무도병이란 몸이 뜻대로 움직이지 않아서 마치 춤을 추는 것처럼 보이는 신경병입니다. 한 노인이 지팡이를 짚고서 팔을 붙들어 쥐고 걸어오는데 한참 걷다가 힘이 빠지면 팔이 제멋대로 움직여 자꾸만 춤을 추게 되는 것입니다. 말테는 정신과 마음이 억제할 수 없는 인간의 몸, 추스르지 못하고 혼자 돌아다니는 그 몸을 공포와 불안을 느끼며 바

제임스 엔소르, 〈음모〉(89.5×149cm, 캔버스에 유채, 1890, 안트베르펜 왕립미술관)

라봅니다. '우리는 자신의 의지로 자기 몸을 다스릴 수 없구나. 얼굴도 손도 제멋대로 놀고 있구나. 우리는 모두 자신을 상실하고 있구나. 내가 지금 움직이는 팔, 다리, 얼굴, 이게 전부 내 것이 아니다. 그럼 나는 어디에 있는가?'

이런 가면의 세계를 벨기에의 화가인 제임스 엔소르가 그렸습니다. 엔소르는 〈그리스도의 브뤼셀 입성〉이라는 유명한 작품을 남겼지요. 예수님이 재림하셨는데, 정치꾼, 술주정뱅이 들이 앞자리를 차지하고 있고, 예수님은 술병 들고 있는 사람들 뒤에, 저 뒤의 가난한 사람들 곁에 조그맣게 그려져 있어요. 예수님이 재림하시면 나팔 부는 사람들을 거느리고 맨 앞에 서서 오실 것 같은데, 저 이름 없는 군중 속, 구석자리에

제임스 엔소르, 〈그리스도의 브뤼셀 입성〉(257 × 378cm, 캔버스에 유채, 1888, 로스앤젤레스, J. 폴 게티 미술관)

예수님이 계신 것으로 그렸습니다. 전혀 엉뚱한 사람들이 깃발 들고 나서지 예수님은 보이지도 않는 곳에 숨어 계시지요. 앞에 나온 〈음모Intrigue〉라는 작품을 다시 보세요. 사람들의 얼굴이 전부 가면이지요. 제 얼굴이 아니라는 것입니다. 앞서 말씀드린 대로 《말테의 수기》에는 얼굴 모티브가 있습니다. 스토리 없이 두서없이 쓴 것 같지만 얼굴 이야기는 마지막까지 계속됩니다.

말테는 자신이 얼굴을 상실했던 이야기도 들려줍니다. 어렸을 적 살던 집에는 창고처럼 쓰던 커다란 구석방이 하나 있었는데, 그곳에는 옷이 든 장롱들이 있었어요. 사육제의 가장 행렬 때 입는 옷과 가면들도 있었지요. 어린 말테가 이걸 발견하고서 신기해하면서 입어본 거예요. 그리고 가면을 쓰고 거울 앞에 서 보니 자기가 전혀 다른 사람이 되어 있더란 말이지요. 마치 다른 몸을 입은 듯, 달라진 자신의 모습에 심취합니다. 그 옷을 입고 이렇게도 해보고 저렇게도 해보다가 테이블이 넘어져 향수병이니 도자기니 하는 것들이 땅에 떨어져 깨어집니다. 이걸 수습하려고 하지만 몸에 걸친 것들이 더 얽히고 죄어듭니다. 그것들을 떼어내려고 거울을 보니, 이제는 거울이 내게 복수를 하는 것 같지요. 거울 속에 비친 가면을 쓴 괴물 같은 사람이 무서워져서 달아납니다. 여기저기 부딪치면서 달리고, 숨이 막혀 죽게 생겼는데, 그 모습을 본 다른 사람들은 서서 웃기만 합니다. 가면무도회 옷을 입고서 소리를 지르니 연기를 하는 것으로 알았던 것이지요. 날 좀 풀어달라고 슬프고 절박하게 외칠수록 하녀가 배꼽을 잡고 웃습니다. 이게 우리들의 인간관계지요. 결국 말테는 기절해서 쓰러지고 맙니다. 이렇게 말테는 가면 뒤에

서 잃어버린 자기 얼굴(자기 정체성), 눈물을 흘리는 자기 자신을 본 것입니다.

어머니

그런데 인간들에게는 무엇인가 여전히 아름다운 환상들이 있습니다. 말테는 어머니를 회고하면서 그 이야기를 들려줍니다.

말테야, 너는 소원을 비는 것을 잊지 마라. 소원을 비는 것을 포기해서는 안

〈작은 꽃들의 몸짓〉(릴케 작품집, 57×45cm, 석판, 1968, 케임브리지, 포그미술관)

소설로 떠나는 영성순례

돼. 이루어지는 것은 없더라도 소원을 품고 있어야 해. 평생 동안 소원을 계속 품다 보니, 그것이 이루어지길 기대할 수 없는 그런 소원도 있어(98쪽).

말테가 마지막으로 기억하는 어머니는 잉게보르크라는 죽은 소녀가 쓰던 작은 책상 하나를 방에 놓아달라고 합니다. 당시 어머니는 너무나 야위어서, 손은 무게를 느끼지 못할 정도로 가벼웠고, 힘이 없었습니다. 그렇게 가져다놓은 뚜껑 달린 낡은 책상 옆의 어머니를 보니, 어머니가 꼭 피아노 옆에 앉아 있는 것 같아요. 그런데 어머니는 아무것도 들어 있지 않은 책상을 놓고 "이 안에 햇빛이 가득 들어 있어"라고 이야기합니다. 실제로 릴케의 어머니는 환각 증상을 동반한 신경증이 있었습니다. 릴케도 마찬가지로 환각 증상이 있어서 《말테의 수기》에는 귀신을 비롯해, 환각 장면이 상당이 많이 나옵니다.

[어머니는] "이 안에는 햇빛이 가득 들어 있어"라고 말씀하셨다. 그런데 그 안에는 낡고 노란 래커칠이 되어 있고, 그 위에 꽃이 그려져 있다. … 어머니는 텅 비어 있는 작은 서랍들을 빼내어 보셨다. "아. 장미구나" 하고 말씀하시고는 희미한 향기가 나는 서랍 안으로 몸을 약간 구부렸다. 어머니는 늘 아무도 몰랐던 어느 비밀 서랍 안에서 뜻밖의 무언가를 발견할 수 있을 거라고 생각하셨다. "언젠가 그것이 튀어나올 거야. 그럼 너는 봐야 해" 하고 불안해하시며 심각하게 말씀하시고는 급하게 서랍을 모두 빼내 보셨다(99-100쪽).

책상에는 빈 서랍뿐인데, 어머니는 언젠가 비밀 서랍에서 뭔가 굉장한 것이 나올 테니 놓치지 말고 봐야 한다고 당부합니다. 파리 전체가 죽음의 도시이고 사람들은 죽음을 기다리는 절망적인 상황이지만, 어머니의 이 같은 빈 서랍 뒤지기는 아직 남아 있는 황홀한 무엇을 약속합니다. 물론 말테는 영원히 빈 서랍, 비밀 서랍 속에서 무엇인가가 나오는 것을 보지 못했습니다. 하지만 그것이 어렸을 때의 말테의 인생이고, 그에게 남아 있는 생명의 흔적이지요.

손

손도 마찬가지입니다. 얼굴도 그렇지만 손의 이미지도 《말테의 수기》에 많이 등장합니다. 그런데 자신의 의지로 움직임을 억제하지 못하는 손, 혼자서 움직이는 손이에요. 어린 시절 말테가 빨간 색연필로 그림을 그리고 있었는데, 색연필이 저 혼자 굴러가더니 책상 아래로 툭 떨어집니다. 《말테의 수기》에 나오는 모든 것들은 자기의 의지와 관계없이 자동적으로 움직이지요. 거울이 그렇고, 죽음이 그렇고, 냄새가 그렇고, 자기 의지와 상관없이 사물들이 돌아다닙니다.

우리가 책을 보는 것도 나의 의지를 벗어난 것을 보고 있는 것입니다. 관찰한다는 것은 그 대상이 나로부터 벗어나 있다는 것이잖아요. 내 안에 있으면 관찰할 수 없으니까요. 《말테의 수기》에는 파리에서 가난한 젊은 시인의 눈으로 본 수많은 것들이 나오는데, 이것들은 시인의 바깥의 것들, 시인과 관계가 단절된 것들, 그 자체의 의미를 가진 것들입니다. 때문에 시인 역시 그것을 자기 마음대로 봅니다. 그것이 외로움이고 채워지지 않는 공허인데, 손마저도 그렇다는 것이지요.

그런데 이것은 절대로 그냥 문학적인 표현이 아닙니다. 한번 여러분의 한 손을 다른 손으로 잡아보세요. 잡히는 손과 잡는 손이 있잖아요. 잡는 손은 내 의지를 따르지만, 잡히는 손은 타자의 손과 같습니다. 똑같은 내 몸인데, 잡는 순간 이 손은 나, 나의 의지이고, 잡히는 손은 대상, 타자라는 것입니다. 내 몸 안에 타자가 있는 거예요. 릴케는 결국 이

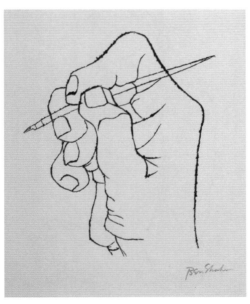

〈연聯의 첫 번째 단어가 떠오르다〉(릴케 작품집, 57 × 45cm, 석판, 1968, 케임브리지, 포그미술관)

것을 그린 것입니다.

그러니까 바닥으로 툭 떨어진 색연필을 찾으려고 보니, 책상 밑이 어둑어둑한데 빨간 색연필이 마치 의지를 가진 것처럼 제멋대로 구르는 거예요. 그럴 리는 없지만, 마치 자기한테 '나 잡아봐' 하는 것처럼 떼구르르 굴러갑니다. 화가 나서 색연필을 뒤쫓는데, 손 하나가 색연필을 잡으러 움직이는 것이 보여요. 유체이탈을 하면 자기가 무엇을 하는지가 보인다고 하잖아요. 꼭 유체이탈 한 것처럼 이 손이 제멋대로 돌아다니

벤 샨, 〈자화상〉(24.7×15.4cm, 종이에 잉크, 1955, 뉴욕현대미술관)

소설로 떠나는 영성순례

는 것을 보고 있는 거예요. 그런데 저쪽 벽 너머에서 자신의 손이 아닌 크고 마른 손이 불쑥 나와서 색연필을 잡으러 갑니다. 색연필을 쫓는 자신의 손과 누구의 손인지 모를 다른 손이 헤엄치는 물고기처럼 부딪치고 만나려고 합니다. 자기 바깥에서요. 무서움에 질려서 이를 딱딱거릴 뿐, '선생님' 하고 가정교사를 부르려 해도 소리가 나오지 않습니다. 이렇게 얼굴, 가면, 멋대로 노는 손, 벽에서 나온 또 하나의 손, 서로 마주치려고 하는 손, 이런 것들이 인간 실존의 아픔을 보여줍니다.

탕자 이야기

이 작품의 마지막에 오는 것이 탕자 이야기입니다. 릴케는 앙드레 지드의 〈탕자, 돌아오다〉를 독일어로 옮기기도 했지요. 《말테의 수기》에서 이야기한 모든 것들은 탕자의 이야기에서 결론지어집니다. 말테의 탕자는 '사랑받기를 바라지 않았던 탕자'입니다. 가족으로부터, 가족의 사랑으로부터 자유로워지기 위해서 집을 나가는 탕자입니다.

> 그 당시 마음속으로 그가 바란 것은 무관심이었다. 그로 인해 그는 아침 들판에서 그런 순수한 기분에 잡히면 달리기 시작했다. 더 상쾌하게 아침을 느끼기 위해서, 숨쉬는 시간마저 갖지 않기 위해 달리기 시작했다(281쪽).

지금까지의 탕자 이야기와는 전혀 다른 탕자 이야기를 마지막에 쓰고 있어요. 사랑이 없어서 도망가는 것이 아니라 너무 사랑을 받기 때문에, 그것이 구속이 되기 때문에 도망갑니다. 아무도 자기를 모르는 벌판으로요. 자기 자신이 되기 위해서 사랑으로부터 벗어나는 것이지요. 이 탕자는 사람들이 배려와 사랑의 이름으로, 아버지의 이름으로 결국 서로를 구속하는 것을 답답해합니다. 자기 존재는 그 사랑 속에서, 타자의 시선 속에서 사라져버림을 느낍니다. 그래서 부자관계, 형제관계, 심지어는 개와 나와의 관계까지도 다 끊고서, 자기의 생명, 얽혀 있지 않은 진짜 자기의 생명을 찾아갑니다. 아무것도 없는 벌판, 새벽의 초원을 달릴 때, 초록빛 바람이 불고 그 바람에 머리가 날릴 때, 비로소 자유로운 자기 존재를 느끼는 것이지요. 전혀 다른 탕자의 이야기입니다. 말테는 내가 성경에 나오는 탕자였다면 어떻게 했을까, 하고 생각해보는 것이지요. 질식할 것 같아서, 기르던 개조차 못 따라오게 하고 도망갔으리란 것입니다. 초원으로, 아무것도 없는 사막으로! 우리들이 사막에 가서 자유를 느끼고 오히려 생명을 느끼는 것은, 이 아무것도 없는 텅 빈 무의 공간에서 자신의 생명을 만져볼 수가 있기 때문입니다.

장미에 찔려 죽다

라이너 마리아 릴케는 일생을 여기저기 떠돌며 한 번도 정착한 적이 없었는데, 말년에는 스위스 뮈조의 조그마한 성 하나를 빌려서, 거기에 칩거해서 시를 씁니다. 그렇게 완성한 것이 《두이노의 비가》입니다. 그러던 중 건강 문제로 스위스의 발몽 요양

소에 입원하기도 합니다. 릴케는 말년에 사랑하던 이집트 여인이 있었는데, 장미를 꺾어주려다가 가시에 찔립니다. 사실 릴케는 이미 3, 4년 전부터 자기 몸이 약하다는 것을 알고 있었어요. 백혈병을 앓고 있었으니까요. 다른 사람이라면 금방 나았을 테지만, 릴케는 백혈병으로 인해 면역력이 없어서 찔린 곳이 곪아버리고 이것이 온몸에 퍼져서 죽습니다. 1926년 12월 29일이지요. 묘비명으로는 생전에 써두었던 시의 일부를 써달라고 했다고 합니다.

장미꽃이여, 오 순수한 모순이여,
이리도 많은 눈꺼풀 아래
그 누구의 잠도 아닌 기꺼움이여(302쪽).

릴케가 고독하게 만년을 보내며 《두이노의 비가》를 완성한 스위스의 뮈조성

사실 장미 가시에 찔려서 죽었다는 것이 대단한 일이 아닌데, 문학청
년들에게는 기가 막힌 사건으로 여겨집니다. 한창 감수성 예민한 문학
청년들은 라이너 마리아 릴케가 무슨 시를 썼는지는 몰라도 자기가 좋
아하는 여자에게 주려고 장미를 손으로 자르다가 가시에 찔려서 죽었다
는 것이 너무 멋진 죽음처럼 생각되는 거예요. 여러 가지 죽음의 방식이
있겠지만 나도 장미 가시에 찔려서 죽으면 좋겠다 하는 꿈을 꾸는 것이
지요. 먼지 앉은 창고 같은 방에서 가장무도회 의상을 꺼내 입고 가면을
쓰고서 자신과 전혀 다른 거울 속의 모습에 황홀해하던 말테, 숨이 막혀
구원을 청하지만 누구도 들어주지 않던 상황 속의 말테를 모르고서 장
미 가시만 생각하는 것이지요.

　이런 모든 이야기, 본질적이지 않은 모든 이야기가 릴케 신화를 만들

장미로 장식된 릴케의 무덤

　　　　　　　　　　　　　　　　　　　소설로 떠나는 영성순례

어냈습니다. 그리고 존재의 가장 깊은 모습을 응시하는 언어, 깊은 내면을 가진 인간만이 써낼 수 있는 언어가 아주 센티멘털한 소녀들이 좋아하는 감상적이고 통속적인 문학으로 떨어져버렸습니다. 대개 릴케 좋아한다는 사람을 보면 릴케와는 관계도 없는 사람, 가면을 가지고 다니는 사람, 얼굴이 열 개쯤 되는 사람들입니다. 말테의 임산부처럼 죽음과 생명을 함께 끌어안고 섬세한 손으로 자기 배를 만져본 적도 없는 멀쩡한 남자들이 릴케 병에 걸려 있어요. 대부분이 그렇습니다. (웃음)

어쩌면 예수님도 그럴지 모릅니다. 릴케의 문학은 모른 채 하나의 신화, 전설, 자기가 만들어놓은 환상으로서의 릴케를 좋아하는 것처럼, 우리는 예수님 자체를 믿는 것이 아니라 나르키소스처럼 우리의 환상을 예수님에게 투영하고 있는지도 모릅니다.

외로움

결론을 이야기하겠습니다. 사람들은 살려고 도시에 오는데, 말테가 보기에는 꼭 죽으러들 오는 것 같다고 했습니다. 역설적인 것은 사람들이 "이것이 내 생명이오"라며 보여주는 것이 실은 사는 것이 아니라 죽는 것이라는 말이지요. 우리는 정반대로 알고 있다, 우리가 죽음이라고 생각하는 것이 실은 삶이고, 우리가 삶이라고 생각하는 것이 죽음인 경우가 얼마나 많은가, 이 말입니다.

제가 여러분들에게 말씀 드릴 수 있는 것은 릴케가 들려주는 생명과 죽음의 이야기에서 우리는 역설적으로 생명을 만져볼 수 있다는 것입니다. 릴케는 관광엽서의 사진이 아닌 언어의 자기공명장치로 찍은 파리의 모습을 우리에게 보여줍니다. 내면의 언어로 찍은 그 파리는 바로 서울일 수도 있고, 우리가 태어난 곳, 예전에는 시골 마을이었지만 이제는 빌딩이 들어선 도시일 수도 있습니다.

우리는 《말테의 수기》를 아주 비근한 예로 볼 수 있습니다. 마치 과일 속에 숨겨져 있는 씨처럼, 누구나 각자의 죽음을 품고 있습니다. 옛날에는 죽음이라는 것이 장엄했습니다. 생명이 대단했기 때문에 죽음도 대단했던 것이지요. 하지만 지금 죽음은 너무나 하찮게 다루어집니다. 다시 말하자면 생명이 너무나 하찮게 다루어진다는 것입니다. 이것은 인권이나 소유에 관한 이야기가 아니라, 존재 자체가 너무나 빈약해졌다는 것입니다. 그래서 죽음과 삶도 얄팍한 것이지요. 이러한 현실에서 우리가 정말로 반란을 일으키고 혁명을 해야 할 것은 외부적 변화가 아닙니다. 문제는 너무나도 왜소해지고 가벼워진 우리들의 내면의 황량함을 누가 고발하고 되찾겠느냐는 것입니다.

그런데 사람들은 외부의 변화, 외적인 빈부의 차이는 알면서도 존재의 빈부, 존재 위에 드리운 어둠과 빛의 차이를 모릅니다. 즉, 문화적 자본은 모르고, 경제적 자본만 자본인 줄 압니다. 생명의 빈약함을 느끼지 못합니다. 생명이 질식하도록 산소가 희박해진 것을 알아채지 못합니다. 그래서 지금 모두가 가장행렬을 하는 것입니다. 자기 얼굴을 잃은 채 가면을 쓰고서 떠돕니다. 섬세한 손으로 배를 쓰다듬는 임산부처럼 생명이 있는 곳으로 손을 뻗어야지요. 모두 해체되어 내 의지와 상관없이 놓고 있는 눈, 코, 입을 다시 모으는 것, 다시 이름 짓고 호명하는 것,

그래서 한 시간을 살아도 나 자신의 생명을 살아가는 것이 절박합니다. 하지만 이미 그조차도 느끼는 사람이 없어요. 이게 외로움인 것이지요.

　로랑 세크직의 전기소설 《슈테판 츠바이크의 마지막 나날》에는 슈테판 츠바이크의 외로움이 기록되어 있습니다. 그는 나치를 피해 남미까지 가게 되고, 그곳에서 프랑스의 작가들과 어울리지만, 이들은 문학을 하는 것이 아니라 문학으로 나치와 싸우는 사람들이었습니다. 문학 같은 것은 염두에 없었지요. 당신의 글 한 편으로 히틀러를 몰아낼 수 있다면서 그들은 츠바이크를 선동합니다. 하지만 츠바이크는 응하지를 않습니다. 츠바이크는 새들이 말하고 구름들이 쉬어 가는, 어린아이들의 동화 같은 세계를 위해서 히틀러와 싸웠던 것이지요. 그런데 그런 세계는 관심 없고 그저 싸우는 것이 목적이 되어버린 사람들 틈에서 츠바이크는 좌절합니다. 그래도 존경하는 작가 베르나노스라면 문학 이야기, 내면의 이야기, 내장의 이야기를 하겠지 하는 기대를 안고 찾아갑니다. 하지만 가진 것 많은 노신사 베르나노스는 "동지, 싸우시오. 사람들이 당신의 이름을 기다리고 있소" 하며, 프랑스 독자를 위해 반反 나치 칼럼을 쓸 것을 권합니다. 동화의 세계, 메르헨Märchen의 세계를 이야기하고 싶었던 츠바이크는 다른 사람과 다를 바 없는 베르나노스에게 실망해 돌아가게 됩니다. 그는 바둑을 두고 싶어 했지만 사람들은 모두가 오목을 두고 있었던 것입니다.

단추
찾기

|

우리 시대, 특히 요즘 한국 사회에서
는 누가 릴케를 이야기할까 싶습니다. 지금까지 하고 싶은 이야기를 길
게 했습니다만, 제가 아주 오래 전 까까머리 중학생 시절에 처음 읽은
뒤로 이 작품을 두고두고 사랑하는 까닭은, 이렇게 겉을 두른 두꺼운
살 때문에 내 여린 생명의 살과 그 살 속에 숨어 있는 기막힌 사랑을 잊
어버렸는데, 가끔 릴케와 같은 사람이 있어서 이를 깨우쳐주기 때문입
니다.

저는 그것을 단추 찾기에 비유합니다. 어렸을 때 개구쟁이처럼 놀다
가 집에 돌아올 때 보면 단추가 하나 떨어져 있는 거예요. 소매 찢어진
것, 신발 벗겨진 것은 아무렇지도 않은데, 단추가 하나 떨어져 빈자리가
있으면 왜 그렇게 허전하고 겁나고 뭐가 잘못한 것 같고 불안했는지 모
릅니다. 우리가 지금 그런 거예요. 우리 생명은 단추처럼 떨어졌고 빈
단추 자국만 남아 있습니다. "아, 이것이 단추 자국이구나. 단추가 있었
던 자리구나. 단추가 어딘가 떨어져 있겠구나." 어렸을 때 경험한 허망
함 같은 것을 다시 느끼는 것이지요.

왜 그랬을까? 옷이 내 육체와 하나가 되려면 단추로 잠가야 하기 때
문이었겠지요. 단추로 잠가야 비로소 옷이 되는 것입니다. 그러니까 아
무리 비싸고 좋은 옷감으로 옷을 지어도, 단추가 있어서 잠글 수 있을
때라야 내 옷이, 내 몸이 되는 것입니다. 내 생명의 옷이 이렇게 흩어져
있는 것은, 작은 단추 하나가 떨어져 우리가 그 흔적만 바라보면서 살기

때문입니다. 그러다가 가끔 목사님의 설교에서, 주기도문에서, 누구의 장례식에 갔다가 단추 자국을 발견하지요. 라이너 마리아 릴케도 그런 단추 자국의 하나입니다. 지금 《말테의 수기》를 읽으며 우리는 단추는 못 찾았지만, 분명히 옛날에는 있었는데 지금은 떨어지고 없는 그 단추의 흔적을 릴케의 말을 통해서 보고 있는 것입니다.

단추가 찾아질는지 영원히 못 찾을는지, 내 생명의 의상이 내 몸에 붙어 있을는지 그건 모르지만 이 한마디는 분명하게 말할 수 있습니다. 임산부의 몸속에 생명과 함께 죽음이 자라고 있고, 생명과 죽음의 씨앗이 함께 들어가 있는 과실이 우리들의 육체입니다. 이런 현실이 리얼리티이지, 아침에 탔다가 저녁에 내리면 잊어버려도 되는 KTX 좌석 번호는 정보에 지나지 않습니다. 기차에서 내렸는데 언제까지 그 좌석 번호를 외우고 다니겠습니까? 언제까지 그 번호를 두고 싸우겠습니까? 이런 어리석은 사람으로, 어리석은 줄도 모르고 살아서는 안 됩니다.

우리는 왜 이렇게 사는 걸까요? 그저 살기 바쁘고 정치하기 바쁘니까 릴케의 말은 들리지 않습니다. 한가로운 이야기로 여겨지는 것이지요. 그러니까 1966-1976년 문화대혁명 당시 중국에서는 금붕어를 양식하는 사람은 물론 그 가족들까지도 숙청했어요. 먹고살 것도 없는데 먹지도 못하는 금붕어는 왜 키우느냐는 것이지요. 밥그릇만 있으면 됐지, 비싼 청화백자가 무슨 소용이냐며 도자기를 다 깨뜨렸어요. 그것이 문화대혁명이었습니다.

거꾸로 생각해보세요. 우리에게 먹는 것보다 더 중요한 무엇이 없다면 얼마나 슬프겠습니까? 세끼 밥 먹고 배설하는 것이 삶의 전부라면 얼마나 슬퍼요? 사랑이든 아름다움이든 먹고사는 것 이상으로 찾는 것이 있어야 빈 서랍에서 언젠가는 뭐가 튀어나오는 거예요. 튀어나오는 것이 없더라도, 그렇게 찾는 것이 인간이지요. 빈 서랍을 뒤지는 어머니에게 "아무것도 없어요. 공기밖에 없어요. 어머니 돌았어요" 하고 말할 수는 없습니다. 그것이 현실이 되어서는 안 됩니다. 어머니는 미친 여자가 아닙니다.

우리들은 지금 낡아빠진 추억, 옛날의 기억이 담긴 그 낡은 책상의 빈 서랍에 빛이 있다고 생각하는 사람들, 언젠가는 빈 서랍에서 무언가가 튀어나오리라고 믿는 사람들을 보았습니다. "단단히 조심하고 있어야 해. 그게 튀어나올 때에 마음이 없으면 볼 수 없으니까. 꼭 봐야 한다." 말테는 어머니의 당부를 이루지 못했고, 서랍에서 무엇이 튀어나온 적도 없지만, 분명히 《말테의 수기》에서는 "어머니, 당신의 비밀 서랍에서 언젠가는 무엇이 튀어나올 거예요. 언젠가는 제가 그걸 보려고 단단히 벼르면서 이 책을 한 권을 썼습니다" 하는 목소리가 들려옵니다. 《말테의 수기》는 어머니의 빈 서랍 찾기에 대한 시인의 오마주이고, 자기 어머니에 대한 사랑이었습니다. 오늘 우리는 그것을 확인하는 것입니다.

빈 서랍을 가진 사람들

적어도 크리스천은 그러한 빈 서랍을 가지고 있는 사람들입니다. 그 빈 서랍을 장미 향기로 가득 채우려는 마음이 있기 때문에 남과 다르게 살려고 하는 것이지요. 《말테의 수기》는 여러분이 그러한 수수께끼와 안타까움을 가졌을 때 마주칠 수 있는 한 줄의 신학, 한 토막의 일화입니다. 이 작품에는 유년 시절 이야기, 여러 다른 사람들에 대한 이야기, 그리고 파리의 풍경에 대한 이야기 등 크게 세 가지 이야기가 나오는데, 여기엔 어렸을 때의 기억과 지금의 현실, 미래에 내던지는 세 가지 층위가 다 있습니다.

그리고 또 탕자처럼 집을 뛰쳐나가 내달릴 어떤 초원이 있을지 모릅니다. 릴케는 책의 마지막에 탕자 이야기를 새롭게 해석해서 들려주면서, 지금 사랑하는 사람들 곁을 떠나는 것이 사랑을 찾는 길이라는 역설을 이야기하지요. 내 속에 있는 유일자의 생명, 타자의 시선으로는 설명 불가능한 나의 생명을 찾고 싶어 탈출을 감행하는 것입니다. 그곳에 가지 않으면 내가 절대로 내 생명을 만나지 못합니다. 남과의 관계에서 얽힌 이야기, 내 생이 아닌 생에 머물 뿐이지요. 그 생명을 찾고자, 부부생활이든, 모자지간에서든, 직장생활에서든 간에, 나쁜 사람이 되는 순간이 있다는 것입니다. 그러니 탕자처럼 집을 벗어나 초원을 찾아가는 그 마음만은 알아주라는 것입니다.

꼭 그렇게 실제로 떠나라는 말은 아닙니다. 그랬다간 큰일 나지요. 다만 그런 마음만이라도 가져보면, 이 세상에서 잃어버린 자기 생명을 찾는 길에 들어설 수 있다는 것입니다. "20년 동안 직장생활을 했는데, 어느 날은 월급 안 받아도 좋으니까 어디론가 나가보면 좋겠다는 생각이 강하게 들더군. 그 마음을 꾹 참고 살았지. 그런데 그게 탕자가 집 나가는 마음이래. 사랑하는 사람들, 나한테 관심 가진 사람들 사이에서 도망가고 싶은 심정. 알겠다, 그게 내 생명이지. 내 생명을 만져볼 수 있으니까." 이런 것을 알고 사는 사람과 전혀 모른 채 사는 사람은 하늘과 땅 차이가 있습니다. 아버지 밑에서 그냥 소 치고 효자 노릇하던 형이, 결국 탕자 짓 하다가 돌아온 동생한테 아버지가 잘해주는 것을 보고 뒤늦게 화를 내잖아요. 진작 그러지, 여태껏 뭘 했던 거예요? 지금까지는 아버지를 섬기는 게 무엇인지, 그 가치도 모르고 살았던 거예요. 그러니까 삐쳐서 아버지에게 화를 내는 거예요. 아무튼 이것이 말테의 작은 반란이고, 일상에서 우리를 찾아 부르는 생명의 소리들을 우리는 《말테의 수기》에서 가끔 듣게 됩니다.

한 가지 더 이야기하고 싶은 것은, 릴케가 무엇을 썼느냐뿐 아니라 어떻게 썼느냐도 주의해야 한다는 것입니다. 가면 이야기, 얼굴 이야기는 아까 설명했습니다. 그런데 또 한 가지 에피소드가 등장합니다. 인간으로서는 굉장히 완벽에 가까운 샤를 공이라는 사람이 물웅덩이에 얼굴을 처박고 얼어 죽은 일입니다. 얼음에서 얼굴을 떼어내니 얼음에 붙은 피부가 찢겨져 나가고, 한쪽은 개와 이리가 뜯어먹은 처참한 모습이 드러납니다. 그냥 읽으면 뭐 이런 잔인하고 흉측한 묘사가 있어, 할 이야기이지요. 하지만 앞에서 가면 이야기, 얼굴 이야기, 얼굴에 부스럼이 난 아이, 병원에서 풍기는 죽음의 냄새에 대한 묘사, 유모차를 탄 아이에게서 발견되는 죽음의 씨앗, 이런 이야기를 계속 해오던 문맥에서 읽으면, 얼음에 붙어 떨어지고 늑대에게 먹힌 이 얼굴에 대한 묘사가 마치 손자국이 남은 얼굴처럼 완전히 물체화된 얼굴 이야기라는 것을 실감 있게 느낄 수 있습니다. 상징과 이미지로 읽어야지, 그냥 현실로 읽으면 얼음에서 얼굴을 떼어내니 갈가리 해체되고 말더라 하는 그로테스크한 이야기로 끝나고 만다는 것이지요.

내면을
들여다보는 시간

《말테의 수기》는 수기입니다. 일기와
는 다릅니다. 일기는 자기가 반성하며 자신을 향해 쓰는 글이지요. 하지
만 《말테의 수기》는 자기 자신까지도 자기의 관찰로 내다보면서, 물체
속에 들어가 있는 내면의 세계를 끄집어내었습니다. 바깥만 바라보는
사람들에게 바깥의 사물 안에 들어가 있는 내부의 이야기들, 파리의 내
부 이야기들을 투시하는 수법을 통해 들려준 것이지요. 물론 이 당시에
표현주의가 발달했기 때문에 사물 하나하나가 이야기하는 것을 바라보
고 찍은 것입니다.

보통 밥 먹을 때는 젓가락 방향으로 시선이 갑니다. 콩을 집으려 하면
식탁에 있는 다른 것은 눈에 들어오지 않고 일직선으로 된 젓가락 끝이
향해 있는 콩만 보이는 것이지요. 초점이 젓가락 끝에만 있고, 식탁 위의
다른 것은 부옇게 보이는 카메라와 같습니다. 하지만 초점을 일정한 곳
에 맞추지 않고 다시점으로 광경을 그대로 찍으면 내가 의도하지 않았
던 것, 관심 없는 것도 다 찍히지요. "아, 여기 이런 게 있었구나" 하고 눈
으로 못 보던 것을 발견하게 됩니다.

그런 면에서 릴케는 철저하게 사실적인 현실을 그린 것입니다. 내면
세계를 그려서 현실에 뒤떨어진 이야기처럼 들리기 쉽지만, 사실은 가
장 생생한 파리를 본 사람이 릴케입니다. 보통 사람들이 보지 않았던

것, 노이즈로 여겼던 것을 본 사람입니다. 출세하고 돈 벌고 권세를 얻겠다는 목적으로 온 사람들은 느끼지 못했던 냄새를 맡은 사람입니다. 안에서 죽음이 자라고 있는 생명의 도시의 역설을 그린 사람입니다. 그것이 릴케의 기법이고, 이는 당시 유행하던 표현주의적 기법과 대단히 비슷합니다. 그것을 평론가들은 '세계 내면 공간'이라고 하지요. 아프리카 사람이든, 동양인이든 서양인이든, 몸 안쪽을 찍어놓으면 누구의 것인지 전혀 구분할 수 없듯이, 내면으로 들어가면 똑같은 하나의 내면 공간이 있습니다. 그 안으로 깊숙이 잠수해서 그린 것이 《말테의 수기》라는 것입니다.

오늘의 현실 속에서도 이 작품이 여러분의 생명과 만나는 순간, 《말테의 수기》 속편은 계속해서 쓰이고 있습니다. 그러므로 말테의 테마는 끝이 없습니다. 끝없이 내일로 연장되는 흰 여백의 수기, 쓰여 있지 않은 공백이 있을 뿐이지요. 밑도 끝도 없는 사건의, 시작도 종말도 없는 하루하루의 수기가 겹쳐져서 영원히 끝이 없는 이야기로 이어지는 것이 바로 《말테의 수기》입니다. 소설 같았으면 기승전결의 결말이 있겠지요. 하지만 처음에만 한 번 날짜가 나오지, 뒤에는 날짜조차 전혀 나오지 않는 시작도 끝도 없는 내면 풍경을 그린 작품이 《말테의 수기》라는 점을 알아주시기 바랍니다. 외면적 생활에 갇힌 우리가 내면을 탐구하는 시간이 지금 이 시간이 아닌가 합니다.

한 알의 보리가 성당 전체를 그 향기로 채운다는 표현이 있습니다. 《말테의 수기》의 단어 하나가 모든 사람들의 생 전체를 요오드포름, 감자튀김 냄새로 채울 수 있습니다. 그런데 그 냄새는 벌써 생명과 영성으

로 가득 찬 그의 묘지 위에 적힌 장미, 그 순수한 모순의 향기롭고도 역
겨운 색다른 향으로 우리의 삶을 채워줄 것입니다.

깊이 읽기

●

말테, 왜 덴마크의 시인인가?

《말테의 수기》와 관련해 드는 의문은 이것이다. 덴마크의 몰락한 귀족을 이야기한 까닭은 무엇인가? 수기의 화자이자 주인공인 말테 라우리츠 브리게는 독일 출신일 것 같지만 덴마크 출신의 젊은 시인으로, 파리에 체류하고 있다. 그러면 왜 덴마크인가? 그 지리적 조건에 주목해야 할 것이다. 덴마크는 전통적으로 스웨덴, 노르웨이와 더불어 '스칸디나비아' 국가라는 범주에 묶인다. 좀 더 넓게 핀란드, 아이슬란드가 여기에 들어가기도 한다. 유틀란트 반도에 자리 잡은 덴마크는 독일에 딸린 상투 같은 형상이기도 하고, 용의 머리를 하고서 아가리를 벌린 스칸디나비아반도 앞에서 타오르는 불꽃 같기도 하다. 북해의 작은 불꽃.

북유럽은 남쪽의 파리와 가장 대조되는 곳이다. 남방은 행동적이고 북방은 사색적이다. 양자를 대표하는 인물이 스페인의 돈키호테와 덴마크의 햄릿이다. 바로 러시아의 문호 투르게네프가 인물의 유형을 돈키호테형과 햄릿형으로 나눈 바 있다. 돈키호테형 인물이 '싸워 이길 수 없는 적과 싸우고 잡을 수 없는 하늘의 별을 잡겠다'고 외치며 돌진한다면, 햄릿형 인물은 '죽느냐 사느냐 그것이 문제로다'를 중얼대며 번민한다.

　바로 《말테의 수기》가 덴마크의 귀족 이야기이다. 릴케는 이미 러시아를 두 차례 여행하면서 혹독한 추위와 궁핍을 견디는 러시아인들의 내면에 타오르는 빛을 목도한 바 있다. 추우면 인간은 내면으로 시선을 돌릴 수밖에 없다. 북방의 추위 속에서 어린 시절을 보낸 시인 말테로서는 내면에 침잠하는 것을 일찌감치 배웠을 것이다. 파리는 이와 대조적이다. 《말테의 수기》 전편에 흐르는 '파리의 냄새'처럼, 감각적인 세계이다. 때문에 이 작품에서는 '울스가르드', '우르네클로스터' 같은 북게르만어 계열의 지명이 현재 체류 중인 파리에 관한 설명 사이사이에 향수를 머금고 등장한다. 어린 시절과 청년이 된 지금의 이야기가 번갈아 나오며 대조되는 것이다.

　또한 잊어버릴 만하면 나오는 것이 귀신 이야기인데, 《햄릿》에도 귀신이 나온다. 셰익스피어가 햄릿을 북방 덴마크의 왕자로 설정한 것은 릴케가 《말테의 수기》에서 자기 이야기를 하고 있음에도 주인공을 덴마크의 시인으로 설정한 이유와 다르지 않을 것이다. 남쪽의 세계는 색채가 가득한 바깥의 세계이다. 반면 내면의 세계, 환상의 세계는 북쪽에 있다.

릴케
말테의 수기

윤동주 시인이 별을 헤면서 부른 이름, 라이너 마리아 릴케. 그가 〈별 헤는 밤〉에서 '아름다운 말'이라며 호명한 이 이름은 하마터면 '르네 마리아 릴케'가 될 뻔했다. 1875년 12월, 릴케는 오스트리아 제국이 지배하던 체코 프라하에서 태어났는데, 출생 후 보름 뒤에 받은 세례명이 '르네 카를 빌헬름 요한 요제프 마리아 릴케'였던 것이다. 훗날 루 살로메의 권고에 따라 이름을 라이너 마리아로 바꾸기까지 릴케는 인생의 초반 20여 년 동안 르네 마리아라는 이름을 사용했다.

소년 릴케는 아버지의 뜻에 따라 육군학교에 입학해 청소년기를 보냈지만 적응하지 못하고 중도에 그만둔다. 태생적으로 여린 심신에, 일찍 세상을 떠난 첫째 딸을 잊지 못해 어린 릴케를 여자아이처럼 키웠던 어머니의 영향을 크게 받았던 릴케에게 육군학교는 끔찍하기만 했던 것이다. 대신 릴케는 대학에 입학하기 전부터 시를 발표하고 자비로 시집을 출판하기도 했다. 이후 릴케는 프라하의 카를페르디난트 대학, 뮌헨 대학, 베를린 대학을 옮겨 가면서 법, 미학, 예술사, 철학, 문학 등을 공부했다.

14년이나 연상이었던 루 살로메는 릴케의 이름뿐 아니라 문학 인생에도 지대한 영향을 끼쳤다. 특히 20대 초반에 살로메와 함께한 러시아 여행에서 목격한 자연의 광막함과 신비로움은 그에게 거의 종교적 체험에 가까웠다. 이후 릴케는 초기 시의 감상적 분위기를 떨쳐버리고 탐구적인 신비주의자의 눈으로 세상을 바라보기 시작한다. 로댕의 비서 일을 보면서 《로댕론》을 집필한 것도 살로메의 소개를 통해서였다. 릴케는 20대 후반이던 당시의 파리 체류 경험을 담아 《말테의 수기》를 쓰기 시작해 1910년에 출간

소설로 떠나는 영성순례

했다. 평생 한곳에 뿌리내리지 못하고 러시아, 벨기에, 이탈리아, 독일 등지를 줄곧 전전했고 1926년 백혈병으로 세상을 떠나기까지 말년에는 주로 스위스에 체류했다. 《기도시집》, 《형상시집》, 《신시집》, 《오르페우스에게 바치는 소네트》, 릴케 미학의 완성으로 불리는 연작시 《두이노의 비가》 외에 《말테의 수기》, 《젊은 시인에게 보내는 편지》 등의 산문을 남겼다.

"나는 지금 보는 법을 배우고 있다." 서두에도 등장하는 이 문장처럼, 《말테의 수기》는 예민한 감수성을 지닌 젊은 시인 말테의 눈에 비친 파리 생활을 세밀하게 그려낸 작품이다. 특별한 서사 없이 이어지는 71개의 단락 속에 대도시 파리에 감도는 불안과 절망, 무의미와 죽음의 분위기를 어린 시절의 기억과 환상과 엮어 매력적으로 그려냈다.

3

탕자, 돌아오다

André Gide

|

집을 떠난 사람만이 돌아올 수 있다

Alexandrie
19 Mars 46

Cher Gilbert Cohen

J'ai bien reçu l'article de
Panchet et votre bonne lettre.
Merci. Ce que Pan. appelle
mon "cabinet chinois," c'est une
petite chambre où, aux murs,
quelques estampes japonaises.

Je n'ai pu me procurer le
double de votre excellent
article, et n'en serait donc
à vous pour l'adresser à
Roger Martin du Gard
de Tertre
Bellême
France —   Orne
Et je vous serre la main de
tout cœur

André Gide

Le retour de l'enfant prodigue

늘 스스로 탕자라고 생각했던 사람이 여기서는 제 자신의 심정을 담아서 앙드레 지드의 〈탕자, 돌아오다〉를 함께 읽어보려 합니다. 프랑스어 원제는 'Le retour de l'enfant prodigue', 즉 '탕자의 귀환'으로, 앙드레 지드가 1907년에 발표한 소설입니다. 잘 아시다시피 앙드레 지드는 1947년에 노벨 문학상을 받았고, 우리나라에서도 가장 많이 알려진 작가 중 하나이지요. 〈탕자, 돌아오다〉는 누가복음 15장에 나오는 돌아온 탕자 비유를 지드가 소설가적 상상력으로 다시 쓴 작품입니다. 이 비유는 화가들이 즐겨 그린 소재이기도 하지요.

우선 누가복음의 탕자 이야기와 앙드레 지드가 쓴 소설의 차이를 살펴봅시다. 성경에서는 예수님이 말씀하시고, 이 소설에서는 앙드레 지드가 이야기합니다. 성경 이야기와 지드의 입장에서 본 이야기를 비교해보면, 반드시 어려운 종교적·신학적 해석을 하지 않더라도, 내가 믿고 있는 하나님과의 관계, 그리고 지금 내가 함께 생활하고 있는 가족과의 관계를 돌아볼 수 있습니다. 비록 〈탕자, 돌아오다〉는 보통은 작품을

렘브란트, 〈돌아온 탕자〉(262cm × 205cm, 캔버스에 유채, 1661-1669, 에르미타주 미술관, 상트페테르부르크)

소설로 떠나는 영성순례

쓰는 데 시간이 많이 걸리는 지드가 며칠 만에 쓴 짤막한 단편소설이지만, 다른 어떤 작품보다도 가슴에 와 닿는 것이 많습니다. 그래서 여기에서도 제 말을 많이 하기보다는 앙드레 지드가 어떻게 탕자 이야기를 풀어내고 있는지를 들려드리려 합니다.

비유로
세 번

먼저 누가복음 15장에 나타난 비유를 봅시다. 잘 아시다시피, 예수님의 비유는 정말로 탁월합니다. 우리가 도저히 경험할 수 없는 하나님나라, 이성으로도 감성으로도 도달할 수 없는 하나님나라를 이 지상의 언어로 어린아이도 알아들을 수 있도록 말씀하시는데, 그 메타포는 예수님이 아니면 도저히 쓸 수 없어요. 제가 수사학 전공입니다만, 셰익스피어를 비롯해 더 현란한 수사를 쓰는 사람들이 있지만, 그런 비유는 예수님만이 쓸 수 있는 거예요.

예수님이 비유를 말씀하시는 배경은 이렇습니다. 예수님이 세리들, 죄인들과 같이 식사하시고 그 사람들을 맞아주시니 바리새인들과 서기관들이 굉장히 기분이 나빴던 거예요. 자기네들은 상대 안 해주고 오히려 죄인들하고 같이 노니까 그것을 비난합니다. 세리, 창기와 왜 어울려 다니느냐, 그 사람들은 죄인이라는 말이지요. 그러자 예수님은 하나님께서는 의로운 사람 여럿보다 한 사람의 죄인, 사회에서 멸시받는 그 한 사람이 회개해서 돌아오는 것을 기뻐하고 반길 것이라고 말씀하십니다. 그냥 이렇게 말하면 잘 모르지요. 사람은 하나님이 아니니까요. 그래서 하나님의 심정을 목자에 비유하고, 집안에서 가사를 하는 주부의 마음으로도 이야기하고, 마지막에 탕자를 맞이하는 아버지의 입장에서도 들려줍니다. 똑같은 주제를 세 번 되풀이하는 것입니다.

이건 놀라운 것입니다. 왜 기독교가 오늘날 세계적인 종교가 되었습니까? 어떤 종교든지, 가령 아시아면 아시아, 서양이면 서양에서 민족문화와 종교문화는 일치합니다. 샤머니즘이든 유교이든, 그 당시 그 지역의 것을 이야기합니다. 하지만 예수님의 말씀은 동양인이든 서양인이든, 유목민이든 정주민이든 이해할 수 있습니다.

먼저 누가복음 15장의 세 가지 비유 중 맨 처음 나오는 잃은 양의 비유, 아흔아홉 마리의 양을 버려두고 잃어버린 한 마리의 양을 찾는 심정은 유목민 목자가 아니면 도저히 이해가 안 가는 거예요. 아니, 아흔아홉 마리 양을 두고 한 마리의 양을 찾으러 가면 그게 계산이 됩니까? 한 마리 양 찾아다니다가 아흔아홉 마리 양이 다 죽으면 어떻게 해요? 그런데 이 이야기를 들은 유목민 목자는 "맞아, 아흔아홉 마리는 내 곁에 있으니 괜찮은데, 무리에서 벗어나 늑대 천지에서 매매 하고 다닐 한 마리는 너무나 불쌍하지" 하고 생각합니다. 세속적으로도, 이해관계를 떠나서 자기 곁에 있고 수적으로 더 중요한 아흔아홉 마리를 놔두고 잃어버린 한 마리의 양을 찾는 것이 양떼를 모는 사람의 안타까운 마음입니다. 여기서 유추해보면, 하나님 잘 믿고, 교회 잘 나오는 사람들을 하나님이 더 소중하게 여기실 것 같지만 이 사람들은 하나님 곁에 있으니까 오히려 그분 곁을 떠나 죄 짓는 사람들을 찾으러 가시는 것이 하나님의 마음입니다. 인간사에서는 모순처럼 느껴지지만, 양에 대한 유목민들의

소설로 떠나는 영성순례

태도도 사실 그러했던 것이지요. 잃은 양 한 마리를 찾는 기쁨은 이루 말할 수가 없습니다. 하나님이 그렇게 기쁘시다는 거예요.

이래도 못 알아듣는 사람이 있지요. 그래서 두 번째로 집안 살림을 하는 여자를 들어 이야기합니다. 그때는 이미 화폐 경제가 정착된 시절이지요. 로마 은화가 있었습니다. "가이사(카이사르)의 것은 가이사에게, 하나님의 것은 하나님께 바치라"(눅 20:25)는 구절도 이런 시대적 배경에서 나온 이야기입니다.

그런데 여러분도 마찬가지일 텐데, 집에서 무얼 하다가 하찮은 거라도 잃어버리면 한참을 찾지요. 돈으로 치면 얼마 안 되는 것, 이를테면 늘 쓰던 볼펜 하나라도 정든 것이면 온종일 찾습니다. 돈도 마찬가지예요. 하루 일당에 해당하는 은전 하나를 찾기 위해서 어느 주부가 온종일 집안을 뒤집니다. 아시다시피, 당시 유대 문화는 가부장제여서 성경에는 여자들 이야기가 그다지 많이 나오지 않습니다. 족보를 설명하면서도, "아브라함이 이삭을 낳고 이삭은 야곱을 낳고 야곱은 유다와 그의 형제들을 낳고…" 하는 식으로, 아이를 낳는 것은 여자들인데도, 누가 누구를 낳는다고 할 때 나오는 것은 남자 이름뿐이지 여자 이름은 거의 언급하지 않습니다. 그런데 예수님은 남자에게만 통하는 비유가 아니라 가정주부, 여자들도 알아듣는 비유를 쓰셨습니다. 돈을 잃어버렸다가 찾았을 때 기뻐하는 여자의 심정을 쓴 것이지요. 앞의 것이 유목민, 양 떼를 모는 남성의 비유라면, 이것은 가정에서 가사를 돌보는 사람의 이야기입니다. 희랍어로 '오이코스*oikos*'는 '가정', '집'이라는 뜻인데, '경제'를 뜻하는 'economy'라는 단어도 여기에서 왔습니다.

그러면 탕자의 비유는 무엇입니까? 탕자가 떠난 '집'이 영어성경에는 'farm'으로 되어 있습니다. 농장이지요. 목장이 아니에요. 그러니까 농업 문화, 정주 문화이기 때문에, 떠나갈 수도 있고 돌아올 수도 있는 것이지요. 원래 이리저리 떠돌아다니며 양을 치는 사람들에게는 그러한 집 개념, 고향 개념이 없어서 토포필리아*topophilia*(장소애)도 없습니다. 맨 처음의 잃은 양 비유는 유목 문화를 배경으로 하고 있어 정착 문화 속에서 사는 사람들에게는 낯설지만, 탕자의 비유는 농경 문화를 배경으로 하고 있어서 한국 사람에게도 익숙합니다. 우리나라에서 엽전이 제대로 쓰인 것은 근대에 이르러서니, 화폐 경제가 아주 느렸죠. 때문에 잃은 드라크마의 비유도 우리의 옛 조상들은 잘 알아듣지 못했을 것입니다. 그런데 세 번째 탕자 이야기는, 가족 간의 관계가 아주 끈끈한 한국인들에게 잃은 양의 비유보다 훨씬 더 설득력 있게 다가옵니다. 이렇듯 예수님은 자신이 하나님을 잘 믿는 사람들보다 버림받은 자들과 더 어울리는 이유를 똑같은 테마를 가지고 유목민을 향해서, 가사를 돌보는 여자를 향해서, 그다음 대대로 내려오는 땅과 집을 소유하고 하인을 두고 농목을 하는 정주민定住民을 향해서 이야기합니다. 마지막 비유에서 가산을 탕진하고 돌아온 탕자는 양으로 치면 잃어버린 한 마리의 양이고, 돈으로 치면 은전 하나인 셈이지요.

이들 비유는 사실상 패럴렐리즘parallelism이라고 해서, 병렬 구조로 되어 있는데, 앙드레 지드는 앞의 두 비유를 무시하고 탕자 이야기만 가지고 썼기 때문에 처음부터 비교하기는 어렵습니다. 예수님이 하신 말씀은 세 개의 비유를 놓고 비교해야 하는데, 둘을 떼어내고 이것만 독립된 이야기로 읽을 때는 여러 가지 문제점이 있지요. 하지만 오늘 실제로 이 이야기를 들어보시면, 이것이 오늘 우리의 이야기이고, 오늘의 가족제도, 오늘의 기독교에 관한 이야기라는 것을 절실하게 느낄 수 있습니다.

앙드레 지드의 이 짧은 이야기는 다른 어느 소설보다도 현대인의 가슴에 와 닿습니다. 앞서 도스토옙스키의 《카라마조프 형제들》에 나오는 파 한 뿌리 이야기도 했지만, 이 소설이 어느 편에 서서 이야기를 썼는가 하는 점 때문입니다. 세 개의 비유 중에서 우리에게 절실하게 다가오는 가족의 이야기, 농경민들처럼 한 가족이 같은 지역에서 대대로 살아오면서 땅을 상속하는 이야기인 마지막 비유를 택했고, 또한 그것을 현대인의 입장에서 했기 때문입니다. 그래서 예수님을 잘 믿는 사람일수록 자신이 이 소설에서는 어디에 속하는지, 자신이 자녀들에게 하는 행동이 이 소설에 나오는 누구의 어떤 모습과 다르지 않은지와 같은 것을 절실하게 느끼게 됩니다.

탕자의
비유

그러면 먼저 성경에 나오는 비유를 쭉 읽어보고, 지드의 소설은 어떻게 다른지를 분석하면서 이야기를 나눠보겠습니다. 누가복음 15장의 탕자의 비유는 이러합니다.

또 이르시되 어떤 사람에게 두 아들이 있는데(12절)

앞서 말한 두 가지 비유에 이어 탕자 이야기를 하십니다.

그 둘째가 아버지에게 말하되 아버지여 재산 중에서 내게 돌아올 분깃을 내게 주소서 하는지라. 아버지가 그 살림을 각각 나눠주었더니(12절)

아버지와 두 아들을 놓고서 각각의 캐릭터를 비교합니다. 그래서 이게 단편소설로서 완벽하다는 거예요. 그런데 형은 아직 유산을 상속받지 않았는데, 둘째가 자기 몫을 미리 내놓으라고 합니다. 요즘 우리나라에서도 상속 문제로 싸움이 많이 일어나는데, 이 비유에 비추어서 상속 다툼에서 무엇이 문제가 되는지 들여다볼 수가 있습니다. 그런데 이 이야기 속의 아버지는 "아직 결혼도 안 하고 분가도 안 한 녀석이, 자기 몫부터 챙겨?" 하고 흠씬 혼을 낼 법한데도, 모든 것을 받아주시는 아버지예요. "그래, 네 몫 가져가라" 하고 요구대로 재산을 나눠줍니다.

그 후 며칠이 안 되어 둘째 아들이 재물을 다 모아 가지고 먼 나라에 가 거기서 허랑방탕하여 그 재산을 낭비하더니, 다 없앤 후 그 나라에 크게 흉년이 들어 그가 비로소 궁핍한지라. 가서 그 나라 백성 중 한 사람에게 붙여 사니 그가 그를 들로 보내어 돼지를 치게 하였는데, 그가 돼지 먹는 쥐엄 열매로 배를 채우고자 하되 주는 자가 없는지라(13-16절).

유대인들이 제일 싫어하는 게 돼지잖아요. 돼지를 치는 것은 인간이 도달할 수 있는 막장, 맨 밑바닥입니다. 게다가 탕자는 배가 고파서 돼

히에로니무스 보스, 〈행상인〉(71×70.6cm, 패널에 유채, 1500년경, 보이만스판뵈닝겐 미술관, 로테르담)

지에게 주는 쥐엄 열매를 먹습니다. 앙드레 지드의 소설에는 이 쥐엄 열매가 알기 쉽게 '도토리'로 되어 있습니다. 탕자는 도토리 같은 이 열매로 허기를 달래고, 주머니에 챙겨와 집에 와서도 먹습니다. 그러니까 인간이라기보다는 돼지와 동급인 것이지요.

이에 스스로 돌이켜 이르되 내 아버지에게는 양식이 풍족한 품꾼이 얼마나 많은가. 나는 여기서 주려 죽는구나. 내가 일어나 아버지께 가서 이르기를 아버지 내가 하늘과 아버지께 죄를 지었사오니, 지금부터는 아버지의 아들이라 일컬음을 감당하지 못하겠나이다. 나를 품꾼의 하나로 보소서 하리라 하고, 이에 일어나서 아버지께로 돌아가니라. 아직도 거리가 먼데 아버지가 그를 보고 측은히 여겨 달려가 목을 안고 입을 맞추니(17-20절)

렘브란트를 비롯한 화가들이 아버지가 아들을 맞이하는 이 장면을 그렸지요.

아들이 이르되 아버지 내가 하늘과 아버지께 죄를 지었사오니 지금부터는 아버지의 아들이라 일컬음을 감당하지 못하겠나이다 하나(21절)

나는 자격이 없는 사람이다. 돼지나 치던 욕된 인간이다, 그러니 나를 아들이 아니라 머슴으로 써달라는 것입니다.

의식주가
다 있다

그러자 아버지가 어떻게 합니까?

아버지는 종들에게 이르되 제일 좋은 옷을 내어다가 입히고 손에 가락지를 끼우고 발에 신을 신기라. 그리고 살진 송아지를 끌어다가 잡으라. 우리가 먹고 즐기자(22-23절).

　　　　　　　　　　　　　　　소설로 떠나는 영성순례

여기 보세요. 그냥 말하는 것 같은데 의식주가 다 등장합니다. 먼저 주住, 집으로 돌아가지요. 식食, 송아지를 잡습니다. 의衣, 옷을 내어다가 입힙니다. 이 짧은 구절에 의식주 3대 요소가 다 들어 있어요. 이런 것을 보면, 그냥 아무렇게나 비유를 한 게 아닙니다. 용의주도하잖아요. 집으로 돌아왔는데 아버지가 반겨주니 주거할 곳이 생깁니다. 도토리만 먹던 녀석에게 송아지를 잡아서 잔치를 해주니 먹는 문제가 해결됩니다. 그리고 누더기를 입고 왔는데, 그 누더기를 벗기고 좋은 비단옷을 입히고 신을 신깁니다. 렘브란트의 〈탕자의 귀향〉은 이 아들이 겪었을

바르톨로메 무리요, 〈돌아온 탕자〉(236.3 × 261cm, 캔버스에 유채, 1667/1670년, 워싱턴, 미국 국립미술관)

고생을 잘 보여줍니다. 누더기를 걸친 데다가, 발은 퉁퉁 부어 갈라져 있어요. 그러니까 "신을 신기라"고 하지요. 발에 신도 제대로 못 신는 지경입니다.

> 이 내 아들은 죽었다가 다시 살아났으며 내가 잃었다가 다시 얻었노라 하니 그들이 즐거워하더라(24절).

그런데 아버지뿐만 아니라 집안사람들이 다 즐거워합니다. 탕자를 비웃고 냄새난다고 내쫓는 것이 아니라 아들을 환대하는 아버지를 보고서, 하인들도 모두 거지가 되어서 돌아온 그 아들을 귀하게 여깁니다. 살진 고기를 잡으니 모두가 즐겁지요. 하나님이 기뻐하시면 모든 사람이 함께 즐거워하는 것입니다.

그러니까 집은 따뜻하고, 비단옷이 있고, 송아지 고기가 있습니다. 하인들도 잔뜩 있는 큰 집, 부잣집입니다. 그런데 먹을 것, 입을 것, 잠잘 곳에 아무런 불편함이 없는 집을 이 녀석이 왜 떠났느냐 이것입니다. 연세 많으신 분들이 아이를 꾸짖으실 때, "너는 먹을 게 없냐, 입을 게 없냐. 학교 보내주는데 뭘 불평이냐?" 하지 않습니까? 똑같은 이야기예요. 집은 잠자리가 편안하고 먹을 것과 입을 것이 넉넉한, 풍요로운 세계입니다.

문학적으로 구조를 분석하자면 집과 광야가 대조되고, 탕자의 누더기와 아버지가 주신 비단옷, 도토리와 송아지 고기가 서로 대응되지요. 흔히 문학 하는 사람들을 대단히 비과학적이고 비합리적인 사람으로 알지

소설로 떠나는 영성순례

만, 이들은 이야기의 숨겨진 구조, 숨겨진 의미hidden meaning를 드러내어 보여주는 사람입니다. 소설 속에 들어가면 컴퓨터로도 제어할 수 없는 언어들이 서로 부딪히고 나눠지고, 빛깔 있는 것, 무겁고 가벼운 것들이 떠돕니다. 얼핏 보면 하루살이들처럼 멋대로 날아다니는 것 같아도, 이 언어들은 실은 서로서로 빈틈없이 관계하면서 하나의 무리를 이루면서 비행하고 있습니다. 이러한 조화를 빚어내는 상상력은 어떤 의미에서는 수학적·과학적 추리력보다도 대단한 것입니다.

바로 성경의 세계가 그러합니다. 저기 있는 이야기가 여기 와서 부딪치고 이쪽 이야기가 저쪽에 가서 풀립니다. 전체가 그물망처럼 되어 있

얀 산데르스 반 헤메센, 〈탕자〉(140×198cm, 패널에 유채, 1536년, 왕립미술관, 브뤼셀)

기 때문에 한 줄만 떼어내도, 마치 가야금의 줄 하나가 떨어지면 연주를 할 수 없듯이, 성경은 울리지 않습니다. 성경무오설도 그런 의미에서 이해해야지, 번역상의 오류를 부정하거나 글자 하나 틀림이 없다고 해서는 곤란합니다. 그렇게 콘텐츠가 아니라 하드웨어만 볼 것이 아닙니다.

소설을 분석해보면 성경의 기가 막힌 구조와 앙드레 지드라는 대가의 작품이 지닌 놀라운 구조, 즉 인간이 만든 소설과 하나님께서 만드시는 이야기의 차이를 확인할 수 있습니다. 우리가 교회에서 목사님의 설교를 듣는 것 외에, 세속적인 의미에서의 문학적 지식을 활용해 성경을 읽는 것이 가능하며, 이를 통해 다른 측면의 의미를 발견할 수 있다는 것입니다.

형

여기서 형이 등장합니다. 언제나 형이 문제지요. 맏형, 빅 브라더 말입니다. 동생을 질투하고 살해하는 가인의 계보가 여기에까지 이어지고 있습니다. 가인은 하나님이 자신의 제사는 거부하고 아벨의 제사만을 받자 하나님이 동생을 편애한다고 생각해 노여움으로 살인을 하고 맙니다. 요셉의 형들은 아버지에게 특별한 사랑을 받는 동생을 질시해 죽이고자 요셉을 구덩이에 던져 넣지요. 탕자의 비유에서도 아우의 귀환을 모든 사람이 반기는데 형만은 반기지 않습니다. 살인까지 이르지는 않지만, 가인과 아벨의 모델이 여기서도 드러나는 것입니다. 우리나라에서 형이 누구입니까? 조폭에도 형이 있고 정치

소설로 떠나는 영성순례

가들 사이에도 형이 있어서, 그 사람들은 언제나 "형님, 형님" 하고 다닙니다. 그러니까 형들을 조심해야 합니다. 다른 말로 형은 '리더'인데, 이들이 항상 문제가 됩니다.

> 맏아들은 밭에 있다가 돌아와 집에 가까이 왔을 때에 풍악과 춤추는 소리를 듣고 한 종을 불러 이 무슨 일인가 물은대, 대답하되 당신의 동생이 돌아왔으매 당신의 아버지가 건강한 그를 다시 맞아들이게 됨으로 인하여 살진 송아지를 잡았나이다 하니, 그가 노하여 들어가고자 하지 아니하거늘 아버지가 나와서 권한대, 아버지께 대답하여 이르되(25-29절상)

형이 아버지에게 처음으로 대듭니다.

> 내가 여러 해 아버지를 섬겨 명을 어김이 없거늘 내게는 염소 새끼라도 주어 나와 내 벗으로 즐기게 하신 일이 없더니, 아버지의 살림을 창녀들과 함께 삼켜버린 이 아들이 돌아오매 이를 위하여 살진 송아지를 잡으셨나이다. 아버지가 이르되 얘 너는 항상 나와 함께 있으니 내 것이 다 네 것이로되 이 네 동생은 죽었다가 살아났으며 내가 잃었다가 얻었기로 우리가 즐거워하고 기뻐하는 것이 마땅하다 하니라(29하-32절).

왜 동생한테는 이런 것을 집어주느냐는 것이지요. 형은 모든 것을 계산하는 거예요. 나는 잘했는데 상이 없고 쟤는 잘못했는데 상 주고, 이런 불합리한 일이 어디 있느냐고 불평합니다. 머리만 있고 가슴이 없는 사람이죠. 아버지에게 효도를 하더라도 형식주의에 그칩니다. 이게 바로 바리새인이지요. 겉으로는 하나님을 잘 모시는 것 같지만 죄인들에게 잘해주는 예수님에게 삐지는 바리새인과 다를 바가 없습니다.

그런데 이게 예수님의 비유로 되어 있지만, 원래는 그리스 시대의 상당히 오래된 우화예요. 누가복음을 기록한 누가는 그리스계이고, 의사라는 설도 있지요. 바울의 선교여행에 동행한 인물로서 사도행전을 저술한 누가와 동일인물일 것이라고 보는 것이 일반적입니다. 그리스어 이름 루카스*Loukas*는 '루카니아 지방 사람'을 뜻하는 '루카노스*Loukanos*'가 줄어든 말이라고 합니다(누가를 라틴어로는 루카스*Lucas*라고 하는데, 이것은 '빛'을 뜻하는 '룩스*lux*'에서 파생된 말이라고 해요). 그런데 그리스 우화에 비슷한 이야기가 있다는 것이지요. 사실 성경은 그 자체로 중요한 문학 텍스트여서, 종교가 없는 사람들도 성경에 관해 많은 논문을 쓰고 있습니다. 문학 하는 사람들은 관련 텍스트를 광범위하게 추적하거든요. 게다가 이건 워낙 유명한 그리스 우화니까요.

아무튼 그 우화는 이렇게 되어 있어요. 형은 열심히 아버지를 섬기는 반면, 작은아들은 노름이나 일삼는 형편없는 인간이었습니다. 그런데 이 아들 둘이 장사하러 나갔다가 해적에게 잡혀서, 아버지는 몸값을 내야 아들들을 풀어주겠다는 전갈을 받습니다. 그런데 아버지가 가진 돈을 다 털어도 한 사람 몸값밖에 안 되는 거예요. 해적들을 만나서 이것으로 풀어줄 수 없느냐고 사정해도, 안 된다, 한 명 몸값을 더 내라는 거예요. 두 아들 중에 누구를 택하겠어요? 아주 절실한 문제예요. 말 잘 듣고 장사 잘하는 효자 아들이 있고, 창기들하고 놀아나고 사사건건 문제만 일으키는 망나니 아들이 있습니다. 그런데 작은아들이 이렇게 말해요. "아버지, 저는 가망이 없습니다. 더군다나 병까지 걸려서 오래 못삽니다. 그리고 그동안 아버지 속을 얼마나 썩였습니까. 그러니 그 돈으로 착한 형님 몸값을 내세요. 나는 여기서 이들의 손에 죽겠습니다." 그러니까 아버지가 착한 아들은 놔두고서, 눈물 흘리며 뉘우치는 아들, 지금까지 속 썩인 아들을 위해 몸값을 냅니다. 그러니 형이 얼마나 화가

알브레히트 뒤러, 〈돼지들 틈의 탕자〉(26.1×20.2cm, 동판화, 1496년경, 카를스루에 국립미술관)

나겠어요. 게다가 이렇게 풀려난 작은아들은 돌아오는 도중에 죽고 맙니다. 형은 해적들에게서 탈출하는 데 성공하지요. 결국 큰아들은 아버지와 절연하고, 집을 나가겠다고 선언합니다.

그러니까 지금은 이 아이가 착한 아들 같고, 《리어 왕》의 코딜리아처럼 이 아이가 못된 자식 같지만, 보상을 바라며 잘난 머리를 굴리는 아이보다 참회하는 못된 아이가 구제받는다는 거예요. 그러니 매일 새벽 기도에 나가고 심지어는 제가 하는 이런 강연에도 빠지지 않는 분들이 조심해야 하는 것입니다. (웃음) 오히려 예배 빼먹고, 목사님 욕하고 재 뿌리고 돌아다니는 망나니가 어느 날 참회하면, 스스로를 모태신앙이라고 자부하는 사람보다 낫습니다. 맹목적으로 믿으면서 아버지를 섬긴다고 생각했는데, 실제 위기가 닥치면 아버지를 섬기는 것이 아닌 것으로 드러나는 경우가 많아요.

방탕한 아들만이 집으로 돌아올 수 있지, 집을 떠나보지 못한 사람은 결코 집에 못 돌아옵니다. 떠났으니까 돌아오는 것이지요. 한 번도 떠나보지 못한 사람은 돌아오지 못합니다. 제 말을 잘못 이해하면 "나도 한번 불효자 짓 하다가 나중에 돌아와야겠다" 하시겠지만, 이것은 인위적으로 그렇게 되는 것이 아닙니다.

세례 요한의
오해
|
그런데 왜 예수님이 세리나 창녀와 같은 사람들을 가까이하셨습니까? 참회하는 자를 받아주시려는 것이었지

소설로 떠나는 영성순례

요. 그런데 세례 요한만 해도 예수님을 이해하지 못했어요.

나는 물로 너희에게 세례를 베풀거니와 나보다 능력이 많으신 이가 오시나니 나는 그의 신발끈을 풀기도 감당하지 못하겠노라. 그는 성령과 불로 너희에게 세례를 베푸실 것이요, 손에 키를 들고 자기의 타작마당을 정하게 하사 알곡은 모아 곳간에 들이고 쭉정이는 꺼지지 않는 불에 태우시리라(눅 3:16-17).

자기 뒤에 오시는 메시아는 요한 자신으로서는 그 사람의 신발끈도 풀지 못할 정도로 대단한 분인데, 그분은 마치 농부들이 쭉정이와 검불과 나락을 갈라서 쭉정이는 사정없이 불태워버리고 나락들은 차곡차곡 쌓아놓는 것처럼 정의로운 사람과 그렇지 않은 사람을 구분할 심판자라고 합니다. 세례 요한이 예수님을 몰랐어요. 예수님은 "내가 온 것은 세상을 심판하려 함이 아니요 세상을 구원하려 함이로라"(요 12:47)라고 하셨는데, 세례 요한이 생각하는 메시아란 나쁜 사람은 쭉정이 태우듯 깡그리 죽이고, 착한 사람은 알곡을 곳간에 들이듯 불러모아 상 주는 사람이었어요. 쭉정이를 위해서 메시아가 온다는 것을 세례 요한은 상상도 못했던 거예요. 그러니까 신발끈도 못 푸는 사람이죠.

오늘날 교회는 어떻습니까? 심판자를 원하고 정의로운 것을 구하는 것으로는 부족합니다. 정의를 넘어선 게 있거든요. 정의의 하나님을 넘어섰기 때문에 구약과 신약은 차이가 있습니다. 기독교와 유대교의 차이도 그것이지요. "너는 나쁜 짓 했으니 죽어라. 너는 착한 짓 했으니 상

받아라." 모든 종교가 이렇지만, 예수님만은 오히려 상 줄 자는 놔두고, 잃어버린 한 마리 양을 찾기 위해 애쓰고 희생당하신 거예요.

우리의 계산법과 다른 이러한 비유에서 왜 형을 내세웠을까요? 형은 아버지를 사랑을 모른 채, 그저 내려오는 관습대로 효도하고, 장자니까 재산을 상속받아서 부를 이어가는 사람입니다. 이런 상속자는 그 재산이 무엇인지, 상속의 의미가 무엇인지, 조상의 의미가 무엇인지도 모르는 사람이라는 거예요. 그냥 형식적으로 상속되어 내려오는 것이지요. 그런데 그런 상속을 거부하고, 아버지의 사랑을 거부하고 뛰쳐나갔던 작은아들이 돌아와 무릎 꿇고서 "나는 죄인입니다. 하나님과 아버지에게 죄를 지었습니다" 하며 눈물 흘리고 있습니다. 이렇게 참회하는 탕자가, 아버지 옆에서 의미도 모른 채 효도하던, 그러나 위기가 오면 동생에게 송아지 하나 잡아줬다고 아버지한테 대드는 사람들보다 몇 배나 하나님과의 관계가 깊어요.

그런데 이렇게 탕자의 비유의 의미를 모른 채 틀에 박힌 해석을 되풀이하는 사람들에게 앙드레 지드의 〈탕자, 돌아오다〉는 새로운 눈을 열어줍니다. 지드는 원래 개신교도였으나 가톨릭으로 개종하려다 실패합니다. 그가 쓴 〈교황청의 지하도〉(1914)의 파격적인 내용이 반발에 부딪혔기 때문이지요. 1952년에는 그의 전 작품이 교황청의 금서 목록에 오릅니다. 보시면 아시겠지만 앙드레 지드는 흔히 기독교에서 말하는 신앙인과는 다릅니다. 언뜻 보면 신을 부정하는 것 같아요. 하지만 이 사람이 집을 뛰쳐나오는 동기는 아버지가 싫어서가 아니에요. 이것은 뒤에서 좀 더 살펴보겠습니다.

소설로 떠나는 영성순례

탕자의 입장에서 들려주는
탕자 이야기

이제 본론으로 들어가서, 지드의 〈탕자, 돌아오다〉가 성경의 이야기와 어떻게 다른가를 살펴보겠습니다. 첫 번째는 시점point of view이 다릅니다. 똑같은 사건이라도 소설에서는 누구를 주인공으로 삼아서 누가 이야기하느냐에 따라서 정반대의 이야기가 나오기도 합니다. 이를 극명하게 보여주는 것이 아쿠타가와 류노스케의 《라쇼몽》 같은 소설이지요. 같은 사건인데 시점을 바꿔가면서 이 사람이 본 이야기와 저 사람이 본 이야기를 서술했습니다. 예수님이 바리새인들에게 이야기하셨듯이 성경은 의로운 사람보다 죄인이 참회하고 돌아올 때 더 반기시는 하나님, 무한히 용서하고 죄인들도 끌어안아주시는 하나님의 입장에서 쓰인 글이에요. 그런데 앙드레 지드는 하나님의 입장, 아버지의 입장이 아니라 집 나간 탕자의 입장에서 이 소설을 썼습니다. 그러니까 시점이 다르지요. 예수님은 하나님이 얼마나 관대하게 죄인을 받아들이는지를 말씀하시는데, 앙드레 지드는 아들이 왜 집을 나갔으며, 왜 다시 돌아왔는가를 말합니다. 이렇게 하나님 입장에서 본 이야기와 탕자, 즉 인간의 입장에서 본 이야기라는 시점의 차이가 있습니다.

성경과 소설만 이런 차이가 있는 것이 아닙니다. 우리가 하나님을 믿는 것도 똑같습니다. 목사님은 대체로 하나님의 시점에서 이야기를 하지만, 우리는 대체로 탕자 입장에서 하나님을 보지 않습니까? 지드는 인간의 입장에서 이야기를 쓰는데, 여기에는 무언의 교회 비판도 담겨 있습니다.

서문에서 앙드레 지드는 이런 말을 합니다.

> 내게서 그 어떤 신앙심을 요구하는 독자라면 아마도 내 그림 안에서 이를 찾게 되지 않을까 싶다. 그림 한 귀퉁이에 그려진 어느 기증자처럼 나는 내가 그린 이 그림 속에서 탕자와 짝을 이루어 그와 같이 미소 짓는 동시에 얼굴이 눈물범벅이 되어 무릎을 꿇고 있을 것이기 때문이다.

서양에서는 부유한 사람들이 교회의 스테인드글라스를 기증하거나 제단 뒤에 놓을 제단화를 바치곤 했습니다. 기증자의 요구에 따라 화가는 이 사람들을 그림 속에 그려 넣는 경우가 많았어요. 대개 그리스도에게 축복을 받고 있는 모습이나 경건하게 무릎을 꿇고 있는 모습을 하고 있는데, 신앙심의 표현이자 복을 구하는 마음의 반영이었던 것입니다. 이렇게 그림 작업비를 대고 기증한 사람과 그림 속에 그려진 사람이 동일인이듯이, 이 소설에서 묘사하는 탕자가 바로 자신이라는 말입니다.

이렇게 탕자 입장에서 이 이야기를 쓰겠다는 것을 서문에서 밝히는 것입니다. 재미난 것은 둘이 서로 단짝이고 "네 마음 내가 알아", "너만이 날 알아주는구나" 하며 씨익 웃는데, 이것이 영광스러운 승리자의 웃음이 아니라, 뭔가를 구하다가 좌절해 무릎 꿇은 자들이 눈물로 얼룩진 얼굴로 짓는 미소라는 점입니다. 미소와 눈물이 함께 있다는 점에서도 탕자의 마음은 자신밖에 모른다는 것이지요. 이 탕자의 마음은 성경 우화를 가지고는 모른다, 집 나가본 인간만이 안다는 것입니다. 이런 면에서 지드는 휴머니즘 입장에서 이 글을 쓰고 있습니다. 또한 성경은 아버지와 형의 시점에서 탕자를 이야기하는데, 소설에서는 탕자 자신의 시점에서 자신을 이야기합니다. 즉, 아버지의 아들로서, 형의 아우로서 이야기하는 것입니다.

그러면 탕자는 왜 집을 나갔을까요?

제 발로 낙원을
뛰쳐나온 인간

오래 집을 비운 동안 환상에 빠져 허우적대며 그 자신에 대한 환멸을 느낀 탕자는 그가 갈구했던 이 궁핍한 생활의 밑바닥에서 아버지의 얼굴을 떠올렸다. 침대 위로 어머니께서 굽어 살펴주시곤 하던 널찍한 침실, 물줄기가 흐르며 촉촉하게 젖어 있던, 그러나 울타리가 쳐져 있어 그가 언제나 도망치고 싶어 했던 그 드넓은 정원도.

재미있지요. 앞에는 긍정적으로 되어 있습니다. 아버지의 모습, 나를 돌봐주시던 어머니, 나의 침실, 맑은 물이 흐르던 정원. 얼마나 좋아요. 그런데 문득 이런 표현이 나옵니다. "언제나 도망치고 싶어 했던 그 드넓은 정원". 이것을 모르면 이 소설을 읽을 필요도 없고, 〈탕자, 돌아오다〉의 참뜻도 알 수 없습니다. 그렇게 좋은 곳을 버리고 나간 것입니다. 쫓겨나간 게 아니에요. 그러니까 실낙원으로 치면, 선악과를 따 먹어서 내쫓긴 게 아니라, 누가 내쫓지 않아도 "이런 에덴동산에서 못 살겠어"

하고 나간 인간인 것이지요. 아담과 하와가 선악과를 따 먹었잖아요. 부족한 게 아무것도 없는데 왜 그걸 따 먹습니까? 아무리 하나님이 붙잡고 행복을 주셔도 인간이란 "이런 행복 다 버리고라도 내 인생을 찾을 겁니다. 하나님의 피조물로 살아가는 것이 아무리 행복해도, 나는 그렇게는 못 살겠습니다. 내가 내 발로 걸어 나가 당신의 동산이 아닌 나의 세계를 만들겠습니다. 내가 택한 것이 비극이고 비운이라 할지라도 이 행복 버리고, 나는 가겠습니다" 하는 존재입니다. 이게 휴머니즘이거든요. 이것이 극에 달하면 정치적·경제적으로 인공낙원을 만들려는 시도가 이루어지기도 합니다.

회랍어 '휘브리스*hubris*'가 뜻하는 것이 바로 이것입니다. 인간의 오만. 이 소설을 잘 읽어보면 기독교 2천 년의 역사와 서양의 역사, 근대적 자아의 역사, 그리고 나는 누구인가를 알게 됩니다. 성경에서는 탕자를 통해서 하나님의 마음을 알게 되지만, 이 소설을 읽으면 인간의 마음을 알게 됩니다. 에덴동산에서 추방된 것이 아니라, 왜 에덴동산을 버렸는가 하는 것이지요. 하나님이 그렇게 사랑으로 이끌어주는데도, 왜 우리 선조들은 에덴을 떠나 이런 세계를 만들었는가 말입니다. 생각하면 기가 막히잖아요. 에덴동산에 부족한 게 아무것도 없었는데, 뭘 더하겠다고 그걸 따 먹습니까? 더군다나 따 먹으면 죽는다고 했는데 말이지요. 특히 여성들은 하와의 마음을 잘 아실 거예요. 입센의 《인형의 집》의 로라도 그렇잖아요. 남편이 잘해주는데, 그렇게는 살기 싫다고 뛰쳐나오잖습니까.

출발의 사상입니다. 앙드레 지드가 《지상의 양식》(1897)에서 그랬지요. 너의 가족, 너의 방, 너의 과거로부터, 너를 닮은 모든 것에서부터 뛰쳐나와라! 이게 출발의 사상이거든요. 이 소설은 바로 실낙원, 즉 낙원을 잃어버린 게 아니라 낙원을 탈출하는 이야기예요. 역逆유토피아, 유토피아를 거부한다는 것이죠. 이것이 바로 인간이 만든 역사이고, 인간의 비참한 모습인데, 거기에 눈물과 뒤범벅된 웃음이 있다는 것입니다. 이것을 통과하지 않고 기독교를 믿으면 언젠가는 파탄을 겪는다는 것입니다. 언젠가는 선악과를 따 먹게 된다는 것이지요.

자상하게 돌봐주시는 부모들이 있고, 자기의 침실, 먹고 입을 것에, 맑은 물이 흐르고, 언제나 울타리 밖으로 뛰쳐나가고 싶었던 정원을 이야기하다가 분위기가 바뀝니다.

인색한 형의 얼굴도 떠올랐다. 그가 한 번도 좋아한 적이 없었던 형은 탕자가 다 탕진해버리지 못한 재산을 자기 손에 쥐게 되리라는 기대감에 사로잡혀 있었다.

어머니, 아버지 다 좋은데, 형은 싫어합니다. 여기서 형은 유물론자, 상속자의 권리를 주장하는 자, 자기가 다음 세대의 아버지 역할, 가부장 노릇을 하려고 대기하고 있는 율법주의자, 형식주의자, 질서를 부르짖는 기성세대의 권위에 찌든 사람입니다. 이러한 바리새인, 교회 지도자가 바로 형이라는 것이지요. 하나님 아버지에게는 복종하겠지만, 하나님 아버지의 대리인으로 나서서 장차 자신이 하나님이 되려고 하는 상속자에게는 강한 반감을 표현합니다. 이것은 유럽의 하나님을 부정한

제임스 티소, 〈오늘날의 탕자: 귀환〉(캔버스에 유채, 1882, 내셔널갤러리, 워싱턴 D.C.)

것이 아니라, 유럽의 교회와 유럽의 바리새인 같은 종교 지도자들을 신랄하게 비판하는 것입니다. 하나님께는 무릎 꿇습니다. 탕자가 집에 돌아와서 아버지에게 무릎을 꿇었잖아요. 그런데도 자기 형한테는 대들거든요. 이런 것을 생각하면 오늘날의 한국 교회는 앙드레 지드의 〈탕자, 돌아오다〉를 진지하게 읽어볼 필요가 있습니다.

가족 구성과 이야기 구성방식이 다르다

다음으로, 성경의 비유와 소설은 가족의 구성이 달라요. 소설로 말하면 캐릭터가 다르지요. 성경에는 아버지, 아들 1(형), 아들 2(동생)만 나옵니다. 이상하지 않습니까? 집 나간 아들이 돌아오면 제일 먼저 버선발로 뛰어나오는 게 누구예요? 어머니지요. 아이가 끝내 집에 들어오지는 않더라도 담 너머로 "엄마" 하면 누룽지 가져다주는 게 어머니잖아요. 율법을 어겨가면서 말이지요. 그런데 어머니가 없어요. 또 성경에서는 아들이 둘밖에 없어서 이것이냐 저것이냐either-or의 선택밖에 할 수 없습니다. 착한 아들과 집 나간 아들뿐, 상속자와 상속 거부자 다음에 하나쯤 있어야 하는 제3의 인물이 나오지 않습니다. 하지만 소설에서는 아버지, 아들 1(형), 아들 2(탕자), 아들 3(막내동생), 어머니가 나옵니다. 여성을 포함시켰기 때문에 인간의 시점에서는 이쪽의 가족 구성이 더 현실에 가깝게 여겨집니다. 그리고 이들이 맡은 역할도 성경의 비유와 다르지요.

세 번째로, 이야기의 구성 방식이 다릅니다. 성경은 내러티브가 있는 우화parable로 썼어요. 스토리텔링storytelling이지요. 소설은 연극처럼 대화dialog와 묘사description를 사용합니다. 성경은 이야기의 순서에 따라 사건을 그리고 있지만, 이 소설에서는 내면 심리를 대부분 대화로 그려냅니다. 앙드레 지드는 소설에서 대화를 많이 쓰는 작가이지요. 감성이든 지적인 것이든 사건이든, 그냥 이야기하지 않고 대화로 풀어내는 것이 아주 리얼한 현장감을 줍니다.

성경의 비유와 달리 이 소설은 네 개의 대화로 구성되어 있습니다. 먼저 아버지와 탕자의 대화, 형과의 대화, 어머니와의 대화, 마지막으로 동생과의 대화, 이렇게 대화 1, 2, 3, 4로 이루어집니다. 아버지와 대화할 때, 형과 대화할 때, 어머니와 대화할 때, 그리고 과거의 자신과 같은 꿈을 꾸는 동생과 대화할 때, 주제는 똑같더라도 이 네 사람의 대화 내용이 다 다릅니다. 그리고 이것을 통해서, '아버지는 하나님을 이야기하는 것이구나, 어머니는 가톨릭의 마리아 같은 존재를 나타내는 것이구나, 형은 자신을 하나님의 대리자로 내세우던 교황, 종교 지도자를 가리키는 것이구나' 하고 짐작해볼 수 있습니다. 겉으로 분명하게 드러난 것은 아니지만, 그러한 것들에 대한 비판일 수 있다는 말이지요.

나는 아버지 곁을
떠나지 않았습니다

그럼 먼저 아버지와의 대화를 봅시다. 아버지는 아들을 기다리고 있었습니다. 기다렸다는 듯이 뛰어나와서 끌어안고 기뻐합니다. 집에 도착하기 전 아들이 머릿속으로 그리는 아버지와의 재회 장면에서 아버지가 하는 첫마디가 "애야, 어서 집에 들어가자!"입니다. 집이란 대체 무엇입니까? 이때 아버지가 집 나갔던 아들을 끌고 들어가려 했던 집이 어떤 의미를 갖는 것입니까? 아들이 떠나온 집, 돌아가려는 집은 어떤 집입니까? 탕자는 왜 집을 나갔고, 집을 나간 녀석이 왜 돌아왔습니까? 성경에는 그냥 유산을 탕진하고 배고파서 돌아온 것으로 되어 있거든요. 하지만 이유가 있습니다. 아무리 악한 사람

소설로 떠나는 영성순례

이라도 다 고민과 사연이 있는 법입니다.

"애야, 내 곁을 떠났던 이유가 뭐냐?"

아버지가 물어요. 너를 그렇게 사랑했는데, 왜 내 곁을 떠났니? 이건 하나님이 하시는 이야기와 같아요. 그러자 의외의 답변이 돌아옵니다.

"아버지, 제가 정말로 아버지 곁을 떠난 거라고 생각하세요? 아버지의 존재는 도처에 있지 않습니까? 저는 한 번도 아버지를 사랑하지 않은 적이 없습니다."

그러니까 이 아들은 집에 있는 아버지, 자신이 그 뒤를 이어 장차 상속자가 될 아버지를 떠나기는 했지만, 정말로 아버지를 떠나지는 않았다는 것입니다. 집에 있으나 집을 나가나 아버지의 영혼, 아버지의 사랑은 그대로이고, 아버지를 믿는 신앙에도 전혀 지장이 없습니다. 그러니까 〈탕자, 돌아오다〉는 반기독교 소설이 아니라는 것입니다. 그런데도 그런 아버지를 왜 떠나갔습니까? 아버지는 어디에나 있기 때문에 집이라는 제도, 울타리에 있는 아버지는 의미 없는 아버지입니다. 나는 광야에서도 아버지를 만나고 종살이할 때도 아버지를 만나는데, 그 아버지가 우리가 구하는 참된 아버지이지, 집에 아버지가 계시느냐는 것입니다. 교회당에 하나님이 계시느냐 이 말입니다.

여러 가지로 교회에 불만을 품고 교회를 떠난 사람에게 하나님이 묻습니다. "왜 떠났니?" "하나님 떠난 적 없어요. 어디 가든지 하나님이 계십니다. 미국에 가도 계시고요." "너는 교회를 떠났잖니." "그 집에만 아버지가 계세요?" 그럼 아버지도 할 말이 없는 거죠.

"애야, 내 곁을 떠났던 이유가 뭐냐?" 하고 묻는 아버지에게 아들은 떠난 적이 없다고 말합니다. 아버지 곁을 어떻게 떠납니까? 어디를 가도 아버지 생각하고, 광야에 갈수록 더 아버지가 실감나는데요. 형님도 있고, 머슴도 있고, 다른 여러 사람들이 있는 집에 계신 아버지 말고, 아버지와 나와의 직접적인 대결에서는 떠난 적이 없다는 것입니다. 실제로 소설에는 아버지에 대한 마음이 이렇게 표현되지요. "아버지의 존재는 도처에 있지 않습니까? 저는 한 번도 아버지를 사랑하지 않은 적이 없습니다." 이런 것을 잊어버리면 〈탕자, 돌아오다〉는 기독교를 반대한 소설로 보이기 쉽지만, 그 어떤 소설보다도 이 작품은 기독교적입니다.

즉, 아버지와 그 집은 다릅니다. 그 집은 아버지의 집이 아니라 형이 있는 곳이고, 언제나 그를 가두고 있는 곳입니다. 아버지가 계신 곳이 따로 있는 것이 아니지요. 그런데 사람들은 아버지를 가둬놓고, 형이 대변하는 아버지를 놓고, 그 집을 떠나서는 아버지가 존재하지도 않고, 그 집을 떠나서는 평화와 행복이 없다고 가르칩니다. 그런 사람들이 그 집에 있기 때문에, 숨 막혀서 도망간다는 것입니다.

학교를 자퇴하는 아이가 있다고 해봅시다. 학교를 나왔다고 그애가 학문을 싫어하겠어요? 학교 제도가 싫어서, 학교에서 가르치는 내용이 싫어서 학교를 나온 애는 깡패가 아니라는 말입니다. 진리가 학교 안에 있습니까? 미래의 내 지식이 학교 교과서에 있습니까? 이런 말 해서 안

됐지만, 나는 정말로 교과서에서 배운 게 없거든요. 교과서에는 참 이상한 이야기만 쓰여 있더란 말입니다. 그래서 밖에서 다른 책을 읽었어요. 그러면 부모님이나 선생님은 공부 안 한다고 걱정을 했습니다. 나는 시, 소설을 읽는데 말이지요. 교과서 읽는 것이 공부하는 것이고, 소설, 시 읽는 것은 공부가 아니라는 거예요. 요즘 뒤늦게 인문학이 중요하다, 인문학을 해야 한다고들 하지요. 예전에는 인문학 책 읽는다고 하면 내쫓겼습니다. 그러니까 이러한 교조주의, 형식주의, 다시 말해 틀에 박힌 이것만이 지식이다, 이것만이 하나님이다, 이것만이 진리다 하는 그 사람들이 우리를 숨 막히게 하는 거예요. 많은 가능성을 울타리에다 가둬 두니까요.

다시 이야기하지만 정말 아버지를 사랑하는 사람은 집을 나가도 아버지를 떠나는 것이 아닙니다. 집을 떠난 것뿐이에요. 즉, 아버지는 집이 아니란 말씀입니다. 아버지와 그 집은 다릅니다. 그것은 아버지의 집이 아니라 형이 있는 곳이고, 언제나 자신을 가두고 있습니다. 하나님은 안 가둬요. 그런데 형은 가두고 있거든요. 항상 형은 아버지의 상속자로서, 아버지와 동떨어진 것을 가지고 아버지의 이마고*imago*(형상), 권위를 팔고, 아버지 행세를 하고, 억압하고, 가족의 폭군이 됩니다. 다행히 폭군까지는 안 되더라도 그는 상속자인 까닭에 관심이 재물에만 쏠려 있습니다.

둘째 아들이 재산을 탕진했다는 말은 재산을 우습게 알았다는 이야기입니다. 물질적 재산이 나의 행복이 아니니까 내버린 거예요. 물질이 대단하다고 생각하면 그것을 노름해서 다 버리겠어요? 이까짓 것은 인생에서 아무것도 아니야, 그러니까 돈을 갖다 버린 거예요. 이런 것을 따져보면 돈을 물 쓰듯이 낭비하는 사람이 사실은 반反 물질주의자이고, 돈을 금고에 보관하고 적금 들고 하는 사람이 돈의 숭배자입니다. 이렇게 시점을 바꿔보면 참 우스워요. 돈을 막 뿌리고 다니는 사람을 낭비가라고 손가락질하지만, 실은 물질에서 벗어난 사람입니다. 이 소설에서도 나오지요. 내게 주어진 것만 없앴지, 남의 것을 없애지는 않았다고요. 둘째 아들은 그런 물질이 자신에게 행복을 주지 않기 때문에 다른 것을 얻기 위해서 재산을 내버렸다는 것입니다.

생을 사랑하는 사람만이
영생을 구할 수 있다

애야, 나는 너를 사랑했다. 그런데 넌 내 사랑을 벗어난 것이 아니냐. 넌 항상 내 곁에 있었다고 하는데, 결국 나의 사랑을 배신한 것 아니냐. 너는 집을 버렸다. 그럼 내가 너를 보호해줄 수 없지 않느냐. 아버지가 하는 이 말은 결국 하나님이 하시는 말입니다. 그때 아들은 회개하지요.

"저는 아버지의 황금을 쾌락으로 바꾸었습니다. 아버지의 교훈은 환상으로 바꾸었고, 제 순수함은 시로, 제 절제심은 욕망으로 바꾸었습니다."

탕자는 아버지의 재산을 가져다가 탕진했습니다. 그가 쾌락으로 바꾸었다는 아버지의 황금은 단순한 물질이 아니라 아버지의 권능이자 지혜

소설로 떠나는 영성순례

의 언어입니다. 육체를 가진 인간들, 특히 예술가들이 자주 취하는 이러한 삶의 태도를 '혜도니즘Hedonism', 쾌락주의라고 합니다. 하지만 이때의 쾌락이란 단순한 육체적·세속적 쾌락이 아니라, 정신의 기쁨을 포함해 인간이 누릴 수 있는 행복 전체를 포괄하는 말입니다.

이런 면에서 저는 교회가 사람을 우울하게 만들면 안 된다고 생각합니다. 장례식장처럼 만들면 안 된다는 것입니다. 하나님이 주신 생명을 긍정해야지요. 육체를 부정하고, 기도할 때도 울면서, "나는 죄인입니다. 이러저러한 잘못을 저질렀습니다" 하기만 하면 되겠습니까? 그렇게 어떻게 살아요. "하나님, 오늘은 너무나 즐거웠습니다. 태양이 떠오르는 것을 보고 큰 기쁨을 맛보았습니다. 햇빛에서 하나님의 장밋빛 손가락을 보았습니다. 꽃이 정말 아름다웠습니다. 이것을 창조해주신 하나님, 고맙습니다." 이런 사람이 오래 믿지, 눈물 흘려가면서 "오늘도 저는 죄를 지었습니다"만 되풀이하는 사람들은 얼마 가지 못합니다. 교회에서 목사님들이 회개하라고 하면, 죄 없는 사람들도 없는 죄를 생각하면서 가책을 받습니다.

이렇게 어떻게 삽니까? 얼마 오래 살지도 못하는데, 생을 정말 사랑하지 못한 사람이 어떻게 영생을 구할 수 있습니까? 생이 지겹고 죄스러운 사람이 또 무슨 생을 살아요? 생이 빛나고 아름답고, 하나님이 만드신 세상이 지극히 아름답기 때문에 더 살고 싶고 영생을 얻고 싶은 것이지, 요즘처럼 살래도 살기 싫을 정도로 고통스러운 삶을 부활해서 또 살아요? 그러니까 교회에서든 어디서든 생이 얼마나 멋지고 빛나는 것인지를 알려주어야 합니다. 사랑하는 데 미치도록 해야 합니다.

그 옛날 시라쿠사의 아르키메데스는 부력을 발견하고서 너무나 기쁜 나머지 한낮에 발가벗고 거리로 뛰어나갔잖아요. 요즘 과학 연구하는 사람 중에 누가 뭘 발견했다고 발가벗고 뛰어나갔다는 소리 들어보셨어요? 전부 가짜이기 때문입니다. 진짜 진리를 내 평생에 얻으면 남이 뭐라 해도 파자마 바람으로 달려나가게 되는 법입니다. 저는 그런 발견을 하지는 못해서 뛰어나가기까지 하진 않지만, 지금도 책을 읽다가 뭔가 강렬한 느낌이 오면 미친 사람처럼 밤 1시고 2시고 책장을 넘기면서 읽다가 악, 하고 소리를 질러요. 그게 없으면, 기독교도 못 믿고 문학도 못하고 예술도 못하는 거예요. 하루를 살아도 불꽃이 있어야 하고, 사랑이 있어야 합니다.

불붙은 딸기나무와
지상의 불꽃

"네 부모가 그 많은 덕목들을 네게 심어주느라 얼마나 애썼는지 아느냐?"

사실 이 대목이 참 아름답습니다. 아버지의 성품은 소박, 나이브naive 합니다. 하나님은 뭘 그렇게 복잡하게 따지는 분이 아닙니다. 그런 하나님이 넣어준 덕성은 아버지의 교훈을 환상으로 바꾸고 아버지의 황금을 쾌락으로 바꾸는 것이 아닙니다. 아버지의 것을 그냥 받으면 구제되는데, 너는 왜 그런 짓을 하느냐는 것입니다. 그러자 아들이 답합니다.

소설로 떠나는 영성순례

"보다 아름다운 불꽃 하나가 제 안에서 타올랐으니까요. 새로운 열기가 제게 불을 붙여준 것인지도 몰랐습니다."

새로운 정열이, 남들이 가지고 있지 않은 새로운 열정이 불타올랐습니다. 불꽃을 가진 것이지요. 진리이든, 사랑이든, 행복이든 가슴에 타오르는 또 하나의 불꽃이 있었고, 그것을 불태우고 싶었던 것입니다. 그러니까 아버지가 말합니다.

"성스러운 덤불숲에서 모세가 보았던 순수한 불꽃을 떠올려봐라. 이 불꽃은 밝게 빛났지만 그렇다고 불타버리진 않았다."

이게 바로 모세가 성스러운 산 호렙산에서 목격한 불타는 떨기나무, 버닝 부시burning bush 이야기입니다. 나무에 불이 붙었는데, 나무는 하나도 타지 않던 장면 말이지요. 그런데 인간들의 열정은 어떻습니까? 모든 것을 불태워서 파괴합니다. 사랑을 잘못하면 자기만 불행한 것이 아니라 주변에 있는 것을 몽땅 다 불태우지요. 그래서 불장난이라고 합니다. 열정이란 좋은 것이지만, 불태우는 거예요. 모세가 본 불타는 떨기나무처럼, 황홀하게 타오르지만 무엇 하나 파괴하지 않는 성스러운 불꽃. 열정이 그래야 한다는 말이지요. 그러면 아들은 아버지에게 뭐라고 대꾸합니까?

"저는 불타버리는 사랑을 해봤습니다."

도토리로 허기를 때우고 노예의 고통을 겪었지만, 그 체험은 절대로 집에서는 할 수 없는 것, 인간들의 진짜 불꽃이에요. 무엇인가를 태워버리고, 눈물 흘리고 가슴 찢어지게 하는 그런 사랑이지요. 성스러운 하늘나라에서 타오르는 불이 아니라, 지상의 불꽃입니다. '이 불꽃으로 인해 사랑하고, 깨지고, 넘어지는 것을 나는 체험했습니다. 타오르는 불꽃이 나는 필요합니다.' 이것이 인간의 소리죠. '하나님은 성스러운 불꽃을 보여주시려 하지만, 아직 하나님 마음도 모르고, 실낙원에서 쫓겨나온 죄인인 우리가 욕구하는 것은 그런 것이 아닙니다. 진짜 불꽃, 갖다 대면 타버리는 불꽃을 원하지, 활활 타는데도 아무것도 불태우지 않는 추상적인 불꽃, 이데아의 불꽃을 우리는 모릅니다.' 그런데 이건 대드는 게 아닙니다. '왜 넌 나의 집을 떠나갔느냐' 하는 물음에 대한 대답이자 고백이니, 가톨릭 식으로 말하면 고해성사라고 받아들이면 되겠습니다.

집

　　　　　　　　　　　좋은 옷을 가져다 입히는 이야기는 아까 했으니, '주住'에 대해 좀 더 생각해보겠습니다. 아버지가 생각하는 집의 의미와 둘째 아들이 생각하는 집의 의미가 다릅니다.

"예전에 너는 이 집에 갇혀 지내는 것 같다 했지. 이 집은 너를 위해 지어진 것이었고, 그 안에서 네 영혼이 안식처를 찾을 수 있도록 만들어진 것이었다."

영혼의 집입니다. 교회도 그런 집의 하나지요.

"너는 이 집에 어울리는 화려한 장식과 편안함을 누리고 일거리도 찾을 수
있어."

너는 독립할 수 있다. 남의 노예가 아니라 그 집 주인이 될 수 있다는
말입니다.

"이를 위해 여러 세대의 사람들이 노력해왔다. 그런데 이 집안의 상속자인
너는 도대체 왜 이 집에서 도망쳤던 게냐?"

그 집은 여러 세대에 걸쳐 쌓아올린 것입니다. 그런데 그 모두를 물려
받을 상속자인 너는 왜 그 집에서 도망쳤느냐, 하는 아버지의 물음에 아
들은 자신이 아버지에게서 도망치지 않았다고 답합니다. 그러면 아버지
는 아니다, 너는 내가 지어준 집에서 도망친 것이다, 왜 도망쳤느냐, 하
고 되묻지요. 욥과 하나님이 토론하는 장면과 비슷합니다. 아버지에게
대드는 게 아니라, 물으니까 답변하는 거예요.
그런데 탕자가 생각하는 집의 의미는 다릅니다.

"그 집안에 갇혀 지내는 것 같았으니까요. 집이 곧 아버지인 건 아니에요."

놀라운 얘기이지요. 아버지의 집 같으면 자신도 거기서 살았을 테지

만, 아버지가 지어주셨다는 그 집이 아버지는 아니라는 것입니다.

"이 집을 지은 건 나였고, 집은 널 위해 지어진 것이었다."

내가 창조주다. 네가 사는 이 우주는 내가 만든 것이다. 그런데 그게 내 집이 아니라는 게 무슨 소리냐는 말이지요. 이에 아들이 답합니다.

"그건 아버지가 아닌 형에게서 들은 얘기네요."

신학자에게, 목사님에게서 들었지, 하나님이 그런 이야기를 하신 적이 없다는 것입니다. 나를 위해서 집을 지어준 것이라고 언제 아버지가 직접 말한 적이 있는가. 그들은 다 왜곡해서 내게 전해주었는데, 그 사람들 얘기를 들어보면 그런 것이 아니더라는 말입니다.

"아버지께서는 이 땅의 모든 걸 만드셨습니다. 집도, 그리고 집이 아닌 것도 구축해놓으셨지요."

놀랍게도 아들은 아버지가 창조주임을 인정합니다.

"하지만 집을 지어 올린 건 아버지가 아닌 다른 사람이었습니다. 아버지 이름으로 지어졌지만, 아버지 이외의 다른 사람이 지어 올린 것이었죠."

인간이 관념적으로 만든 교회, 성당, 모두가 인간이 만든 집이지 하나님이 직접 만드신 천지창조 때의 자연이 아니다. 그런데 이것을 자꾸 사람들이 하나님의 집이라고 한다는 것입니다. 비록 등기서류는 아버지의 이름으로 되어 있을지언정, 아버지가 지은 집이 아니라는 거예요. 이게 그 당시 유럽의 강력한 종교 제도를 비판하는 말입니다. 종교를 부정한 게 아니에요. 형들이 자기네들이 만들어낸 집을 가리키면서 아버지 집이라고 하니까, 아니다 하고 뛰쳐나온 것입니다. 정말 아버지를 만나기를 갈구해서 집을 나간 것입니다.

우리에게 참으로 절실한 이야기입니다. 제가 예전에 니체처럼 하나님을 잘 믿은 사람이 없다고 했는데, 앙드레 지드처럼 하나님을 추구한 사람이 없어요. 《배덕자》(1902), 《좁은 문》(1909)에 잘 나타나 있지만, 지드는 평생을 그렇게 했습니다.

"사람에게는 누구나 지붕 아래 머리를 누일 공간이 필요하다. 너는 참 교만하구나! 정말로 이런 공간 없이 사람이 바람 부는 바깥에서 잠을 잘 수 있다고 생각하는 게냐?"

아버지가 하는 말이에요. "참 교만하구나!" 교만의 문제가 나옵니다. 인간이 휴머니즘에 빠지면 그리스 신화의 프로메테우스처럼 교만해져요. 자기 능력을 믿지 하나님의 능력은 믿지 않습니다. 기독교에서 제일 싫어하는 게 인간의 교만human pride입니다. 지성인들, 뭘 좀 아는 사람들, 머리에 먹물 든 사람들은 교만하거든요. 사실 저도 이 말만 나오면

뜨끔해요. '어이쿠, 내가 예수 믿는다고 하면서 여전히 인간의 교만을 못 버리고 있구나. 쥐꼬리만 한 이것을 대단한 것으로 알고 매달려 있구나.' 앙드레 지드도 그것을 알았기 때문에, 탕자는 "저는 한 번도 아버지 곁을 떠나지 않았습니다" 하고 고백하고, 무릎 꿇고 아버지께 꾸중을 듣습니다. 나의 보호와 사랑 없이, 이 현실 속에서 살아갈 수 있느냐, 과연 네 힘으로 살아갈 수 있느냐고 말이지요. 하지만 아들은 교만을 못 버리고 답합니다.

"이게 그렇게 교만한 일인가요? 저보다 더 가난한 사람들은 바깥에서도 자는걸요."

놀라운 얘기입니다. '하나님의 은총 없이 벌판에서 자는 가난한 사람들이 얼마나 많은데요. 그래도 그 사람들은 살아가고 있어요. 나처럼 도토리 먹으면서 살고 있어요. 그게 자기 편안한 집보다 좋다는 사람들이 있어요. 아버지, 그걸 좀 알아주세요.' 이 이야기거든요.

집에 반대되는 것이 광야입니다. 벌판, 들판. 예수님이 어디 가서 기도하셨습니까? 도시 한복판에서? 궁전에서? 아닙니다. 사람이 살지 않는 광야, 집이 아닌 광야에서 하나님과 직접 대화하셨지요. 하나님이 계신다는 성전에 들어가서 하신 게 아니고, 귀신과 악마, 전갈이 있는 광야, 인간이 살 수 없는 그곳에서 하나님을 만나시잖아요. 굶주리시면서요. 그러니까 하나님을 찾아 하나님의 집을 떠난다는 점에서 보면 예수님이야말로 탕자라고, 탕자는 꼬마 예수라고 할 수 있어요. 이런 점을 이해해야 오늘의 목회자나 교회가 거듭날 수 있습니다. 진짜 하나님이 지으신 집이어야지, 등기만 했다고 하나님이 지은 집이겠습니까?

먹을 것

주住가 나왔으니 이제 식食이 있어야 지요.

"내가 너에게 가르쳐주려 하는 사랑은 갈증을 풀어주는 사랑이다."

기독교가 나온 것은 사막지대에서입니다. 끝없는 갈증의 사막이 있어요. 구약성서의 시편에 나오는 그대로, 사슴이 시냇물을 찾기에 갈급한 곳입니다.

"그래, 어느 정도 시간이 흐른 후에, 네게는 무엇이 남았더냐?"

아버지의 사랑이죠. '너는 내 은총을 모르고, 내 사랑에서 벗어나려 했다. 내가 너한테 준 것은 갈증을 식혀주는, 물처럼 적셔주는 사랑이었어. 그런 사랑 없이 너는 무엇을 얻었느냐?' 그러니까 이렇게 고백해요.

"밤에 한기가 느껴지면 이 집에 있는 제 안락한 침대가 떠올랐습니다. 끼니를 거르게 됐을 때에는 이 집에 언제나 음식들이 넘쳐나서 배가 고플 틈이 없었던 게 생각났고요. 그래서 결국 굴복하고 만 거였죠. 좀 더 오래 버티려면 더 용감해져야겠더군요. 힘도 더 키우고, 그래야…."

그러니까 아버지가 조금 화를 내면서 "그럼 어제 먹었던 살찐 송아지는 무척 맛있었겠구나" 이렇게 얘기해요. 그러자 탕자가 바닥에 쓰러졌습니다. '네가 그토록 지쳐서 어쩔 수 없이 집에 돌아왔는데, 아비가 송아지를 잡아주니, 오때 참 맛있었지?' 하는 물음에 너무나 미안해서 방바닥에 쓰러졌습니다. 그리고 얼굴을 바닥에 대고 흐느껴 울며 말합니다.

"아버지, 밖에서 도토리를 주워 먹곤 하던 야생의 입맛이 뭘 먹어도 계속 입에 남아 있었습니다. 그 무엇으로도 이 맛을 지울 수가 없었어요."

놀라운 이야기잖아요. 아버지가 주는 은총의 사랑도, 목마름의 사랑도 다 경험했습니다. 아버지 사랑의 고마움을 잘 알지만, 집을 떠나 먹은 야생의 도토리, 인간이 가꾸지 않은 야생의 도토리 맛이 그렇게 쓰고 싫었는데도 송아지를 먹으면서도 도토리 생각이 났다는 거예요. 눈물겨운 이야기입니다. 혹시 자녀 중에 이렇게 속 썩이는 아이가 있다면 이 구절을 생각해보세요. '어머니, 어머니가 주시는 음식이 맛있고 좋은 것을 왜 모르겠습니까. 그런데, 그 음식 먹을 때마다 저기 뒷골목에서 사 먹던 호떡 같은 게 생각납니다. 이거만 한 게 없어요.' (웃음) 그럼 어머니가 바보 같은 소리 말라고 하겠지요? 여기서도 이 이야기를 듣고 아버지가 처음으로 "한심한 녀석 같으니…" 하고 소리를 지릅니다.

이게 바로, 스티브 잡스가 'Stay hungry', '계속 배고파라' 하고 말하는 까닭입니다. '너, 배부르면 죽어. 아버지의 은총을 받아 집에 들어가서 편안한 침대에서 지내면 넌 끝나는 거야. 죽는 거야. 계속 배고파야 해. 광야에서 도토리 구하러 다녀야 해. 그것도 우리가 재배한 거 말고, 야생 도토리 말이야. 짐승들이나 먹는 야생 도토리. 그게 진짜 음식이야.' 잡스가 이어서 뭐라고 합니까? 'Stay foolish', '계속 어리석어라' 라고 하지요. 여기서도 그렇습니다. 아들은 계속 어리석은 말을 합니다. 아버지가 기가 막혀서 "한심한 녀석 같으니…" 하고 소리를 지를 정도로요. 그러고는 내가 너무 심한 말을 했구나 싶어서 아들을 용서하고 일으켜 세워주지요.

"아무것도 없이 텅 빈 상태가 된 제 마음이 서서히 사랑으로 차올랐다고요. 제 전 재산을 바쳐서 저는 열정을 사들였습니다."

내 마음이 텅 비었기 때문에 아버지의 사랑이 내게로 들어왔지, 맛있는 음식을 먹고 할 때는 아버지 사랑이 들어올 여지가 없습니다. 도토리처럼 거친 음식을 먹어야 송아지 맛을 아는 거예요. 그러니까 도토리 맛 이상 가는 게 없습니다. 도토리 맛을 알아야 송아지 맛을 아니까 송아지 맛은 도토리 맛, 바로 야생의 도토리 맛이지요.

아버지에게 복종하는 사람은
형에게 반항한다

그러면 형과는 무슨 대화를 했을까요? 아버지에게는 복종했어요. 무릎을 꿇고, 부끄러워서 한 팔로는 얼굴을 가리고 한 손은 치켜들면서 말했습니다. "아버지! 제가 하늘에도, 그리고 아버지께도 중죄를 지었습니다. 저는 이제 아버지께 아들이라 불릴 자격조차 없는 놈이에요. 다만 저를 하인 중 한 명으로 받아들여주시면 안 되겠습니까?" 그랬던 사람이 형과의 대화는 180도 달라져요. 아버지에 대한 복종은 형에 대한 반항으로 나타나는 것입니다. 아버지에게 복종할 줄 아는 사람은 반드시 형에 대해서 반항한다는 거예요. 이래서 순교자가 생기고, 마르틴 루터 같은 교회 개혁자들이 나타나는 것입니다.

탕자는 일단 짐짓 건방져 보이려 애를 썼다.

아버지 앞에서는 경건하게 눈물을 흘리는데, 형에게는 대듭니다.

"형님, 우리는 거의 닮은 데가 없는 것 같아요. 형님하고 나는 정말 달라요."

어떻게 형제인데 당신과 나는 이렇게 다른가, 당신과 나는 전혀 비슷한 데가 없다면서 타자로 모는 거예요. 혈육인 걸 끊는 것입니다.

소설로 떠나는 영성순례

그러자 형이 말했다.

"그야 네 잘못이지."

사랑이 없기 때문에, 형이 보기에 모든 잘못은 동생에게 있습니다. 아버지는 그러지 않았지요. 그런데 형은 그와 달리 동생의 죄를 감싸주고 끌어안는 포용력이 전혀 없습니다. 이 사람이 아는 건 규범과 오만뿐이에요. 오히려 죄를 물으면서 이렇게 말하지요.

"나야 늘 반듯하니까. 질서에서 어긋나는 건 전부 다 오만함의 소치이자 그 씨앗이란다."

너는 오만하다. 왜 규범 안에서 살지 않느냐? 규범을 벗어난 놈은 전부 오만한 인간이고, 하나님의 율법이나 은총에서 벗어난 존재야. 이렇게 이야기하는 것입니다. 그러니까 동생이 뭐라고 답변합니까?

"형님이 있으라는 이 집에서는 나 자신이 온전한 나로 존재할 수 없었어요. 저도 모르게 저는 다른 땅, 다른 문화를 꿈꿨고, 한껏 뛰어다닐 수 있는 길, 아직 뚫리지 않은 그런 길에 가보고 싶었습니다. 앞으로 쭉 뻗어가는 듯한 새로운 나 자신을 상상했지요. 그래서 집을 나갔던 것이고요."

자신도 모르는 어떤 땅, 형님이 있는 땅과는 다른 땅을 그리고 있었다고 합니다. 규범의 땅이 아닙니다. 규범을 벗어난 땅입니다. 혹은 때 묻은 인간들이 죄를 짓는 곳, 아니, 인간이 길들이지 않은 곳, 인간들이 살지 않는 곳을 꿈꿨는지 모릅니다. 집과는 또 다른 세계에 가고 싶다는 것이지요. 오늘날에도 정치, 경제는 물론 종교에서 문제가 되는 것은 아버지가 아니라 형들입니다. 빅브라더, 상속자가 아버지 행세를 하는 형들의 시스템 말이지요. 그리고 아벨처럼 죽임당할 것을 무릅쓰고서 여기에 저항하는 아우들은 본래의 아버지 집의 의미를 되찾기 위해 집을 뛰쳐나와 많은 시련과 고통을 당합니다. 야생의 지독히 신 석류를 먹는 것이지요. 이 이야기의 결말에서는 돌아온 탕자를 대신해 그의 아우가 집을 나갑니다. 패배해 돌아와 형처럼 살아야 하는 탕자에게 이제 유일한 희망은 아우의 출발입니다. 조지 오웰이 《1984년》에서 묘사한, 빅브라더에 대한 윈스턴 스미스의 저항과 그 좌절의 원형을 우리는 여기서 다시 발견할 수 있습니다.

어머니
|

"어머니, 저는 더없이 작아진 마음으로 겸허하게 돌아왔어요. 보세요, 이 렇게 어머니 심장보다 낮은 곳에 제 머리를 조아리고 있잖아요."

다음에는 어머니와의 대화입니다. 형에게는 대들었지만 어머니 앞에서는 깊이 고개를 숙입니다. 경건한 권위가 아니라 어머니의 정에 대해 고개를 숙이는 것이지요. 조금 전까지는 얼마나 오만했습니까. 하지만

"어머니, 저는 더없이 작아진 마음으로 겸허하게 돌아왔어요"라고 말합니다. 어머니께 대들거나 맞서지 않습니다. 맹목적으로 어머니가 좋은 것이지요. 하지만 아버지 앞에서처럼 무릎을 꿇은 것은 아닙니다. 고개를 숙이고 있을 따름입니다. 그러고는 말합니다.

"이렇게 어머니 곁에 있으니 제가 왜 집을 떠났었는지 그 이유조차 가물가물하네요."

여기는 이론도, 다른 무엇도 필요하지 않습니다. 그대로 승복하는 것입니다. 아버지에게는 그래도 따졌는데, 어머니한테는 일절 다른 이야기를 하지 않습니다. 어머니가 말해요. "그래, 밤에 잠자리도 시원찮았을 거고, 먹는 것도 제대로 못 먹었지?" 한국 어머니하고 똑같죠. 어머니는 이래요. 무슨 진리나 이성, 율법을 따지지 않습니다. 그저 자기 자식이 고생하는 게 안타까울 따름입니다. 아버지는 로고스, 이성으로 얘기하는데, 어머니는 파토스, 정감으로 받아들이는 것이지요.

"한낮의 뜨거운 태양이라든가, 한밤중의 차가운 바람, 황야에 휘몰아치는 모래, 두 발을 피로 물들였던 가시덤불 같은 건 그래도 제 발길을 붙잡진 않았어요. 그보다도 힘들었던 건… 남의 집 종살이를 했던 거죠. 이건 형에게는 말하지 않았네요."

오기가 있고, 겸허하지 않았기 때문에 형 앞에서는 창피해서 말하지 못했던 것을, 어머니한테는 실토합니다. 고해성사를 하는 것이지요. 그리고 돼지 칠 때 주인에게 받은 모멸을 이야기해요. 아버지에 대한 복종과 어머니에 대한 복종의 차이입니다.

"이제 어떻게 할 계획이냐?"
"아까 말씀드렸다시피 형이랑 비슷해지려는 노력을 좀 해야 될 것 같아요."

형이 싫지만, 어머니를 위해서 형과의 관계도 회복하겠다는 것입니다. 게다가 "우리 집 재산 관리도 좀 하고, 형처럼 아내도 맞아들여야겠죠"라고까지 해요. 속물이 되어 형님처럼 살겠다는 것이죠. 그게 어머니의 힘이에요. 머리로 따지는 것이 아닌 감성의 힘.
그러자 어머니가 무척 좋아하죠.

"그런 말을 하는 걸 보니 누구 마음에 둔 사람이라도 있는가 보구나."

형처럼 아내를 맞이하겠다고 하니, 비로소 철이 좀 들었다고 여깁니다. 역시 어머니니까 진리니 뭐니 하는 것을 찾기보다는 결혼해서 애 낳고 행복한 가정을 꾸리기를 바라는 것이지요.

"아니에요. 어머니께서 골라주시는 사람이라면 누구라도 다 좋을 것 같아요. 형한테 하셨던 것처럼 해주세요. … 어머니 뜻에 따르겠어요."

앞에서는 자신의 주체적 선택, 불타는 정열을 찾던 아들이 어머니 앞에서는 이렇게 순수할 수가 없어요. "형한테 하셨던 것처럼 해주세요." 그 싫은 형님처럼 되겠다는 거예요. "어머니 뜻에 따르겠어요." 무조건적 사랑이에요. 아버지와는 그렇지 않았는데, 어머니한테는 무조건입니다.

종교에는 모성원리와 부성원리가 있는데, 심판하고 정의를 부르짖고 율법을 이야기하는 논리의 하나님이 부성원리를 나타낸다면, 가톨릭의 마리아 숭배나 그리스의 여신 사상은 모성원리를 보여줍니다. 어머니는 잉태하고 생명을 주고 끌어안는 존재입니다. 예수님이 돌아가실 때 어머니 마리아가 자기 제자와 함께 서 있는 것을 보고 "여자여 보소서 아들이니이다"(요 19:26) 하고 말씀하시지요. 벌써 예수님은 제한된 가족애를 넘어선 분이잖아요. '여기 있는 게 다 당신 아들입니다. 그런데 다른 아들들 죽을 때 울지 않고 내가 죽을 때 와서 울면 되겠습니까. 당신은 세계의 어머니입니다', 이런 의미입니다. 제자에게는 "보라, 네 어머니라" 하셨습니다. 이분이 그들의 어머니, 세계의 어머니라는 말씀입니다.

이처럼 가족을 넘어선 예수님의 생각과 비교해보면, 탕자와 어머니는 아직 좁은 가족주의 테두리 안에 있음을 알 수 있습니다. 규수 있느냐는 어머니의 물음에 어머니 하시는 대로 따르겠다고 대답하는 것을 보면, 앞에서와는 달리 예수님과 사뭇 다르지요. 역시 인간의 약점을 그대로 가지고 있습니다.

돼지 도토리, 그리고 야생 석류의 맛

　이제 마지막 결론입니다. 동생과의 대화에서 기절초풍할 이야기가 나와요. 돼지 도토리, 그리고 야생 석류의 맛.

　형이 동생 방에 들어갔는데, 동생은 쳐다보지도 않아요. 이야기 좀 하자고 해도, 피곤하니 가라고 하는 겁니다. 왜 토라진 것인지 물어도 말하기 싫어합니다. 그런 동생을 달래가며 고민을 들어보려는 것이지요. 실은 어머니가 동생이 좀 이상하다, 집을 나갈 때의 너와 같은 행동을 하니 좀 타일러보라고 해서 갔던 것이거든요. 그랬더니 동생은, 나도 언젠가는 형님처럼 집을 나가고 싶었는데 그렇게 돌아오면 나는 어떻게 사느냐, 나는 형님이 집 바깥의 다른 세계에서 뭔가 구한 줄 알았다, 형님이 누더기 옷을 입고 돌아왔을 때 얼마나 형님을 존경한 줄 아느냐, 그렇지만 아버지가 내준 비단 옷을 입는 순간부터 형님을 다시 보게 되었다, 하면서 형에게 욕을 늘어놓는 것입니다. 그리고 형은 이런 동생의 마음을 알고, 다 받아줍니다. 그중 클라이맥스 장면을 하나만 살펴봅시다.

　탕자의 동생도 탕자처럼 집 바깥에 있는 이들을 향한 강렬한 선망을 갖고 있었습니다. 돼지 치는 사람은 더럽고 천한 소외된 사람들입니다. 그런데 동생은 몸에서 고약한 돼지 냄새가 나는 건 아랑곳하지 않고 밤낮 돼지 치는 데 가서 지내요. 돼지치기들은 여기저기 돌아다니니까 바깥세상을 잘 알지요. 어느 마을에 갔더니 어느 색시가 어떻더라 하는 이야기도 하고요. 그러니까 동생은 하인들이 있는 집은 놔두고 며칠씩 돼지 치는 데 가 있는 것입니다.

"벌어진 석류 하나가 보이네."
"어제 저녁 돼지치기가 내게 가져다준 거죠. 사흘 동안 모습을 보이지 않더니 저걸 내게 가져다주고 가더라고요."
"야생 석류구나."
"이 석류가 견디기 힘들 만큼 시다는 건 나도 알아요. 하지만 정말 미친 듯이 갈증이 나면 나도 이 석류를 베어 물고 말 거예요."

기가 막힌 이야기입니다. 자기 집엔 과수원이 있는데, 돼지치기들이 준 야생 석류 이야기를 합니다. 도토리와 비슷한 것이지요. 집에 있는 잘 가꾸어진 정원의 열매에는 관심이 없고, 이 아우는 돼지치기들이 어디서 가져왔다는 맛대가리 없는 야생 석류를 책상 위에다 놓고 생각합니다. '지금은 시지만 목마를 때 먹으면 얼마나 맛있을까.' 앞에서 형이 돼지 도토리 맛이 최고라고 했던 것처럼, 석류 역시 상징적인 것입니다. 형이 말하지요.

"그래, 이제 생각났어! 황야에서 내가 찾아 헤맸던 건 바로 그 갈증이었어."

처음으로 자기와 통하는 녀석이 나온 거예요. '시디신 야생의 석류조차 달게 느껴지는 그런 지독한 갈증을 나는 찾고 있었다. 우리가 사는 이 세상의 삶이란 이 갈증 때문에 사는 거야. 나는 이것 때문에 집을 나갔지. 이게 없어지면 살아 있는 게 아니다.' 형제의 이런 대화를 보면 정말 감동스럽지 않습니까? 그러자 동생이 이야기합니다. 형은 실패해서 돌아왔지만, 나는 이제 이 집 나가겠으니 말리지 말라고요. 나는 신발도 벗지 않고 있다, 새벽에 떠나겠다는 것입니다. 그러니 형이 말하지요. '그래, 가려면 식구들이 깨지 않게 조용히 가거라, 내가 도와주마.' 그러고는 이렇게 등불을 들고서는 동생을 배웅합니다. '나는 실패해서 돌아왔지만, 너는 네가 찾는 것을 찾아야 한다. 형이 해줄 수 있는 것은 이거야' 하면서 등불로 발밑을 밝혀주지요. 그러면서 소설은 이렇게 끝납니다. "현관 앞 계단 조심하고….'

그러니까 탕자는 아버지와의 대화, 형과의 대화, 어머니와의 대화에서 하지 못한 마지막 말을 아우를 보며 발견하고 당부하는 것입니다. '나는 실패했다. 너 역시 실패하고 돌아올지 모른다. 그러나 너의 동생이 있고, 또 그 동생의 동생이 나올 것이다. 우리 형님 같은 유산상속자가 아니라, 집을 나가는 상속자들이 계속 나올 것이다. 앞으로 끝까지 가보자. 또 다른 세계의 말라비틀어진 야생 석류 맛을 아는 인간들, 그 갈증을 통해 이게 삶이다, 이게 살아 있는 거야, 하고 외치는 그런 인간들이 나올 것이다. 그걸 위해서 나는 무릎을 깨뜨렸지만, 너도 떠나거라. 비록 나처럼 지쳐서 돌아올지라도. 그러면 또 다른 동생이 어느 날 새벽에 썩은 석류, 야생 석류를 가지고 집을 뛰쳐나갈 것이다.' 그들이 찾는 것이야말로, 야생의 석류 맛이라는 것이지요. 문화와 문명에 찌들고 비료 먹고 농약 맞으며 자란, 인간의 입맛에 좋은 것들이 아니라, 들판에서 모래바람을 맞고 추운 겨울을 견디며 버틴 석류 맛이 우리 삶의 맛이다. 아무도 보아주지 않는 곳에서 버틴 살아 있는 석류, 맛대가리 없는 석류의 맛이 진짜 우리 삶의 맛이다. 우린 길들여져 있다. 여긴 온실이다. 이걸 행복이라고 부르지 마라. 이걸 번영이라고 부르지 마라. 도망쳐라. 이 집은 하나님의 집이 아니다. 하나님은 광야에 있고, 야생의 석류 맛 속에 있다. 깨진 너의 무릎 속에서 너는 하나님의 사랑을 비로소 알게 될 것이다. 그래서 이야기가 이렇게 끝맺는 것입니다.

껍데기로는 구원받지 못한다

우리가 열 길 물속은 알아도 한 길 사람 속은 모릅니다. 여태까지 우리가 발전시켜온 문화의 논리는 열 길 물속을 재는 것입니다. 수학으로 다 잴 수 있지요. 하지만 한 길 사람 속은 잴 수 없습니다. 하나님도 몰라요. 하나님은 소박해요. 사람의 변덕스런 마음, 울면서 웃는 복잡한 마음은 하나님도 몰라요. 이게 원죄를 짊어진 우리들입니다. 어쩔 수 없이 이게 인간인 것입니다. 이 사람 속을 알아야 구원을 받습니다. 사람이 뭔지 모르는데 어떻게 구원을 받습니까? 예수님이 구원하러 오셔서 우리더러 일어나라고 하실 때, 껍데기를 가지고 되겠어요? 내가 상처 입고, 피투성이가 된 그때 하나님이 손 내미시면 구원받는 것이지, 아파보지도 못하고 푹신한 침대에서 부모가 만들어주는 좋은 옷 입고 살진 송아지나 먹는 사람, 도토리의 맛, 야생의 석류 맛이 뭔지도 모르는 상속자로서의 나는 구원받지 못합니다. 그것은 형님이 만든 집이지 진짜 하나님이 만든 집이 아닙니다.

그런데 저는 야생의 석류 맛을 보고 다음과 같은 의문을 품게 되었습니다. 뉴턴에게 묻고 싶었어요. '사과가 떨어지는 것을 보고 당신은 중력의 법칙을 발견하고 그것으로 우주를 설명하려고 했다. 하지만 그 높은 가지에 사과가 매달려 있게 한 생명의 힘에 대해서는 아무런 설명도 하지 못했다.' 오늘날의 지성인, 과학자들은 자연을 물리법칙으로 설명합니다. 죽었든 살았든 상관없이 중력의 법칙을 따라 숫자로 계산할 수 있는 것을 우주라고 말합니다. 하지만 대체 이 작은 싹들이 무엇이기에 허공을 향해 올라가서 저 높은 가지에 태양처럼 둥글고 빨갛게 익어가는 사과를 맺는 것일까요? 뉴턴은, 아인슈타인은 설명해보라 이것입니다. 빅뱅은 설명할 수 있습니다. 그러나 어떻게 그 씨앗 하나가 떨어져 싹을 틔우고, 중력을 거슬러 하늘을 향해 자라는지는 설명하지 못합니다.

시몬 베유의 말처럼 이 세상을 지배하는 것은 중력이지만, 하나님의 은총은 햇빛처럼 우리를 위로 끌어올립니다. 끝없이 가벼운 것으로 만들어서 말이지요. 우리는 중력 속에서 살고 있습니다. 이것을 현실이라고 부르고, 정치라고 부르고, 법이라고 부르고, 문명이라고 부르는데, 이것이 없으면 우리는 죽지요. 하지만 또 하나의 빛이 있어요. 그 빛은 하나님의 은총입니다. 작은 씨앗을 하늘로 끌어올리는 것처럼, 하나님의 은총이 우리를 끌어올립니다. 우리는 아래로 떨어지는 돌멩이가 아니라, 하나님의 은총 속에서 가장 높은 나뭇가지에서 익어가는 야생 석류입니다. 그것이 하나님의 은총입니다.

소설로 떠나는 영성순례

앙드레 지드는 많은 사람들이 멋도 모르고 '할렐루야', '아멘'을 외칠 때, 그 시디신 야생의 석류 맛을 안 시인이고 소설가였습니다. 예수님은 비유를 통해서 탕자를 너그러이 받아주시는 아버지와 같은 하나님의 사랑을 알려주셨습니다. 하지만 끝없이 집을 나가고 뛰쳐나갔던 탕자의 아픔은 말씀하지 않으셨습니다. 탕자의 이 처절한 슬픔을 우리는 소설가가 있기에, 앙드레 지드가 있기에 지금 같이 나눌 수 있었습니다. 이것이 바로 신학이 아니라 문학이, 목사님이 아니라 문학 하는 사람이 줄 수 있는 것이겠지요.

보통 때는 도저히 먹을 수 없는 야생의 석류가 그 광야의 갈증 속에서는 어떤 사과, 어떤 송아지 고기보다도 맛있습니다. 그것이 인간입니다. 집을 뛰쳐나갈 때 만나는 광야 어디엔가 있는 야생의 석류, 중력의 법칙을 거슬러 생명력으로 뻗어가는 나무에 열린, 뉴턴도 모르는 어느 작은 열매 속에서 우리는 인생의 맛을 발견합니다. 이것이 바로 〈탕자, 돌아오다〉의 이야기입니다.

지드
탕자, 돌아오다

앙드레 지드는 1869년 파리 대학 법학부 교수인 폴 지드와 부유한 부르주아 가문 출신인 쥘리에트 롱도의 첫째 아들로 태어났다. 친가는 이탈리아에서 프랑스로 이주해 개신교로 개종한 가문이었고, 외가 역시 개신교 집안이었다. 열한 살 되던 해 아버지가 사망하고 나자 지드는 어머니와 이모, 외사촌 누이 등 여성들에게 둘러싸여 무거운 청교도적 분위기 속에서 자랐다. 이때의 경험으로 인해 용서의 기쁨보다는 죄의식이 근원적 정서로 자리 잡았다. 정서적으로 예민하고 신체적으로도 허약한 소년이었던 그는 규칙적인 학교생활을 견디지 못하고 학업을 중단, 열아홉 살 때부터 창작을 시작하여 1891년 자전적 소설인 〈앙드레 발테르의 수기〉로 등단했다. 2년 뒤 북아프리카를 여행하던 중에 결핵에 걸려 심하게 앓다 회복되고 동성애를 경험하는데, 이 일들은 그에게 인생의 희열과 관능성을 깨닫는 일대 계기가 된다. 그리하여 지드는 과거 자신을 구속했던 억압적 도덕주의로부터 벗어나 인간의 자유와 욕망을 긍정하는 도덕을 건설하는 일을 이후 평생의 문학적 과제로 삼는다. 종교와 윤리의 이름으로 인간을 억압하는 것은 신의 뜻이 아니며, 인간 자신이 부과한 계율일 뿐이라는 생각에서였다. 지드는 기존의 교회를 비판하는 작품을 연이어 발표하면서 교회와 불화했고, 급기야 1952년 로마 가톨릭 교회는 그의 작품 전부를 금서로 지정한다.

잘 알려진 것처럼 지드는 20세기 전반기 프랑스 문단을 대표하는 작가로 활약했고, 1947년 노벨 문학상을 수상했다. 1951년 폐 충혈로 사망할 때까지 《좁은 문》, 《전원 교향악》, 《배덕자》, 《교황청의 지하도》, 《지폐 위조범들》과 같은 소설 외에도 수많은 시와

희곡을 발표했다.

〈탕자, 돌아오다〉는 38세의 지드가 2주가 채 안 되는 시간에 완성한 단편 소설이다. 우리말 번역으로 원고지 100여 매에 불과하지만, 그 안에 담긴 메시지는 결코 만만치 않다. 신약성서의 누가복음 15장에 기록된 탕자의 비유를 각색한 이 소설은 굶주림을 못 이겨 집에 돌아온 탕자의 입장에서 이야기를 서술한다. 탕자가 아버지, 형, 어머니, 남동생과 나누는 대화를 통해, 형으로 상징되는 종교의 억압에 대한 비판, 그리고 안온하지만 삶의 기쁨을 느낄 수 없는 집을 떠나 자유와 행복을 찾아 황야로 나서는 '출발의 사상'을 그려냈다.

4

레미제라블

Victor Hugo

I

혁명이냐 사랑이냐

Les Misérables

이 시간에는 남들이 다 아는 이야기, 인터넷을 찾아보면 나오는 이야기를 하려는 것이 아니고, 뭔가를 가르치거나 당위성을 이야기하려는 것도 아닙니다. 저는 일종의 추임새를 넣으려는 것이지요. 제 이야기를 들으시면 '아, 저렇게도 생각할 수 있구나', 또는 '저런 이야기를 들으니 내 생각이 옳았던 것 같다' 하는 생각이 드실 거예요.

여기서는 《레미제라블》(1862)에 대해서 제 개인적 체험을 들려드리고, 우리는 무엇을 읽을 수 있는가를 이야기하려고 합니다. 본격적인 문학 강의를 하려는 것은 아닙니다. 다만 여러 가지 의미를 찾아보면 참 재미있다는 것을 보여드리고 싶어요. 물론 그 재미라는 것은 뭔가 새롭게 들어보는 이야기가 있을 때 가능하겠지요. 그리고 그에 대해서는 여러분들이 최종적인 해석을 하셔야 할 것입니다.

《레미제라블》열병을 앓는
한국 사회

|

　　　　　　　　《레미제라블》은 우리나라에서 이미 20세기 초에 번역되었습니다. 이 소설은 일제 강점기에는 그 시대대로 의미를 가지고 있었고, 최근에는 국내 개봉 후 30일 만에 500만 관객을 동원했다는 톰 후퍼 감독의 뮤지컬 영화 〈레미제라블〉(2012)에 대한 뜨거운 반응에서 보듯이 우리 사회를 비추어주는 거울처럼 여겨지기도 합니다. 원작은 프랑스 소설이고, 그것도 프랑스 대혁명 이후 40년 정도 지난 후의 이야기인데도 끝없이 우리 생활 속에서 새롭게 해석되고 새로운 감동을 안겨주고 있습니다. 지금 여기, 프랑스가 아닌 한국, 프랑스 혁명이 아닌 한국의 정치, 이런 것들이 언제나 현존성을 가지고 있기 때문입니다.

　이제 드리려는 이야기도 왜 한국에서 이것이 문제가 되고 있느냐는 것입니다. 어느 인터넷 기사의 제목은 이렇더군요. "《레미제라블》의 열병을 앓는 한국 사회". 전 세계에서 상영하고 있는데 왜 유독 한국에서 이렇게 소동이 벌어지는 것일까요? 더군다나 오리지널이 서양의 작품인데 본고장에서보다도 한국에서 더 빠른 속도로 인기를 모으는 까닭이 무엇일까요? 이 영화가 사회적 이슈가 되어서, 영화관에 좀처럼 가지 않는 저 같은 사람도 영화를 본단 말이지요. 그걸 통해서 우리가 지금 어떤 곳에 살고 있고 우리들이 지금 무엇을 생각하고 있는지를 살펴보자는 것입니다.

　아이맥스 영화로 봤는데 참 묘하더군요. 가난한 팡틴이 자기 이빨을

　　　　　　　　　　　　　　　　　　　　소설로 떠나는 영성순례

뽑고 머리카락을 잘라 파는 비참한 영화를 어마어마하게 큰 대형 화면에서 봅니다. 저희로서는 상상도 못했던 일이지요. 저희가 어린 시절에 가던 영화관에서는 항상 지린내가 났어요. 돈이 없었기 때문에 우리는 영화관에 몰래 들어가서 봤습니다. 영화가 시작하고 한참 지나면 지키는 사람이 없어요. 봐야 소용없으니까요. 하지만 우리는 앞이 어떻게 됐는지 모르는 영화를 얼마나 많이 봤는지 몰라요. 그래서 상상력이 발달한 것 같아요. 아마 앞에 이런 장면이 있었을 것이다 하고 추리해야 했으니까요. 로맹 롤랑은 우리 인생이란 영화가 시작되고 15분 뒤에 들어온 영화관 같다고 했습니다. 중요한 앞부분을 몰라 도대체 줄거리를 못찾는 것이 바로 우리 인생이라는 것이지요. 하지만 우리는 15분이 아니라 거의 30, 40분 지나서야 들어가서 봤단 말이에요.

그렇게 가난하고 못 살던 시절이었습니다. 그때 우리들에게 가난이란 관념이 아니라 현실이었지요. 지금은 어떻습니까? 놀라운 경제성장을 이루고서 풍요를 누리고 있지요. 모두들 아이맥스 영화관에 가서 커다란 팝콘과 콜라를 먹으면서 영화를 보는 시절이 되었습니다. 그런데 그 영화에서 무엇을 보고 있습니까? 가난을, 혁명을 봅니다. 점보 팝콘을 먹으면서 박수 치고 눈물 흘리고, 조그만 어린이가 "엄마, 나도 커서 혁명할래", 이러는 거예요. 아이러니하지요. 어울리지 않잖아요? 관념적 혁명, 관념적 리얼리즘일 뿐, 살아 있는 반응이 아닙니다. 경제적 현실은 지린내 나는 극장에서 흑백영화를 보던 시절과는 비교할 수 없이 좋아졌는데, 사회의식이나 멘털리티는 그 못살던 시절에 묶여 있고, 그때의 트라우마에서 벗어나지 못하고 있습니다. 그러면 우리는 《레미제라블》을 어떻게 보아야 하는 걸까요?

변화하지 않았다면
막은 열리지 않은 것

교회에서도 마찬가지이지만, 비판적 지성, 지식인의 책무는 비판에 비판을 거듭하면서 성찰하는 일입니다. 오늘의 화두가 그것입니다. 과연 우리가 제대로 보고 있는가에 대한 성찰. 빅토르 위고가 이야기하려던 것, 이 작품의 가치는 따로 있는데, 우리는 각자 자기에게 편한 것, 보고 싶은 것들만 본다는 것입니다. 그렇기 때문에 우리는 본다고 생각하지만 위고를 보고《레미제라블》을 보는 게 아니라 나를 투영시켜서 나를 보고 있는 것이지요. 제대로 된 감상이란 내 생각을 바꾸는 것이고, 진짜 체험이란 나의 편견을 없애는 것입니다. 그래서 흔히 막이 열렸을 때의 나와 연극을 다 보고 난 뒤 막이 닫혔을 때의 내가 달라지지 않았다면, 그것은 연극이 아니라고 합니다. 처음 봤을 때는 a, b, c, 이런 생각을 했는데 그걸 한참 보고 나면 이젠 a′, b′, c′가 됩니다. 징 소리와 함께 막이 열리고, 연극이 끝나면 막이 닫히잖아요. 연극의 의미는 바로, 막이 열리고 닫힐 때 내 마음과 내 삶도 열리고 닫히는 것입니다. 만약 변화하지 않았다면 연극은 하지 않은 것이고, 막은 열리지 않은 것입니다.

영화 〈레미제라블〉은 소설 《레미제라블》과의 거리가 어떻게 될까요? 1789년 프랑스 대혁명 시대로부터 오늘에 이르기까지 그 긴 역사의 혁명은 끝난 것입니까, 끝나지 않은 것입니까? 위고가 고발하고 꿈꾸던 현실, 같이 손잡고 흘리던 눈물의 의미는 나에겐 얼마나 열도熱度가 있는 것일까요? 영화든, 소설이든, 혹은 만화든, 《레미제라블》을 보면서 이런 것들을 대개는 생각해보셨을 줄 압니다. 그러면 오늘은 기독교인은 《레미제라블》을 어떻게 볼 수 있는가, 빅토르 위고는 이 작품에서 어떤 메시지를 전달하려고 했는가를 살펴보겠습니다. 이야기를 들으시면서 '아, 나도 저런 생각을 했지'하며 공유하고 공감할 것이 있다면 좋겠습니다. 나아가, 막이 열리고 닫히는 것처럼, 들어오고 나갈 때의 자신에게 작은 변화라도 있으면 좋겠습니다. 매번 돌아오는 일요일에 똑같은 교회에서 같은 목사님의 설교를 듣고 기도를 드리지만 돌아갈 때마다 여러분의 내면이 달라지듯이, 이 강의에서도 작은 빛을 얻어가셨으면 합니다.

어머니는
한 권의 책이었다

전 세계가 놀랐습니다. 어떻게 다른 나라에서보다도 한국에서 《레미제라블》이 뜨거운 반응을 일으키고 있을까. 다섯 권으로 이루어진 두꺼운 책도 영화가 나온 지 얼마 안 되어서 15만 질이 나갔어요. 상상이 안 되지요. 민음사와 펭귄클래식에서 나왔는데, 한 군데는 5만 질, 한 군데는 10만 질이 나갔어요. 그런데 요즘 스마트폰 문자 쓰기도 바쁜데 과연 분량이 이만한 그 책을 사람들이 읽었을까 싶어요. 솔직한 이야기로, 그걸 읽으신 분이 있다면 대단히 실망하셨을 거예요. 뮤지컬, 영화로 보니까 멋있지, 실제 문학작품으로 읽었을 때는 그렇지 않습니다. 독자는 처음부터 '이제 장발장이 빵을 훔치겠지', '감옥에서 고생하다가 드디어 출옥해 돌아오는 장면이 나오겠지' 생각하지만, 책을 펴면 미리엘 주교에 관한 이야기가 원고지로 장장 수백 매가 나와요.

저는 《레미제라블》을 어린아이였을 때 어머니의 품안에서 접했습니다. 어머니는 과거에 문학 소녀이셨기 때문에 당신이 읽던 책을 우리에게 읽어주시곤 했습니다. 기독교인도 아니신데 존 버니언이 쓴 《천로역정》을 읽어주신 것이 지금도 기억이 나요. 《암굴왕》(몽테크리스토 백작)도 읽어주셨고, 《아, 무정》(이게 《레미제라블》이에요)도 어렸을 때 어머니의 편안한 품안에서 들었습니다. 어머니가 책을 읽으시는 것을 들으면 다 알아듣지는 못해도 어머니 목소리가 참 감미롭게 들려요. 제가 《어머니를 위한 여섯 가지 은유》에서 "언제나 나에게 있어 진짜 책은 딱 한 권이다. 이 한 권의 책, 원형의 책, 영원히 다 읽지 못하는 책, 그것은 나의 어머니이다"라고 했는데, 그게 거짓말이 아니에요. 책의 세계와 어머니의 세계가 구분이 잘 안 됩니다. 그러니까 오늘 제가 책을 읽고 쓰는 문학가가 된 것은 어렸을 때 어머니가 책을 읽어주신 덕분이 아닐까 합니다. 때로는 감기에 걸려 열이 나고, 졸려서 현실과 환상이 구분되지 않기도 하고, 소설 이야기와 나의 꿈이 뒤엉클어지기도 합니다. 거기에 어머니 품의 냄새와 책에서 풍기는 종이 냄새, 이 모든 감각이 내 의식이 되었고 어머니의 목소리로 들은 문학의 세계가 깊이 각인되어, 그 때문에 제가 문학을 계속하게 된 것이 아닌가 싶어요.

이야기가 곁길로 새었지만, 여러분이 나중에 아기를 가지면 책을 읽어주세요. 서양에서는 아이들에게 책을 읽어주는 것이 상식이잖아요. 그래서 대개 위인전에는 어머니가 책을 읽어주었다는 말이 나와요. 우린 너무 가난해서 그러지 못했지요. 우리 어머니들은 책 읽는 어머니는 아니었어요. 베잠방이 입고서 고된 노동을 하고 돌아와 어린애를 안아주는 어머니에게서는 흙냄새가 납니다. 그 흙이 입으로 들어가서 으적으적 씹히기도 해요. 땀내 전 등에 업혀서 어머니의 땀 냄새(향수 냄새가 아니라)를 맡으며 컸습니다. 대개 한국의 어머니들은 밭 매다가 들어오고, 사투리 쓰는 분들이셨어요.

일본도 마찬가지입니다. 이런 이야기가 있어요. 면접만 보면 떨어지는 젊은이가 면접 장소에서 사장에게 하소연을 했다고 하지요. "제게는 모셔야 하는 노모가 있습니다. 제발 여기서 일하게 해주십시오." 그랬더니 사장이 어머니 발을 씻겨드리고 다음 날 오래요. 그래서 씻겨드리려고 보니, 과부로 자신을 키운 어머니의 발, 자기를 업고 수백 리를 걸었던 발이 눈앞에 보입니다. 그간 어머니가 고생한 것, 어머니가 있기 때문에 오늘의 내가 있다는 것을 모르지 않았습니다. 하지만 못 박인 어머니의 발, 평생 아들을 위해서 걷느라 새끼발톱까지 빠져버린 피멍 든 어머니의 발을 처음 보고 만지면서 엉엉 울게 됩니다. '아, 이게 어머니의 발이구나' 알게 된 것이죠. 그리고 다음 날 사장에게 말합니다. "여기 취직 안 해도 되겠습니다. 사장님은 제게 큰 것을 주셨습니다. 어머니를 찾아주셨습니다. 여태까지 마음속으로 어머니께 감사드렸고, 취직하려는 것도 어머니를 도우려는 것이었지만, 제가 그간 알았던 어머니와 내가 발을 만져본 어머니는 달랐습니다. 이걸 알게 해주셔서 고맙습니다."그러니까 사장이 다음 날부터 출근하라고 해요. 효자라서가 아닙니다. 고객들에게도 관념으로가 아니라 제 손으로 어머니 발을 씻기듯이 서비스하라는 것이지요. 관념, 가슴은 아무것도 아니고, 손으로 만져보라는 것입니다. 예수님을 믿는 것도 마찬가지이겠지요.

소리가 꽝꽝 울리는 아이맥스 영화로 보면 기가 막힌데, 소설로 읽어보면 《레미제라블》은 반도 안 만져집니다. 제가 어렸을 때 신초샤新潮社에서 나온 36권짜리 세계문학전집을 다 뗀 사람입니다. 제1권이 단테의 《신곡》인데, 촌사람이 1권부터 읽는 것인 줄 알고, 마치 연재소설을 한 회도 건너뛰지 않듯이 36권을 그 어려운 《신곡》에서부터 다 읽었습니다. 그러니까 학교 선생님이 미워하는 거예요. 선생님도 36권을 읽었겠어요? 선생님이 말씀만 하면 "아닌데요, 선생님 그거 틀렸는데요" 하니까, 저보다 두 살 많은 형이 밤낮 교무실에 불려가서 "네 동생 때문에 수업 못하겠다. 주의 좀 줘라" 하는 소리를 들어요. 어느 선생님은 통지표에다가 이렇게 쓰기도 하고요. "이 아이는 책의 노예입니다. 책을 이렇게 읽으면 안 됩니다." 세상에, 책 읽으라고 하는 게 선생인데 책을 읽지 말라는 것이에요. 학과 공부는 하나도 안 하고 책만 읽는다고. 그런 저도 《레미제라블》을 읽을 때는 미리엘 주교 이야기는 빼고 장발장이 동전 훔치는 장면부터 읽은 겁니다. 이번에야 비로소 처음으로 미리엘 주교 이야기를 읽었어요.

솔직히 고백하건대 제 《레미제라블》 독서는 실패했던 겁니다. 정말 위고가 말하고 싶었던 것은 프랑스 혁명 백번 해봐야 소용없다, 로베스피에르, 당통, 루이 16세, 볼테르, 다 부질없다, 그러니까 이 소설에서

나는 한 인간을 모델로 놓고 거기서부터 이야기를 시작하겠다는 것입니다. 주제를 이미 밝혀놓고 시작한 것이지요. 그런데 영화고 어디고 미리엘 주교 이야기는 나오지도 않아요.

우리는 위고를
제대로 이해하고 있는 걸까?

위고는 대중작가였습니다. 500프랑짜리 지폐에 얼굴이 나오기도 하지요. 솔직히 저는 위고를 좋아하지 않았습니다. '프랑스 문학' 하면 랭보, 보들레르 같은 이들이 먼저 떠오릅니다. 그런데 이 빅토르 위고는 구둣솔 같은 수염에, 꼭 도덕 선생 같아 아주 싫어했어요. 중고등학교 다닐 때 누가 빅토르 위고를 읽고 있으면 차이콥스키 음악을 듣는 사람을 대하듯 초보로 여기며 무시했습니다. 그런데 프랑스에 가서 보니 화폐에 내가 사랑하는 보들레르나 랭보는 없

빅토르 위고의 얼굴과 팡테옹이 그려진 프랑스의 500프랑 지폐

고, 무덤을 찾아가보려고 물어도 아는 사람이 없더란 말입니다. 빅토르 위고는 팡테옹에 있습니다. 팡테옹은 일종의 신전이니, 정치가 미라보(이 사람은 나중에 팡테옹에서 쫓겨나긴 했지만)처럼 조국을 위해서 대단한 업적을 남긴 이들이 들어갔지요. 대개 한 방을 둘이나 셋이서 차지하는데 빅토르 위고는 독방이에요. 제가 이걸 보고 분노를 했어요. '아니, 이 사람이 뭔데 이렇게 대우하느냐. 더군다나 예술의 나라라고 하면서!' 문학적으로 보면 빅토르 위고는 내가 좋아하는 보들레르와는 상대가 안 되거든요. 대개 문학 하는 사람은 위고라고 하면 삼류로 칩니다.

온종일 걸려 물어 물어서 갔더니 보들레르는 저 몽파르나스 묘지, 그냥 보통 사람들 묘지에 있습니다. 가서 보니 정말 내가 좋아하는 작가, 시인들이 잠들어 있어요. 팡테옹에 안치되어 있고 화폐에도 등장하는 위고에 비하면 보들레르는 상대도 안 되지요. 하지만 놀랍게도 유명인이 그리 많지 않은 몽파르나스 묘지에, 꽃을 놓고 가는 사람들이 많아요. 국가나 사회가 존경하는 것과 어느 예술가의 팬이 되어 사랑하는 것은 정말 다릅니다. 관광해보면 아시겠지만, 큰 무덤일수록 가끔 묘지 관리인이 가져다놓는 것 외에는 꽃이 없습니다. 왕들의 무덤은 규모가 어마어마하지만 사람들은 그게 누구의 것인지도 몰라요. 그런데 당시에 저 밑바닥에 있었던 음악가들은 사람들이 기억하고 찾아갑니다. 러시아에서도 보니까 도스토옙스키 앞에는 반드시 꽃이 있어요. 이게 예술이거든요.

작가가 문학을 잘 모르는 사람들 앞에서 문학 이야기를 하는 것은 쉬운 일이 아닙니다. 그런데 정치 이야기를 하면 문학도 대중화가 됩니다.

국회의원을 지낸 적도 있는 위고는 과거엔 왕당파로서 왕정복고를 주장하는 쪽이었지만 나중엔 공화파가 되지요. 정치운동으로 인해 추방도 당하고 20년에 이르는 망명 생활도 했습니다. 죽어서는 장례가 국장으로 치러져 어마어마한 인파가 몰렸습니다. 예수님이 돌아가실 때는 몇 사람만이 거기에 있었어요. 마찬가지로 진짜 예술가가 미의 처형을 받은 미의 순교단에는 그런 대중이 모일 수가 없어요. 널리 이해받지 못하고 소수의 몇 사람만이 알아주는 것이지요. 그런 점에서 저는 한국에서 《레미제라블》의 빅토르 위고를 미스 리딩miss reading 하고 있다고 생각합니다. 시사적인 면에서 위고를 보고 있지 영혼의 깊이에서 인간의 삶을 다뤄 천 년, 2천 년간 생존하는 문학으로 보고 있지 않구나 하는 것을 느껴요.

니체가 "신은 죽었다"라고 했던 것을 잘 알고 계실 것입니다. 목사님들은 이런 말을 했다고 해서 니체를 아주 싫어합니다. 제일 나쁜 사람은 신을 부정하는 사람 아니겠습니까? 하지만 신이 죽었다고 말할 정도면 이 사람에게는 신이 살아 있던 적이 있는 것이잖아요. 지금 니체를 한번 읽어보세요. 가장 기독교를 잘 아는 게 니체예요. 니체의 낙타 이야기를 아실 것입니다. 짐을 실을 때 낙타가 무릎을 꿇잖아요. 순종하는 것이지요. 그 무거운 짐을 지고 사막의 험한 길을 갑니다. 최초의 인간, 신앙심 있는 우리들을 낙타에 비유한 것이지요. 그 혹독한 사막에서 짐 지기 위해 어떤 짐승이 이 세상에 태어났습니다. 짐 지는 것도 억울한데 짐을 실을 때는 무릎을 꿇어야 합니다. 긴 눈썹에 항상 먼 지평선을 보고 걸어야 하는 낙타는 참 슬퍼 보여요. 그런 낙타를 니체가 안 거예요. 그게 중세부터 내려오는 기독교인들의 모습이고 우리들의 모습이다, 분하다는 것이지요. 그러한 모습, 원죄를 잘 알고 낙타처럼 험한 짐 짊어지고 순종하면서 걸어가는 모습을 무신론자들은 몰라요. 하나님을 알고 영혼을 아는 사람이 낙타에서 자기를 보는 거예요. 그러니까 부정할 수 있는 것이지요.

어머니 품안에서 《레미제라블》을 듣던 어린 시절, 실험 좋아하고 포스트모던 좋아하던 젊은 시절을 지나 나이 팔십이 되어 다시 위고를 읽으니, 왜 500프랑짜리 지폐에 위고의 얼굴을 넣고 팡테옹에 이 사람을 안장했는지 알겠습니다. 이 사람은 예술의 영역을 벗어난 사람이라는 것입니다. 보들레르는 시인이지요. 하지만 위고는 작가나 시인이 아니에요. 그 경지를 넘어선 사람이에요. 이런 사람이 종교를 말할 수 있는 것입니다.

배경
읽기
|
프랑스 혁명의 배경에는 이성에 대한 신뢰가 자리잡고 있습니다. 모두가 이성의 힘을 믿던 시절이었습니다. 《레미제라블》을 제대로 감상하려면 이런 맥락을 알아야 합니다. 《레미제라블》이 발표되기 전, 자유, 평등, 박애가 나오기 전에 레세페르Laissez-faire(자유방임) 정책이 있었습니다. 야경국가를 이상으로 삼았던 것이지요. 국가는 도둑을 막는 야경꾼의 역할만 해야지 다른 데 나서지 말라는 것입니다. 존 스튜어트 밀이 《자유론》(1859)을 쓴 것은 그 레세페르 정책

아래서 모든 사람이 제멋대로 자유를 누리는 상황, 무정부 상태에 가까운 상황에서였습니다. 밀은 이에 대한 반대 또는 경고의 의미를 담아 자유에도 질서가 필요함을 이야기했습니다. 그런데 우리는 레세페르 정책도 해보지 못한 상황에서 밀을 읽으니까 전혀 다르게 받아들입니다. 자유가 넘쳐나는 상황에서 '그런 것이 자유가 아니다. 이러해야 한다' 하고 말하는 책을, 우리는 자유가 없이 구속된 상태에서 책을 읽으면서 '옳다, 자유는 방종하는 게 아니란다', 이렇게 이해하는 거예요.

자유, 평등, 박애는 프랑스 혁명 때 등장한 구호인데, 이미 30, 40년 지나고 나니 그 의미가 달라집니다. 특히 박애는 프랑스어로 '프라테르니테fraternité'인데 이건 형제애를 뜻합니다. 여기에는 여자도 안 들어갑니다. 그러면 누가 형제입니까? 혁명에 가담하지 않은 사람은 형제가 아닙니다. 너는 반동이니 형제가 아니라는 것입니다. 그래서 자유와 평등과 형제애의 이름으로 사람을 죽이게 됩니다. 유태인 600만 명을 죽인 히틀러가 바로 독일의 형제애를 실천한 사람입니다. "우리 독일에게 1차 세계대전 배상금이랍시고 평생 벌어도 못 갚을 액수를 변상하라고 하다니, 이 가혹한 것들. 약한 민족은 죽는다. 형제여 일어서라!" 하는 분위기를 타고서 히틀러가 600만 명을 죽인 것입니다. 형제애의 이름으로! 흑인을 누가 짓밟았습니까? 백인들의 형제애를 위해서 동지 아닌 흑인들을 짓밟은 것입니다. 일본도 형제 아닌 한국인을 죽인 것이지요. 그런데 우리는 자유, 평등, 박애라는 말에 너무 쉽게 속아버립니다. 게다가 '프라테르니테'라는 원어도 모르면서 그저 '박애博愛'라고 하니까 보편적인 것으로 아는데, 사실은 내셔널리즘이 프랑스 혁명에서 나온 것입니다.

이야기를 하면 끝이 없지만, 프랑스 혁명은 볼테르, 루소 같은 계몽주의자들의 영향을 받아 일어났습니다. 중세의 어둠, 곧 기독교라는 미신을 내쫓고 이성의 힘으로 세상을 다스리고, 낡아빠진 앙시앵레짐(구체제)에서 탈피하자는 것이었지요. 계몽주의자들은 일차적으로 반反중세주의자입니다. 빅토르 위고는 고전주의자와 낭만주의자 틈에서 나와 이 소설을 썼습니다. 이성주의 아래에서 인간은 기계 같은 존재로 전락하고, 기독교도 완전히 밀려나 영성은 자리할 곳이 없게 되어버렸습니다. 그러한 이성주의에 반대하는 낭만주의자가 등장할 때 이 소설이 나온 것입니다. 그러니까 고전주의자들은 르네상스 이후의 합리주의, 이성주의를 신봉한 사람이고, 낭만주의자들은 다시 중세의 신비한 영성의 세계, 감성의 세계를 부르짖은 사람이란 말씀입니다. 대학에서 낭만주의와 고전주의에 대해 복잡하게 가르치지만, 간단히 말해 중세 전통과 르네상스의 그리스·로마 전통이 있는데, 후자에 기운 이들은 대체로 고전주의자들이고 전자를 따른 이들은 낭만주의자들이라고 보면 됩니다. 영국의 비평가 존 러스킨도 중세 전통을 따른 낭만주의자였지요.

그러니까 서양의 문맥에서 자연주의, 고전주의는 엄연히 중세 때 잃어버렸던 그리스·로마의 전통을 되찾자는 르네상스 이후에 발현한 것입니다. 그리스·로마는 이성적이고 현세적이고 쾌락적인 성격을 띠었습니다. 상징적인 것이 목욕탕인데, 중세 기독교는 그 목욕탕을 전부 파괴했지요. 이러한 문맥에서 자연주의, 낭만주의도 나오고, 《레미제라블》도, 프랑스 혁명도 나오는데, 우리는 이 문맥을 잘 모르고 있다는 것입니다. 솔직히 우리는 대학 과정에서, 아니 초등학교에서부터 제대로 배우질 못했습니다. 그러니 계몽주의를 겪어보지 못한 한국 사람들, 서양의 역사를 모르는 우리들이 《레미제라블》을 볼 때는 장님 코끼리 만지듯이 제 감정에 맞는 부분만 확대해서 보고 잘 모르는 것은 덮어두게 되는 것이지요. 때문에 한국에서 일고 있는 붐은 다른 나라와는 전혀 다른 상황이 벌어지게 됩니다.

혁명과
사랑

이런 걸 통해서 특히 기독교인들은 《레미제라블》에서 '나는 왜 기독교인인가', '나는 왜 사랑의 힘을 믿는가', '혁명이냐 사랑이냐' 하는 물음에 대한 답을 구해볼 수 있습니다. 결론부터 이야기하면, 모든 사람들이 혁명을 이야기하고 혁명에 뛰어들고 있을 때 위고는 혁명을 인정하면서도 "사랑이 없는 혁명은 안 된다"고 말하고 있는 것입니다. 위고는 미리엘 주교 같은 사람을 모델로 기독교적 사랑을 이야기합니다. 장발장도 마찬가지지요.

소설에서는 1832년에 ABC의 벗들, 레자미 드 라베세Les amis de l'ABC, les amis de l'abaissé 같은 조직이 전국에 깔려 있는 것으로 나옵니다. 학생들이 주동이 되고 양아치, 거지들이 들고일어났는데, 이미 자크 라피트 같은 은행가, 금융자본이 혁명을 쥐고 있던 상황이었어요. 위고는 이 사람들이 혁명의 이름을 가로챈 것에 속으로 굉장히 분노했지요. 소설의 배경이 되는 1832년의 폭동은 이들 금융자본이 민중의 권리를 빼앗아간 현실에 대한 분노의 폭발이었던 것입니다. 하지만 위고는 결론적으로 레자미 드 라베세처럼 최후까지 노래를 부르며 바리케이드를 지키다 죽은 사람을 조명하면서도 주인공으로 삼지 않았습니다. 혁명의 불길 속에서 그 많은 청년들이 죽어가는 중에 유일하게 살아남은 사람, 코제트라는 한 여인을 사랑한 마리우스를 유독 자세하게 기술합니다. 마리우스를 코제트와 맺어주고 가정을 이루게 한 사람이 누구입니까? 바로 장발장입니다. 장발장이 마지막 죽는 장면을 보십시오. 죽어가는 장발장은 "신부님을 부를까요?" 하는 말에 자기에겐 신부님이 한 분 계시다며 사양합니다. 저기 은촛대와 함께 미리엘 주교가 이미 곁에 있는 것입니다.

위고는 이렇게 명명백백한 기독교적 메시지를 주었는데, 우리나라에서 이것을 기독교적으로 해석한 사람을 아직까지 저는 못 보았습니다. 그게 우리 실정입니다. 다 혁명만을 볼 뿐입니다. 사마리아인, 가난한 사람, 창녀, 세리와 같이 소외된 이들을 사랑하셨던 예수님처럼 혁명을 해야 한다고 말합니다. 하지만 예수님이 하신 것이 혁명입니까? 기요틴 가져다가 죽였어요? 아니잖아요. 예수님은 혁명 이상의 것을 하셨습니다. 인간이 혁명을 통해 낙원을 만들 수 있다면 예수님은 광야에서 악마가 이 세상을 주겠다고 했을 때 왜 받지 않으셨습니까? 돌로 빵을 만들라고 했을 때 왜 안 만드셨어요? 그런데 오늘날의 기독교인들은 엉뚱한 것을 믿는 경우가 많습니다. 빵 만들어주는 교회를 찾고, 악마가 제국을 준다고 하면 "주세요, 내가 왕이 되면 이놈의 세계를 싹 쓸어버리고 나쁜 놈들 다 죽여서 천국을 만들겠어요"라고 합니다. 성전 꼭대기에서 뛰어내리라고 하면 "하나님이 지켜주는데 이걸 못해?" 하면서 뛰어내리다가 죽어요.

　그러니까 《레미제라블》을 제대로 읽으면 기독교적인 메시지를 발견할 수 있다는 말씀입니다. "내가 찾던 메시지가 저기 있다! 혁명을 하자니 사랑을 버려야 할 것 같고, 사랑을 하자니 혁명을 버려야 할 것 같았는데, 그게 아니로구나. 혁명 속에 사랑이 있구나! 그런데 사랑을 보지 못하고 혁명을 하는 사람들 때문에 인간들이 만든 구호, 인간들이 만든 제도는 항상 지옥을 가져왔던 것이로구나. 나는 혁명을 하더라도 적어도 장발장처럼은 해야겠다" 하고 생각하게 되는 것이지요.

《레미제라블》이
재미있는 이유

　　　　　　　이러한 것을 전제로 《레미제라블》을 빠르게 설명하겠습니다. 문학적으로 보았을 때 《레미제라블》이 재미있는 이유는 뭘까요? 혁명을 다루어서도 아니고 사랑을 다루어서도 아닙니다. '체이스 스토리chase story', 도망가고 쫓아가는 이야기이기 때문입니다. 인기를 끌었던 텔레비전 시리즈 〈도망자〉도 《레미제라블》하고 똑같습니다. 《레미제라블》의 자베르 경감처럼 〈도망자〉에도 형사가 한 명 나오지요. 장발장은 《레미제라블》의 '도망자'인 셈입니다. 물론 내용은 전혀 다릅니다. 〈도망자〉에는 혁명도 없고 사랑도 없어요. 아내를 죽인 범인으로 몰린 주인공은 형사에게 쫓기면서 진범을 쫓아다닙니다. 이것이 체이스 스토리입니다.

베스트셀러를 쓰고 싶다면 체이스 스토리를 쓰십시오. 우리에게는 수렵본능이 있기 때문에 도망가는 사람과 쫓아다니는 사람의 이야기를 쓰면 굉장히 재미있게 읽힙니다. 베스트셀러에는 몇 가지 요소가 있는데, 체이스 스토리가 그중 최고입니다. 사실, 연애도 둘이 몰래 만나기만 해서는 별 재미가 없습니다. 서로 합의해서 어디서 만나자고 하는 것에 무슨 드라마가 있습니까? 한쪽은 도망가고 한쪽은 스토커처럼 쫓아다니는 것이 재미난 거지요. 이건 바로 인간의 본능에서 비롯된 것입니다.

아이들

《레미제라블》을 원형적 이미지archety-pal image로 보자면 여러 가지를 볼 수 있는데, 또 하나는 어린아이가 나온다는 것입니다. 《레미제라블》 이전에는 어린아이들이 주인공으로 나오지 않아요. 어린아이들은 19세기의 산물입니다. 그전까지는 미성숙한 존재로 여기고 공공연하게 죽였어요. 아직 사람이 아니에요. 마치 요즘 여성들의 배 안에 있는 몇 주 되지 않은 생명을 스스럼없이 낙태시키는 것처럼, 일곱 살 되기 전의 어린아이들은 아무런 생명의식 없이 죽었어요. 고대 로마에서는 군대에 간 남편이 보낸 편지에 "아들을 낳으면 잘 키우고 여자를 낳으면 광주리에 담아서 물에 띄워 버리시오" 하는 말이 아무렇지 않게 나와요. 일본에서는 '고카이시子返し'라고 해서 두 사람 이상 낳으면 죽였습니다. 설마 그랬을까 싶지만 메이지 유신 때까지 그랬어요. 죽이는 방법도 여러 가지였습니다. 왜 이런 끔찍한 이야기를

하느냐면, 어머니가 자기 자식을 죽였는데, 애정의 이름으로 그랬다는 것이지요. 갓 태어난 아이 하나를 죽이는 것은 이미 있는 자식 두 명을 살리는 것이니까요. 놀랍지 않아요? 애정의 이름으로 자기 아이들을 죽여요. 이것은 짐승들도 마찬가지입니다. 먹일 것이 없으면 새끼들을 보호하기 위해서 그중 몇을 죽여요.

이런 면에서 보면, 그전에는 소설에 어린아이가 나오는 일이 없었는데, 《레미제라블》에는 코제트라는 어린애가 나온다는 것이 중요한 특징입니다. 위고가 이 소설을 쓸 무렵에 동화라는 게 처음 생겼고, 어린애들이 등장하는 이야기가 나옵니다. 안데르센(1805-1875)의 동화가 나오고, 찰스 디킨스의 《올리버 트위스트》(1838)가 나온 것이 이 무렵입니다. 그 이전, 고전주의 문학에는 어린애가 절대 안 나와요. 이런 걸 생각하면 예수님이 어린아이들을 긍정적으로 보신 것이 정말 대단합니다. 서로 누가 큰지를 두고 다투는 제자들 앞에 어린아이 하나를 세우고 이야기하시지요. "누구든지 내 이름으로 이런 어린아이 하나를 영접하면 곧 나를 영접함이요, 누구든지 나를 영접하면 나를 영접함이 아니요 나를 보내신 이를 영접함이니라"(막 9:37). 또 아이들이 예수님께 나아오는 것을 막는 제자들을 향해서는 노하여 말씀하셨습니다. "어린아이들이 내게 오는 것을 용납하고 금하지 말라. 하나님의 나라가 이런 자의 것이니라"(막 10:14).

《레미제라블》에서 그리는, 코제트를 비롯한 일련의 이야기의 결론은 '아이'예요. 전혀 다른 이야기이긴 하지만 〈성냥팔이 소녀〉와 마찬가지죠. 성냥팔이 소녀가 왜 얼어 죽었는지 아십니까? 소녀는 거지가 아니었습니다. 집이 있었어요. 추운데 집에 들어가 쉬고 다음날 와서 팔면 되잖아요. 왜 얼어 죽어요? 놀랍게도 성냥을 못 팔아서 돈을 벌어오지 못하면 아버지가 때린다고 되어 있습니다. 무서워서 못 들어가는 거예요. 어머니는 돌아가셨지요. 돌아가신 어머니의 신발 끌고 성냥을 팔러 나왔습니다. 이야기의 마지막 부분에서는 할머니의 영이 소녀를 찾아옵니다. 그러니까 할머니와 어머니가 가족이지, 술 사오라고 심부름 시키고 때리기나 하는 아버지는 가족이 아니라는 거예요. 필립 아리에스가 《아동의 탄생》이라는 책을 쓴 것도 이러한 맥락에서입니다. 적어도 기독교에서 어린아이의 이미지, 아기 천사의 이미지, 가정에서 어린아이의 소중함이라는 것은 19세기에 처음 등장한 까닭에 아리에스는 아동의 '탄생'이라는 말을 써요. 그리고 그 무렵의 낭만주의자들은 에누리 없이 어린아이들에 대해 썼습니다.

이게 다른 이야기가 아니에요. 올림픽은 그리스 · 로마 시대의 청년 숭배의 성격을 지닌 탓에 여자와 어린이들은 절대 나오지 못했습니다. 1988년 서울 올림픽 개막식에서 일곱 살 윤태웅 군을 등장시킨 것은 바로 그걸 깨려는 것이었어요. 전 세계에서 처음으로 어린아이가 어른들 잔치에 나온 것이지요. 그 후부터는 개회식에 어린이가 안 나오면 안 되는 줄 알고 다 나오더군요. 베이징 올림픽 때는 아이들이 여럿 나와서 아예 학예회를 했고요. 88 올림픽 때만 해도 전례가 없었습니다. 올림픽은 젊은이들의 축전인데 왜 올림픽에 일곱 살짜리 아이가 나오느냐고 말이 많았지만, 제가 문학을 공부한 까닭에, 어린이가 바로 한국이다, 어린이를 내보내자는 생각을 했던 것이지요.

소설로 떠나는 영성순례

《레미제라블》에서 위고가 가장 긍정적으로 보여주는 인물이 바로 가브로슈입니다. 들라크루아가 그린 〈민중을 이끄는 자유의 여신〉(1830)에 등장하는 아이는 가브로슈를 연상시킵니다. 그 열두 살 아이는 정치가 무엇인지도 몰랐지만, 거의 본능처럼 혁명의 맨 앞에 섰습니다. 총탄을 맞아 죽을 때도 노래를 불러요. 지금까지 프랑스어에서 고유명사가 보통명사가 된 것이 'gavroche' 하나입니다. 거리의 부랑아, 말썽쟁이를 가브로슈라고 부르게 된 것이죠.

이 소설은 동화처럼 어린이가 주인공이 되는 이야기로, 당시 아이들의 모습을 잘 그리고 있습니다. 바리케이드에서 싸우는 장면 한편으로, 공원에서는 전혀 다른 장면이 펼쳐집니다. 어느 부르주아가 "인정을 가져라. 동물들을 불쌍하게 여겨야 한다"고 말하면서, 어린 아들이 먹기 싫어하는 빵을 우아한 백조에게 던져주지요. 그런데 굶주린 두 어린아이가 몰래 숨어 있다가 이 빵을 건져 먹습니다. 이게 당시 중산층의 모럴이에요. 백조에게 빵을 던져주면서 "인정을 가져야 한다"고 말하는 것. 우리들의 모습이기도 합니다. 자기 위안만 하고 마는 것이지요. 그리고 한편에는 백조에게 주는 빵을 받아먹는 아이들이 있습니다. 둘 다 어린이들의 세계를 보여주지요.

《레미제라블》이 체이스 스토리이고, 《올리버 트위스트》처럼 어린아이들이 나온다는 점을 이야기했습니다. 문학은 이처럼 이른바 아키타입 archetype을 찾아보는 재미가 있습니다. 여기서 다 다루지는 못하지만, 《레미제라블》을 이렇게 문학적으로 분석해 읽어보면 여러 가지 흥미로운 이야기를 할 수 있습니다.

빈자들의 성,
가난한 자들의 폭동

영화를 보신 분은 느끼셨겠지만 툴롱의 노역 광경을 묘사한 첫 장면과 바리케이드 위의 합창을 그린 마지막 장면이 무척 충격적입니다. 빅토르 위고는 《레미제라블》에서 바리케이드의 상징적 의미를 아주 잘 보여줍니다. 길바닥에 떨어져 쌓이면서 상승하는 가구들, 가난한 사람들의 가구들로 만들어진 바리케이드는 곧 빈자들의 성이에요. 영주들의 성이 아니고, 찌그러진 주전자 뚜껑, 삐걱거리는 의자처럼 생활에서 쓰던 물건들로 쌓아올린 것이지요. "바리케이드 쌓게 던지세요!" 하면 위에서 가난한 사람들이 자기들이 쓰던 것을 내던졌습니다. 이렇게 바리케이드를 만드는 일 자체가 상징적입니다. 직접 혁명에 참여하지는 않더라도, 자기들의 가재도구를 내던짐으로써, 투쟁할 수 있는 산을 만들어준 것이지요.

영화의 마지막 장면에서는 교전 중에 죽은 사람들이 바리케이드 위에 서서 붉은 깃발을 흔들며 노래를 부릅니다. 그리고 관객들의 박수가 쏟아집니다. 옛날에 그리스에서는 그런 선동정치로 재미를 많이 봤거든요. 마르크스는 예술은 마약이라고 했는데, 이 영화를 본 관객들도 신분을 떠나 도취되어 박수를 칩니다. 하지만 우리가 과연 《레미제라블》을 제대로 감상하고 있는 것일까요? 우리가 프랑스 삼색기에 담긴 '자유', '평등', '박애'라는 가치에 공감한다고 하지만, 사실 이것도 후에 가져다 붙인 것이지요. 그래서 여기서는 하나하나 실제 내용을 짚어가면서 살펴보려고 합니다.

영화 〈레미제라블〉의 마지막 장면(UPI 코리아 제공)

프랑스 혁명은 계몽주의라는 이성의 시대의 산물입니다. 뜨거운 세대
가 아니라 아주 쿨cool한 시대의 일이었고, 그중에서도 볼테르의 이성주
의, 루소가 사회계약론에서 이야기하는 평등론이 많은 영향을 주었습니
다. 루소와 볼테르가 가장 상징적인 인물들이지요. 프랑스 대혁명에 이
어진 혁명의 시대 파리에서 사람들이 주고받던 노래 속에는 볼테르와
루소가 나옵니다. 가브로슈도 총탄에 맞아 죽어가면서 이 노래를 부르
지요.

낭테르 사람들은 못생겼네,
그것은 볼테르의 잘못,
팔레조 사람들은 어리석네,
그것은 루소의 잘못.

뒤에 다시 이야기하겠지만, "볼테르와 루소 같은 지식인들 때문에 우리가 이렇게 되었다"는 것입니다. 그러니까 사실상 프랑스 대혁명 때와는 달리, 이미 국민의회가 생기고 자유, 평등, 박애가 보편적 가치가 된 때, 대혁명으로부터 40년의 세월이 지난 1830년의 7월 혁명, 1848년의 2월 혁명은 벌써 루소, 볼테르 식의 지식인 혁명은 아니라는 것입니다.

지식인이 아니라 학생들, 거리를 떠도는 거지들, 양아치들이 혁명의 주체가 됩니다. 빅토르 위고는 씁니다. "자유, 평등, 박애라는 구호를 부정할지라도, 투표권을 부정할지라도, 민중이 세운 민중의 정부를 부정할지라도 일어서지 않으면 안 되는 양아치, 거지들이 있다. 그런데 이들이 나라를 만든다. 봐라, 너희들의 나라를 누가 만들었느냐? 거지 왕초가 만들었지 않느냐." 이게 사실입니다. 그래서 아무리 학자들이라도 이런 거지를 멸시하지 못합니다. 그리스를 비롯한 나라들을 보면 인간 취급을 받지 못하는 하류층, 가난한 거지 출신이 사회를 개혁하고 새로운 시대를 열곤 했습니다.

《레미제라블》에 'gamin(가맹)'이라는 단어가 자주 등장하는데, 이건 양아치를 가리킵니다. 그런데 어떤 우리말 번역본에서는 '개구쟁이'라고 번역해놓았더군요. 개구쟁이는 부모 있는 애들인데, 개구쟁이들이 혁명을 하겠습니까? 집 나온 애들이 자유롭습니다. 집에 들어가라고 해도 안 가요. 더군다나 부모가 범죄자라 다 감옥에 가 있으니 어딜 가겠습니까. 거리의 천사들이죠. 물론 사전을 찾아보면 'gamin'에는 '개구쟁이'라는 뜻도 있습니다. 그래서 그렇게 번역한 것입니다. '부랑아'라고 나온 것도 있고요. 하지만 그렇게 해서는 의미 전달이 안 되지요. 당시 혁명의 노래 〈라마르세예즈〉를 부르며 지식인을 믿고 혁명에 참여했는데, 먹물 든 사람들이 다 자기들끼리 해먹었을 뿐, 자신들은 여전히 무지하고 가난하다는 것을 깨닫고, 볼테르나 루소 같은 지식인들까지도 거부하는 층들이 일어난 것이 여러분들이 본 영화에 나오는 폭동 장면입니다.

역사책에서도 그것을 '혁명'이라고 하지 않습니다. 소수의 사람들이 일으킨 것으로, 민중들이 호응을 하지 않은 탓에 참가자들이 몰살당하는 1832년의 그 사건은 '폭동'이라고 합니다. 위고는 이 사건을 이야기하면서 '폭동', '반란', 그리고 '혁명'을 구분해 차이점을 자세히 설명합니다. 이 소설을 읽을 때는 이런 점을 감안해서 보시면 좋겠습니다. 《레미제라블》은 프랑스 대혁명을 다룬 소설이 아닙니다. 대혁명이 일어난 뒤에도 여전히 가난한 사람들, 여전히 환멸을 갖고 있는 이들, 지식인의 이야기가 헛된 것으로 여겨지던 이들의 이야기입니다. 당시 제1신분(성직자), 제2신분(귀족), 제3신분(평민)으로 이루어진 사회에도 끼지 못하는 건달과 거지들이 일으킨 폭동을 그린 것입니다.

결과는 패배였습니다. 하지만 이것이 뒤에 2월 혁명이 되고, 다음에는 소련으로 건너가 볼셰비키 혁명이 되었습니다. 일부는 산업혁명이 되어 미국으로 가고, 일부는 독일에 갔습니다. 최근까지 우리가 목격한 3대 혁명, 즉 러시아의 볼셰비키 혁명, 독일 히틀러의 국가사회주의, 그리고 자유의 여신상으로 상징되는 미국의 산업혁명이 바로 그것입니다. 자유는 미국으로 가서 미국 자본주의가 되고, 평등은 소련으로 가서 볼셰비키 혁명이 되고, 형제애는 독일의 국수주의로 왜곡되어 히틀러가 되었습니다. 원래 한 덩어리여야 할 자유, 평등, 박애가 전부 쪼개진 것이지요. 우리가 역사에서 보듯이 자유 세력과 평등 세력의 힘겨루기가 냉전이었고, 박애라는 것도 '형제애'로 국한되었던 것이 인종 문제였습니다. 말 그대로 예수님의 사랑과 같은 '박애博愛'가 실현되었으면, 자유와 평등은 서로 대립하는 것이 아니라 융합할 수 있었을 것입니다. 사랑 없는 자유, 사랑 없는 평등이 문제였던 것이지요.

프랑스 혁명은
왜 일어났나

이것이야말로 기독교적 메시지입니다. 앞으로 보겠지만, 예수님과 같은 사랑이 없었다는 것입니다. 먼저 우리가 프랑스 혁명에 실망하고 환멸을 느끼는 가장 큰 이유가 무엇인지를 살펴보겠습니다.

다음 그림이 루이 16세입니다. 사실 루이 14세, 15세에 비해 루이 16세는 속된 말로 뭘 해먹지도 못하고 당한 사람입니다. 의회를 성직자와 귀족이 독차지하고 있었는데, 루이 16세는 유화정책을 써서 제3신분인 평민들도 참여시켰습니다. 그러고 보면 불쌍한 사람이지요. 참 순진한 사

앙투안 프랑수아 칼레, 〈1779년 대관식 복식의 루이 16세〉(278×196cm, 캔버스에 유채, 1788)

람이었습니다. 프랑스 혁명이 일어난 1789년 7월 14일, "와!" 하는 함성 소리가 들려서 시종에게 "폭동인가?" 하고 물었더니 "아닙니다. 혁명입니다"라는 대답이 돌아왔다는 이야기가 유명합니다. 폭동이냐 혁명이냐, 여기엔 온도 차이가 있는 것이지요.

　루이 16세는 파리에서 살지 않고 베르사유에 살았습니다. 혁명은 파리에서 일어났는데 베르사유에 있으니 이 사실을 모르지요. 전혀 실정을 몰랐습니다. 시민들은 그때까지만 해도 왕을 그렇게 나쁘게 생각하지 않았는데, 빵가게에 갔다가 빵을 못 사게 생겼으니까 3천 명이나 되는 여자들 부대가 앵발리드Les Invalides에 쳐들어갑니다. 지금은 군사박물관인데, 원래는 부상병을 수용하던 건물이었고, 당시엔 여기에 무기고가 있었거든요. 거기서 대포까지 뺏어가지고 스위스 용병들이 지키고 있는 베르사유 궁으로 돌진합니다. 이들이 왕이 탄 마차를 뒤흔드니까 루이 16세는 그제야 "아, 혁명이구나!" 하고 깨닫습니다. 그렇게 항복하고 파리로 끌려가 의회를 승인하고 입헌군주제를 인정하게 됩니다.

이 앙시앵레짐의 마지막 시기 비극의 주인공들이 루이 16세와 마리 앙투아네트입니다. 마리 앙투아네트는 오스트리아의 합스부르크가 출신입니다. 합스부르크가는 아주 이상한 가문이었습니다. 본래는 스위스의 합스부르크성을 다스리는 작은 가문으로 출발했지만 전쟁으로가 아니고 딸들을 결혼시켜서 땅을 얻음으로써 영토를 넓혔고, 지금의 독일, 이탈리아까지 차지했지요. 그래서 합스부르크가가 망한 뒤로도 한동안 사람들은 합스부르크 은화 아니면 받지 않을 정도였어요. 지금 달러 아니면 안 받는 것처럼 말이지요. 그 정도로 세력이 있었을 때 마리 앙투아네트가 시집와서 보니 프랑스인들이 꼭 야만인 같은 거예요. 과자도 먹지 못하고 있었던 것입니다. 과자를 보면 문화수준을 알거든요. 빵은 죽지 않기 위해 먹는 것이고, 어느 정도 사치를 부릴 여유가 될 때 케이크를 먹는 것이지요. 그러고 보면 화이트데이니, 밸런타인데이니 챙기는 것이 대단한 일입니다. 빵만 먹던 사람이 과자를 먹는다는 게 얼마나

엘리자베스 루이즈 비제 르브룅, 〈장미를 든 마리 앙투아네트〉(1783년, 베르사유궁)

큰일입니까. 아무튼 마리 앙투아네트가 프랑스에 와서, 빵 문화만 있을 뿐 과자 문화는 없는 사람들에게 케이크 굽는 법을 가르쳐주었습니다.

마리 앙투아네트로서는 억울하다고도 할 수 있는 게, 프랑스의 루이 왕조보다 사치스럽고 문화 수준도 높았던 합스부르크가 출신의 마리 앙투아네트는 이전에 하던 대로 했을 뿐이지요. 사람들이 100억을 떼먹은 사람에게는 분노하지 않습니다. "아, 100억을 해먹었어?" 하고 맙니다. 그런데 "저 사람이 5천만 원 해먹었어" 하면 "저런 죽일 놈을 봤나" 하고 나오는 것이지요. 원래 사람들이 짜장면 값 떼먹으면 화를 내잖아요. 마리 앙투아네트가 그렇게 당한 거예요. 이미 앞서 살았던 사람들이, 내가 죽고 나서 어떻게 되느냐는 알 바 아니다 하면서 사치와 권력을 누린 것들이 루이 16세에 와서 터진 것이지요. 마리 앙투아네트는 그냥 하던 대로 교양 있는 귀부인처럼 사교계를 누비며 살았던 것인데, 이 사람의 반지가 얼마다, 화장수가 얼마다 하는 말에 군중이 폭발한 것입니다. 왕실에서 쓰는 돈에 비하면 사실 아무것도 아니지요. 하지만 '이 여자가 나라를 망친다'면서 군중들이 베르사유 궁에 쳐들어갔을 때도 왕은 놔두고 왕비를 찾습니다. 이렇게 마리 앙투아네트의 사치와 낭비가 프랑스혁명의 도화선이 됩니다. 모든 정치가 그렇듯이, 머리 좋은 사람이 이론적이고 합리적인 주장을 편다고 해서 군중이 따르지 않습니다. 하지만 흑색선전, 마타도어matador라 해서, 국가 재정이 어떤지는 잘 모르지만 마리 앙투아네트의 향수 값이 얼마고 의상비가 얼마다, 이것 때문에 나라가 망했다, 하면 사람들이 전부 분노해서 들고일어나는 것이지요.

빵

장발장은 빵을 왜 훔쳤습니까? 자신이 먹으려는 게 아니라 굶주리는 일곱 명의 조카를 먹이려고 훔쳤지요. 탈옥을 왜 했습니까? 조카들 살리려고요. 19년 동안 그렇게 탈옥을 시도하다가 형이 누진되었던 것입니다. 그러면 이때 장발장이 훔치려고 했던 빵이 상징하는 게 무엇일까요? 성찬식의 빵과 포도주에서 보듯이,

기독교에서 빵은 예수님의 몸입니다. 육신의 양식일 뿐 아니라 영혼의 양식을 뜻하지요. 그렇다면 어째서 위고는 장발장이 다름 아닌 빵을 훔친 것으로 설정했을까요? 빵의 의미는 무엇입니까?

특히 프랑스에서는 빵이 생명입니다. 최근까지도 빵은 가격을 정부가 통제했어요. 공공요금이었던 거죠. 빵이 없으면 죽으니까요. 앞에서도 샤를 푸리에 이야기를 했지요. 저는 요즘 나오는 인문학 책보다도 푸리에의 책을 한번 읽어보시길 권합니다. 현실 인식이 기가 막혀요. 후대의 사회주의자들이 자신들의 주장은 과학적 사회주의이고 이 사람의 사상은 공상적 사회주의라고 하는데, 푸리에가 훨씬 합리적이고 현대적입니다.

푸리에가 당시에 무엇을 보았습니까? 가물어서 흉년이 들면 소매 밀을 사재고, 밀을 산더미처럼 쌓아놓고 불을 지르기도 하는 장면을 목격했습니다. 흉년이 들었다면서 농민들에게서 매점매석해서는 출하를 늦춰 가격을 몇 배 뛰게 하는 것입니다. 그리고 당시 빵집에서 굽는 빵에는 규격이 있었는데, 규격보다 작은 빵을 내놓고서는 반죽이 덜 부풀어서 그렇다며 양을 속이는 일도 있었습니다. 그래서 당시에는 빵 감독관이 빵집을 돌아다니면서 양을 달아보곤 했습니다. 다른 것은 몰라도 가난한 농민들이 먹는 빵을 속이는 것은 절대 용서할 수 없다는 것이었지요. 그래서 비양심적인 빵집 주인을 빵 굽는 화덕에 집어넣고 태워 죽이는 일도 있었어요. 그 정도로 중요한 사안이었던 것이지요.

그런데 밀가루가 없어 빵 가게가 전부 문을 닫는 일이 벌어진 것입니다. 그래서 폭동이 나지요. 생각해보십시오. 아침에 빵을 사려고 빵 가게 앞에 줄을 서서 기다리는데, 빵이 없다고 하면 사람들이 가만있겠습니까? 아우성치면서 "쳐들어가자!" 하게 되는 거예요. 우리나라는 그래서 혁명이 안 일어납니다. 밥이라는 건 자기 집에서 해 먹으니까, 아침에 밥을 사려고 줄 서서 기다리는 일도 없습니다. 그래서 밥 먹는 문화권에서는 여간해서는 혁명이 일어나기 어렵습니다. 그런데 빵을 주식으로 사먹어야 하는 도시에서는 장사하는 사람들이 생사여탈권을 쥐고 있어서, 빵 값이 오른다든지 빵의 양을 속인다든지 하는 일이 벌어지면, 민심에 확 불이 붙는 것입니다.

세금을 내지 않으면 맷돌을 압류해 갔습니다. 맷돌이 없으면 밀가루를 못 만듭니다. 밥은 도정한 쌀을 끓이기만 하면 되지만, 밀은 딱딱해서 그냥 못 먹고 가루를 만들어 구워 먹어야 합니다. 제가 늘 이야기하는 것이 그것입니다. 하찮은 것 같지만, 우리가 빵을 매일같이 먹는다고 해봅시다. 우리 식으로 하면 매일 떡을 해 먹는 것이거든요. 매일 떡을 해 먹는다고 하면 그 집이 어떻게 되겠습니까. 동력을 안 쓸 수가 없고 사회성이 안 생겨날 수가 없어요. 혼자서 손으로 빻기는 어려우니 같이 모여서 이러저러하게 해보자고 궁리하게 되는 것이지요.

우리는 빻지 않았기 때문에 방앗간이라는 것이 없어도 되었습니다. 한국의 물레방앗간은 남녀가 밀회 장소로 이용할 정도로 한적한 곳이거든요. 그 정도로 잘 사용하지 않았다는 이야기입니다. 그런데 서양에서는 'mill', 공장이라는 게 바로 방앗간 아닙니까? 늘 사람들이 복작복작한 곳입니다. 밀을 빻아야 빵을 먹을 수 있으니 방앗간 주인이 제일 부자란 말이죠. 방앗간 집 딸이면 공주나 다름없습니다. 그래서 슈베르트의 연가곡집 〈아름다운 물방앗간의 아가씨〉에서 시인은 방앗간 집 딸을 사랑하는 마음을 노래합니다. 왜 방앗간 집 딸일까요? 방앗간에 문명이 다 있습니다. 그리고 가장 돈 많은 사람이 방앗간 주인입니다. 모두가 밀을 빻으러 오니까요. 설령 흉년이 들어도 방아는 찧어야 하니까 방앗간 주인은 항상 돈이 있는 거예요.

궁 밖에서 들리는 함성 소리에 마리 앙투아네트가 "밖이 왜 이렇게 소란하냐"고 물으니 "빵 가게에서 빵을 안 판다고 그럽니다"라는 대답이 돌아오지요. 그때 마리 앙투아네트가 "Qu'ils mangent de la brioche", "그러면 브리오슈를 먹지 왜들 야단이냐"며 염장을 질렀다고 하지요. 브리오슈는 버터와 설탕을 많이 넣어 맛있게 만든 고급 빵입니다. 우리 같으면 밥이 없어 굶는다는 사람에게 밥이 없으면 쇠고기를 먹으라고 하는 셈이지요. 이래서 혁명이 일어나는 것입니다. 그런데 놀랍게도 이 말은 마리 앙투아네트가 한 말이 아닙니다. 그보다 전에 쓰인 장 자크 루소의 《고백록》에 나오는 말입니다. 농민들이 빵이 없다고 하니까 어느 공작 부인이 그러면 브리오슈를 먹게 하라고 말하는 대목이 있어요. 그런데 마리 앙투아네트가 이런 말을 했다고 누군가가 소문을 퍼트린 거죠.

무정한
사람들
|
오늘날 루이 16세와 마리 앙투아네트 재판을 다시 한다면 무죄 판결을 받을지도 모르는 일입니다. 하지만 역

사는 항상 약하고 억울한 사람을 만들어냅니다. 예수님이라면 어떻게 하셨을까요? 어느 여인이 간음하다 끌려오자 "너희 중에 죄 없는 자가 먼저 돌로 치라"(요 8:7) 하셨듯이, 제아무리 나쁜 루이 16세와 마리 앙투아네트라도, 남들이 모두 죽이라고 할 때 "얘, 알아보고 해라. 설령 잘못했다고 할지라도 그렇게 하면 되겠니?" 하셨을 거예요. 그게 기독교 정신이거든요. 미운 놈 죽이는 건 누군들 못하겠습니까. 가만 놔둬도 다 해요. 예수님은 원수를 사랑하고 누가 오른편 뺨을 치면 왼편도 내밀라고 했는데 기독교인 중에 몇이나 그렇게 하고 있습니까? 저는 물론이고 여러분 중에도 그렇게 하실 분이 있습니까? 하지만 그게 기독교인이거

루이 16세의 심문 장면

소설로 떠나는 영성순례

든요. 기독교인은 이렇게 별난 사람들이고, 예수를 믿는 것은 참 힘든 일입니다. 세례만 받는다고 되는 일이 아닙니다.

그러면 프랑스 혁명은 어떠했습니까? 반기독교적인 일이 많았습니다. 마리 앙투아네트는 자신은 죄가 없으니 죄목을 대보라면서, 죽을 때 당당했어요. 루이 16세도 "법으로 한다면서? 그래 나는 무슨 죄가 있느냐? 죽을 만큼 잘못한 것이 있느냐?" 하고 묻지요. 그때 돌아온 말이 유명합니다. "당신의 죄는 당신이 왕이라는 것이오." 왕이라는 것 자체가 죄라는 것입니다. 왕정을 없앨 때니까 죽이는 것이지요. 그것도 361대 360, 한 표 차이로 사형이 결정되었습니다. 당시에는 왕권신수설이 남아 있어서 왕은 하나님이 지명했기 때문에 함부로 할 수 없다고들 생각해서 사형집행인이 집행을 거부했습니다. 지옥 갈까 두려웠기 때문인데, 아주 무식한 누군가가 집행에 나섰지요. 한 표 차이로 죽음이 결정되었고, 죄목은 왕이라는 것이었습니다. 이렇게 역사라는 것은 비인간적이며, 한 사람 한 사람의 개체가 문제가 되지 않습니다. 그런데 개인이라는 것은, 아무리 나쁜 사람도 연민을 자아내기 마련입니다. 영화에서는 주인공이 겪는 비극에 사람들이 눈물을 흘려줍니다. 영화 〈내일을 향해 쏴라〉에서처럼 설령 그 주인공이 은행 강도이더라도 말이지요. 아무리 나쁜 사람이라도 빛을 주고 사랑하기 시작하면, 다시 말해 이해하기 시작하면 돌을 던지지 못합니다. 거기까지 가는 게 종교이고 그게 기독교입니다. 그런데 역사 속에서 가장 큰 이성의 시대가 왔을 때, 사람들이 이렇게 귀중한 기독교 정신, 생명 사상, 사랑의 사상을 잃어버렸던 것입니다.

작자 미상, 〈로베스피에르〉(1790년경, 카르나발레 미술관, 파리)

로베스피에르는 아주 정직한 인권변호사였습니다. 그의 절친한 친구이자 혁명 뒤 권력을 얻은 당통이 매일 술 먹고 여자들 끼고 다닐 때, 로베스피에르는 혁명을 하는 사람이 타락해서는 안 된다며 몇 번이나 말리기도 했습니다. 아주 강직하고 정의롭고 나무랄 데 없는 사람이었지요. 혁명기에 최정상의 권력을 쥐었을 때도 셋방살이를 했습니다. 그런데 나쁜 짓 안 하고 언제나 옳은 행동을 하는 자신의 잣대로 보니 로베스피에르에게는 도처에 죽일 놈들이 널려 있었던 것입니다. 그래서 끔찍한 처형이 줄을 잇습니다.

로베스피에르는 한 번에 평균 대여섯 명을 놓고 처형했어요. 로베스피에르에게 잘못이 있었다면 딱 하나가 모자랐다는 것입니다. 바로 정,

단두대에서 처형된 루이 16세의 머리를 군중에게 보여주는 모습을 담은 그림

사랑이 없었던 것이지요. 그러고 보면 '레미제라블'이란 제목을 '아, 무정'이라고 번역한 게 잘한 것입니다. 이 책은 무정한 걸 그린 거예요. 정의로운 혁명이든 그렇지 않은 혁명이든, 혁명이 일어나면 생명과 사랑을 도외시하게 됩니다. 좋은 혁명이든 나쁜 혁명이든 그렇게 됩니다. 저는 6 · 25를 겪었고 혼란한 시절을 살았던 터라 여기에 대해 잘 알고 있습니다. 정말 끔찍한 시대였습니다. 정의의 이름으로 사람을 죽입니다. 그 사람들 말하는 게 실제로 다 옳아요. 그러니 그렇게 해야 돼요. 그런데 그러다 보니 많은 사람들이 죽어요. 그러면 그때 다시 종교에 대한 관심이 생겨나고, 사랑이 무엇인지, 생명이 무엇인지, 인간이 무엇인지

깊이 생각하게 되는 것입니다.

로베스피에르에게
은촛대가 있었더라면

| 프랑스 혁명이란 것은 토지 재벌인 귀족들과 신흥 금융 자본가들의 싸움입니다. 그런데 귀족들이 토지 자본을 압도적으로 많이 소유하고 있었지만, 토지를 가장 많이 가지고 있는 것은 교회였습니다. 제1신분인 가톨릭 성직자들과 제2신분인 귀족들이 토지를 가지고 있었어요. 그런데 제3신분 중 금융 자본가들이 토지 자본과 마찰하기 시작합니다. 토지를 수용하기 위한 가장 좋은 방법이 가톨릭을 공격하는 것이지요. 한때 미국의 시민혁명을 지지하기도 했던 영국의 정치사상가 에드먼드 버크는 《프랑스 혁명에 관한 성찰》이라는 책에서 이런 내용의 이야기를 합니다. "국왕이 민중에게 폄훼당하고 교회의 재산이 몰수된 것은 귀족에 대한 금융 세력의 공격에 지나지 않았다. 교회가 보유하는 토지는 타깃으로서 안성맞춤이었으니, 국왕은 가끔 이 토지를 둘러싼 권리를 귀족들에게 나눠주면서 그것으로 통치를 했던 것이다. 그리하여 토지를 기반으로 하는 귀족층과 새로 출현한 금융 세력의 다툼이 격렬히 전개되는 동안, 싸움의 양상은 금융 세력에게 유리하게 기울기 시작한다. 언제 팔아서 현금화할 수 있을지 모를 토지에 비해 돈은 쓸 수 있는 용도가 훨씬 많고 즉석에서 쉽게 사용할 수 있다. 때문에 금융 세력은 자신들이 지닌 돈으로 인해서, 변화를 바라는 모든 사람들을 조종할 수 있었고, 토지 세력을 누를 수 있었다."

소설로 떠나는 영성순례

이런 말을 한 사람이 바로 민주정을 지지하고 왕정을 비판한 버크였습니다. 왕당파, 앙시앵레짐의 편에 선 사람이 아니라, 영국 사람이면서도 미국의 시민 편을 든 사람이 프랑스 혁명에 대해서 이런 비판을 가하고 있다는 것입니다.

이어서 이런 내용의 이야기를 합니다. "루이 14세의 최성기 프랑스 왕정은 지식인들을 많이 중용했고, 그들에게 보수도 지급했다. 그런데 루이 14세 사후의 섭정과 이후의 왕위 계승자들은 점점 지식인들을 홀대하기 시작했다. 그러자 스폰서를 잃은 지식인들은 자기들의 조직을 만들어서 이를 메우기 시작했는데, 아카데미 창립이며 방대한 백과전서의 편찬이 바로 그것이다〔이들이 곧 계몽주의파임〕. 이 지식인들 일부는 이성에 대한 극단적 열정에 사로잡혀 혁명 세력과 손잡고서 기독교를 부정하고 파괴하려는 대개혁에 돌입한다. 그들은 이렇게 외쳤다. '누구든 이성주의로 개종하라. 교회는 어떤 방법으로든지 공격할 대상이다. 직접적인 행동으로 교회를 쓰러뜨리는 것이 어려울 때는 종교를 부정하는 방향으로 여론을 이끌어가라. 그리고 그것을 위해서는 문단과 논단을 독점해 여론에 대한 영향력을 장악해야 한다. 우리 편이 아니라면 인텔리라고 평가해서는 안 되며, 우리 말을 듣지 않는 지식인들은 관용이 아닌 중상모략의 대상일 뿐이다. 문필에 의한 공격으로 끝이 아니다. 권력을 손에 넣어라. 타인의 재산, 자유, 생명, 모든 것이 우리의 타깃이다!' 혁명의 지도자들은 자국의 조상을 경멸하고 동시대인을 경멸하고 그들 자신들을 경멸하는 데 이르렀고, 드디어 문자 그대로 경멸이 하나의 시대 풍조가 되면서 냉소주의로 흐른다. 프랑스는 어째서 이 재난을 불러들였는

피에르 앙투안 드마시, 〈최고 존재의 제전〉(1794, 파리, 카르나발레 미술관)

가? 대체 이를 어떻게 갚으려고, 다른 나라들이 번영을 획득하기 위해 지불한 것보다 더 큰돈을 주면서 가난해지려 하는가? 프랑스는 왜 저런 범죄를 저지르고 있는 것인가?"

　다 받아들일 수는 없지만 프랑스 혁명 당시에 지식인들의 역할이 있었고, 토지 자본주의와 금융 자본주의 등이 복잡하게 뒤얽혀 있었다는 것이지요. 역사라는 것은 근접해서 들여다보기보다는 항상 멀리서 보는 것이고, 당시 강자의 편에서 쓰이게 마련입니다. 반면 소설은 살아 있는 한 사람 한 사람에 대한 이야기이지요. 이것이 바로 구약과 신약의 다른 점이기도 합니다. 구약은 왕들의 이야기이지만, 신약의 이야기는 창녀들, 세리들, 이름도 없는 사마리아 사람들의 이야기입니다. 소설이 역사보다 중요한 까닭은 역사가들이 놓친 것을 소설이 드러내 보여주기 때

소설로 떠나는 영성순례

문입니다.

로베스피에르는 이성주의를 주장하면서 교회를 공격하고 가톨릭을 부정했습니다. 그러면서 이성을 신의 자리에 올려놓지요. 이것을 그야말로 눈앞에 보여준 것이 '라 페트 드 레트르 쉬프렘La Fête de l'Être Suprême', '최고 존재의 제전'입니다. 그림에서 보듯 이성을 상징하는 여신을 하나 세워두고 농업마차를 들여다놓고 이벤트를 열었습니다. 최초의 이벤트였던 셈이지요. 요즘 이벤트를 많이 하는데, 그 원조가 로베스피에르입니다. 사람들이 종교 없이는 못 사니까, 이렇게 종교를 하나 만들어서 제전을 펼쳤고, 범신汎神, 최고의 신, 이성의 신을 모시는 이 제전을 쉬프렘 페트, 최고 제전이라고 합니다. 최근에 자료를 찾다 보니, 로베스피에르의 최고 제전을 연구한 논문이 아주 많더군요. 최고 제전이 무엇이며 종교와 어떻게 관련되어 있는가를 탐구하는 글들입니다. 아무튼 로베스피에르는 이 최고 제전을 만든 뒤 반년도 못가서 죽게 됩니다.

이 서명을 잘 보세요. '로베스피에르'라고 쓰인 이 서명 때문에 수많은 사람들이 죽었습니다. 그런데 그가 국민공회에 갔을 때 반대파가 자기를 체포하러 오니까 시청으로 도망을 갑니다. 빨리 서명을 해서 국민군을 동원해야 거꾸로 이 사람들을 칠 수가 있는 것이지요. 하지만 체포가 임박해오자 권총으로 자살을 기도해 중상을 입지요. 로베스피에르의 그 많은 서명 중 마지막 서명이 아래 있습니다. 쓰다가 만 서명이 바로 이 피 묻은 문서에 생생하게 남아 있어요. 역사의 현장이란 것이 참으로 아이러니하지요.

끝까지 서명을 못하고 죽은 로베스피에르의 잘못은 무엇이었습니까? 가난하고 힘없는 사람들을 위해서 당시의 신분제를 없애려던 강직하고 정의로운 사람이었지만, 한 가지, 기독교적 사랑이 부족했습니다. 예수 님의 사랑이 없었습니다. 이것만 가졌더라면 이 사람은 장발장이 되었

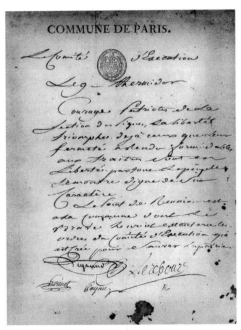

로베스피에르의 최후 서명이 담긴 피 묻은 문서

을 것입니다. 위고는 로베스피에르를 부정한 사람이 아닙니다. 로베스피에르가 만약 미리엘 주교의 은촛대를 가지고 있었더라면, 프랑스 혁명은 많은 피를 흘리지 않고서도 성공할 수 있었을 것입니다. 인간의 힘이 아니라 인간을 뛰어넘는 사랑의 힘에 의해서, 악덕 귀족과 사치를 일삼던 이들의 왕정을 민중들의 새로운 공화정으로 더 일찍, 더 쉽게 만들 수 있었으리라는 것, 그것이 바로 《레미제라블》에서 이야기하는 바입니다. 위고는 지금까지 되짚은 과거의 역사를 다 겪고 나서 이 소설을 쓴 것입니다.

불쌍한 사람은 누구인가

'레Les'는 관사입니다. '미제라블Misérables'은 '비참한', '불쌍한'이라는 뜻입니다. '비참한 사람들', '불쌍한 사람들'이란 말이지요. 누구를 가리키는 것일까요? 흔히 코제트를 비롯한 가난한 사람들을 떠올리는데, 자베르 형사는 불쌍한 사람 아니에요? 그는 범죄자 아버지와 집시 어머니 사이에서 형무소에서 태어났습니다. 그래서 평생을 불법을 행하지 않고 법을 위해서 자신을 바치겠다고 한 사람이에요. 법 아니면 아무것도 모르는 사람으로, 융통성이라곤 요만큼도 없어요. 그런데 마지막에 자살하잖아요. 인간이 만든 법에는 잘못된 것이 있는데 자신이 법을 절대시했다는 것을 깨닫습니다. 더군다나 장발장이 자기를 살려주기까지 했으니까요. 그런데 장발장은 마지막에 자베르를 살려줄 뿐 아니라, 코제트를 학대하고 자신을 해하려 했던 그

못된 테나르디에까지도 용서합니다. 이게 바로 기독교 메시지 아닙니까? 그런데 그건 아무도 보지 않습니다. 바리케이드 위에서 소리치고 노래 부르는 데만 감동하고, 장발장을 잡으러 다니는 자베르를 비난할 뿐입니다. 하지만 《레미제라블》은 사람을 살려주는 이야기입니다. 그러니까 위고는 반反혁명을 주장하는 것이 아니고, 혁명 이상의 것이 없었기 때문에 그 혁명이 실패했다는 점을 말하고 있는 것입니다. 맞아요, 위고는 혁명을 노래했어요. 하지만 보통의 정치가와 달라서 왕정과 공화정을 넘어서는 작가로서의 의식이 있었습니다.

빅토르 위고의 배경을 살펴보면 그가 어떻게 그럴 수 있었는지 이해가 갑니다. 위고의 아버지는 나폴레옹을 따르던 장군이었습니다. 그러니까 코르시카를 비롯해서 온 유럽을 돌아다녔지요. 그래서 어머니는 남편 없이 혼자 있어야 할 때가 많았습니다. 그런데 프랑스에서는 남편은 아내 말고 여자 친구를 하나씩 두고, 아내도 남편 외에 남자 친구가 있는 게 보통입니다. 상류층에서는 그게 흉이 아니었어요. 그래서 왕이 파티를 열면 아내뿐 아니라 여자 친구도 데려오라고 정식으로 초청하지요. 그래서 정부들도 파티에 거의 다 왔습니다. 프랑스 사람들이 이런 것은 굉장히 너그러웠습니다. 그런데 빅토르 위고의 어머니도, 그의 애인도 왕당파였습니다. 아버지는 늘 전장에 나가 있으니 위고는 어머니의 애인에게서 교육을 받으며 사상을 주입받은 것이지요. 그래서 위고는 공화파인 아버지와 왕당파인 어머니 사이에서 굉장히 고민을 많이 했습니다. 작중에서는 그게 마리우스이지요. 등 떠밀려 혁명에 참가했다가 결국은 코제트와 결혼하잖아요.

이런 걸 보면 인간의 모순, 이념에 따라 흑백으로 분명하게 나눌 수 없는 어려운 상황과 아픔을 생각하게 됩니다. 심지어 위고는《레미제라블》에서 6월 혁명, 폭동을 찬양하고 가브로슈를 영웅화했지만 실제 일기에는 "큰일 났다. 저런 양아치, 무지한 사람들이 질서를 파괴하면 나라가 앞으로 어떻게 될까?" 하며 대단히 부정적으로 써놨어요. 그러니까 작가가 소설에서 이렇게 썼다고 그 사람의 속마음도 그러할 것이라고 생각하면 안 되는 것입니다. 소설가로서의 모습과 자연인의 모습이 반드시 같은 건 아닙니다. 그걸 혼돈하면 안 돼요. 빅토르 위고 자신의 이념도 왔다 갔다 하는 탓에 지금 보면 여러 가지 복잡한 모습도 나옵니다. 인간이 본래 그렇다는 것이지요.

한줌의 흙

앞에서 빵 이야기를 했으니, 아울러 흙 이야기를 잠깐 하지요. 빅토르 위고는 가난한 사람의 관을 만드는 데 쓰라며 5만 프랑을 내놓는다는 유언을 남기기도 했지요. 존 러스킨도 '무네라 풀베리스*Munera Pulveris*', 한줌의 흙이라고 해서, 죽은 자에게 흙을 덮어주는 것이 인간이 인간에게 마지막으로 해줄 수 있는 최소한의 선善이라고 보았습니다. 가장 나쁜 흉악범은 절대로 묻어주지 않습니다. 그런데 당시 가난한 자는 죄가 없어도 매장을 못했지요. 그러니까 살아 있을 때는 빵이지만, 죽은 자에게는 흙이고 관이지요. 아주 못된 사람이 길거리에서 파리가 나오는 시체를 보고 흙을 덮어줬는데, 그것 때문에 천국에 간다는 옛날이야기도 있거든요. 그러니까 당시에 관이라는 것, 장례라는 것이 얼마나 중요했는지를 알 수 있습니다.

호메로스의 《일리아스》에도 장례에 관한 이야기가 있지요. 트로이 전쟁이 딱 한 번 휴전하는데, 장례 때문이었습니다. 아킬레우스의 친구 파트로클로스가 아킬레우스의 갑옷을 입고 나갔다가 헥토르에게 죽자, 그간 출전하지 않던 아킬레우스가 전쟁터에 나가 헥토르를 죽입니다. 양쪽이 하나씩 죽은 상황이지요. 그러자 자식 헥토르를 잃은 트로이의 왕 프리아모스가 슬피 울며 그리스 진영으로 찾아와 말합니다. '나는 훌륭한 아들들을 잃은 불쌍한 노인이다. 당신도 아버지가 있고, 당신이 살아 돌아오기를 기다리고 있지 않느냐. 그 아버지를 생각해서라도 나를 불쌍히 여기고 아들의 시신을 돌려달라.' 이에 두 사람은 죽은 이들을 위해 통곡하고, 두 사람의 장례를 융숭하게 치러줍니다. 전쟁과 장례, 참 상징적이지요.

인간의 마지막은 죽음입니다. 인간은 절대 죽음을 넘어갈 수 없어요. 심지어는 예수님까지도 인간의 몸으로 오셔서 죽음을 겪으셔야 했습니다. 나중에 부활하실 수 있더라도 말이지요. 그렇기 때문에 인간이 죽음을 대하여 할 수 있는 최고의 일이란 장례식밖에 없어요. 울어주는 것, 흙 덮어주는 것, 그리고 성대하게, 경건하게 의식을 치르는 것이지요. 죽으면 다 평등해요. 죽음에는 차별이 있을 수 없습니다. 잘 아시겠지만 고대 그리스인들은 죽음의 강을 건널 때 사공 카론에게 줄 뱃삯으로 쓰라고 죽은 사람 입에다 동전을 물려줍니다. 가난한 사람이건 재벌이건 죽고 나면 모두 똑같습니다. 하지만 장례식을 치르는 데는 돈이 필요한 것이 사실입니다. 사람이 죽으면 모여서 울어주고 매장하는 의식이 이루어져야 하는데, 돈이 없으면 그것을 못하는 것이지요.

아끼던 제자 안회가 죽자, 공자는 통곡을 하며 슬퍼했습니다. 안회는 가장 사랑하는 수제자였으니까요. 그러자 안회의 아버지이자 공자의 제자이기도 한 안로가 공자의 수레(요즘 같으면 자가용이죠)를 팔아서 안회의 관을 마련해 성대하게 장례를 치러주기를 요구합니다. 그러자 공자는 안 된다고 거절하지요. 그렇게 사랑하는 제자가 죽었는데, 장례를 위해 수레를 팔지 못하겠다는 것이에요. 왜 그랬겠습니까? 당시의 제후들은 아무리 초라한 선비라 하더라도 의관을 갖추고 제자들을 수행하고서 수레를 타고 오면 성문을 열지 않을 도리가 없었어요. 그러지 않으면 지식인을 홀대했다고 다른 제후들에게 손가락질을 당하니까요. 그러니까 공자에게는 안회의 장례식도 중요하지만 수레도 중요했던 것이지요. 수레가 없어 제후가 만나주지 않으면, 자기 앞의 제자들이 죽는 것입니다. 그래서 마지막 남은 수레를 팔지 못했습니다. 수레를 팔았어야 한다, 아니다 팔지 않은 것이 잘한 것이다. 스승의 수레를 팔아 제자의 장례식을 치르는 것은 예의에 어긋나는 일이다, 아니다 그렇게 말과 실천이 다르면 제자들에게 천하의 경륜을 펼 수가 없다, 하고 지금도 논쟁거리가 되고 있습니다. 바로 동양에서도 장례식을 그렇게 중요시했기 때문입니다.

장발장

|

　　　　　　　　　　　　장발장 이야기부터 해보지요. 사진은
영화 첫 장면에 나오는 툴롱 감옥의 노역 장면입니다. 이전에는 노예들
이 노를 젓는 갤리선을 썼는데, 새로운 배들이 나오자 갤리선은 폐선시
켰습니다. 툴롱은 갤리선 폐선장이에요. 그곳의 폐선들을 사람들이 끌
어내는 것이지요. 인간 기중기라고 할 정도로 힘이 센 장발장도 여기서
노역을 했습니다. 영화에서는 죄수들이 이 장면에서 〈룩 다운Look Down〉
이라는 노래를 부르지요. "아래를 봐, 아래를 봐, 위를 보지 말고 아래를

영화 〈레미제라블〉에서 묘사한 툴롱 감옥의 노역(UPI 코리아 제공)

　　　　　　　　　　　　　　　　　　　소설로 떠나는 영성순례

봐."

엄청난 충격과 감동을 주는 장면입니다. 더군다나 아이맥스에서 보면 빨려 들어가지요. 이런 예술의 힘이란, 잘못하면 인간의 이성을 마비시킬 정도입니다. 인간을 유혹한 뱀이 얼마나 황홀하게 유혹했을지도 짐작이 갑니다. 아이맥스 화면에 압도되고, 마지막에 바리케이드에서 노래하는 장면에서는 피가 끓습니다. 열광적인 박수가 터져 나오지요. 그런 힘을 좋은 방향으로 이끄는 것이 바로 이성의 힘이고 참으로 믿는 자들의 힘입니다. 그렇지 않고 광신으로 흐르면, 마귀가 틈타기 좋은 곳이 되고 맙니다.

고전주의자들은 이러한 열광주의를 아주 싫어하고, 낭만주의자들은 이 같은 힘이 생명의 원동력이라고 생각합니다. 같은 소설이라도 해도 이성의 힘을 믿는 고전주의적 접근과 영감과 감성을 믿는 낭만주의적 접근이 아주 다르지요. 기독교도 마찬가지입니다. 종교의 이성적 측면만 강조하면서 이성적으로 사회에 접근하면 교회가 일반 NGO와 다를 바 없는 기관이 되어버리고 맙니다. 반대로 감성적 영성의 측면만 강조하면 치유와 신비주의를 향하게 되어 많은 문제를 일으킵니다. 마르크스의 말처럼 민중의 아편에 지나지 않는 종교가 되어버리고 마는 것이지요.

《레미제라블》에는 기독교인들이 이해할 수 있는 각별한 메시지가 있습니다. 장발장이 마지막 죽을 때 하는 대화에서 보는 것처럼 장발장이 육신은 감옥에서 벗어났지만, 영혼의 자유는 미리엘을 만나지 못했다면 얻지 못했을 것입니다. 우리는 이 세속의 벽을 끝없이 넘어서려 하지만, 영혼을 풀어주는 것은 은촛대의 은총입니다. 영화의 끝부분에서 쇠사슬

장발장. 구스타브 브리옹이 그린 초판본(1862) 삽화

을 풀어달라고 하는 장발장에게 코제트가 말하잖아요. "아버지, 이제는
당신을 묶을 어떤 쇠사슬도 없습니다." 이것을 인정하는 장발장에게 죽
음은 완전한 해방이었습니다.

　《레미제라블》의 기본적인 이야기는 끝없는 탈옥 시도와 성공입니다.
'프리즌 브레이크Prison Break' 하는 것입니다. 툴롱 감옥에서 벗어나고
증오와 멸시가 쏟아지는 사회에 대한 적대감으로부터 탈옥하는 이야기

　　　　　　　　　　　　　　　　　　　소설로 떠나는 영성순례

입니다. 증오심으로 뭉친 한 사내가 미리엘 주교가 보여준 사랑에 감화되어 변화하는 이야기입니다. 미리엘 주교의 사랑이 없었던들 감옥에서 백번 나왔다고 해서 자유인이 될 수 없지요. 장발장을 자유인으로 만들고 쇠사슬에서 벗어나게 한 것은 은촛대의, 영혼을 밝혀주는 빛이었습니다. 이렇게 《레미제라블》은 정말로 혁명을 성공시킬 수 있는 길, 로베스피에르 식의 살육과 숙청이 아니라 사랑과 평화로 가는 길을 알려주는 것이지요.

인간이 가질 수 있는
모든 이야기

《레미제라블》의 이름만 연구해봐도 아주 재미있습니다. 우선 장발장은 이름이 몇 개입니까? '죄수번호 24601호'로 불렸고, '마들렌'으로 이름을 바꾸었습니다. '기욤 랑베르'를 거쳐, 다시 수감되어서는 '9430호', 그다음엔 '윌팀 포슐르방'으로 이름을 바꾸고, '르블랑Leblanc'으로 불리기도 합니다. '블랑blanc'은 희다는 뜻인데, '몽블랑Mont Blanc'의 그 '블랑'입니다. 머리가 희다고 해서 르블랑이 되었는데, 왜 머리가 하얗게 세었느냐면 장발장으로 오인되어 잘못 잡혀온 사람 때문에 고민을 많이 했기 때문입니다. 내가 자수하지 않으면 애먼 사람이 억울하게 죽게 됩니다. 하지만 자신에게도 아직 할 일이 많습니다. 코제트도 보살펴주어야 하죠. 내가 살기 위해서가 아니라 여러 사람을 살리기 위해서인데 한 사람쯤 죽게 내버려두어도 되지 않겠는가? 아니다, 내가 침묵해서 나 대신 한 사람이 죽는다면, 내가 백

명, 천 명을 살린들 그게 무슨 의미가 있겠는가? 이렇게 고민하는 한 시간 사이에 머리가 하얗게 세어버렸습니다.

그러니까 위고의 《레미제라블》에는 쉽게 판단하기 어려운 논리적·윤리적 판단의 문제가 등장합니다. 백 명 살리기 위해서 한 사람 억울하게 죽도록 놔두는 일이 정당화될 수 있느냐, 과연 생명을 숫자로 따질 수 있느냐 하는 것이지요. 여러분들도 오늘 장발장 되어보세요. 내일 머리가 하얗게 될 겁니다. 한 사람을 죽일 때 천 명을 살릴 수 있다는 게 확실해지면 여러분은 그 한 사람을 죽이겠어요? 안 될 말이죠. 천 명을 살린답시고, 한 명, 두 명, 세 명, 가축 세듯이 사람을 카운트해서는 안 됩니다. 그것은 절대인 것이지요. 하나하나가 생명이고 하나님의 형상을 담고 있습니다. 누가 맘대로 생명을 놓고 판단할 수 있습니까? 죽음이란 인간을 벗어난 것인데 누가 죽음을 놓고 저렇게 얘기하느냐고 빅토르 위고는 말하고 있는 것입니다.

더 재미있는 건, 회상 장면으로 나오는 나폴레옹 이야기에 제임스 켐트 장군이 등장합니다. 그는 캐나다에서 벌어진 전투에도 참가한 적이 있는 유명한 장군인데, 워털루 전투가 벌어졌을 때는 급히 사람들을 모아 부대를 만들었습니다. 이 부대원들은 훈련을 받지 못해서 일렬로 설 줄도 모르고 행진도 못하는 사람들입니다. 그런데 막상 싸움이 붙으니까 기가 막히게 잘 싸웠습니다. 명령하는 사람도 없고 훈련도 받지 않았으니 제각각 살려고 흩어져서 각자 장군이자 병사가 되어 싸우는 것이었습니다. 스스로 궁리해서 나무에 숨어 있다가 쏘는 등, 집단을 이뤄 명령에 따라 싸우는 사람보다 더 효과적으로 싸웁니다. 더군다나 하룻

소설로 떠나는 영성순례

강아지가 범 무서운 줄 모르고 덤비듯 나폴레옹 군대가 얼마나 강한지 모르고서 싸우니 얼마나 대단했겠어요. 그래서 혁혁한 공을 세웠는데, 웰링턴 장군은 그들을 무시하고 좋아하지 않았습니다.

제1차 세계대전 때에는 기관총이 생겼는데도 웰링턴 장군처럼 일렬로 서서 공격하다가 얼마나 많이 죽었는지 몰라요. 워털루 전투에서처럼 산병전散兵戰, 게릴라전을 했더라면 좋았을 것을, 일렬로 늘어서서 질서정연하게 행진하니 기관총 가진 사람들한테 얼마나 좋았겠어요. 한번 드르륵 갈기면 한 열列씩 죽어나갑니다. 이렇게 하면 전멸한다고 호소해도 기관총이 뭔지도 모르는 사령부에서는 우리는 지금까지 그렇게 훈련받았다, 그럴 리가 없다며 계속하라는 것이지요. 이게 군대입니까? 국가 지도자도 마찬가지입니다. 시대가 바뀌었는데, 옛날식으로 해서 다 죽게 만듭니다. 세상이 어떻게 돌아가는지를 알지 못하는 지도자는 꼭 제1차 세계대전 때 엄청나게 많은 수의 병사를 죽게 만든 영국군 지휘관과 똑같게 되는 것입니다.

《레미제라블》을 읽어보면 이런 얘기가 잔뜩 나옵니다. 심지어 안개 속에서 싸우는 장면을 묘사하면서, 이것이 전쟁만 아니었다면 너무나 아름다웠을 것이라고 하기도 합니다. 붉은 색 군복이 나타났다가 사라졌다가 하는 모습을 '암흑의 수채화' 같았다고 묘사합니다. 《레미제라블》에는 인간이 가질 수 있는 모든 이야기가 나와요. 단순히 작가가 자신의 마리오네트를 등장시켜 만들어낸 소설이라기보다는, 인생을 깊이 성찰할 수 있도록 하는 한 사람 한 사람의 역사입니다. 프랑스만의 이야기가 아니라, 태양 아래 온 지구의 생명체들에게 해당되는, 시공간을 초월하는 이야기입니다.

미리엘 주교와
팡틴
|
　　　　　　　　　다음 그림이 바로 미리엘 주교입니
다. 누이동생, 그리고 사제관에서 일하는 사람 하나와 함께 사는데, 실
제로 당시에 가장 존경받던 디뉴의 주교 비앵브뉘 드 미올리를 모델로

미리엘 주교. 구스타브 브리옹이 그린 초판본(1862) 삽화

했습니다. 비앵브뉘 주교는 혁명을 피해서 로마에 갔다가 돌아온 인물로, 훌륭한 품성과 가난한 사람들을 위한 활동으로 굉장히 존경을 받았습니다.

팡틴Fantine은 '샘물 솟듯이'라는 뜻인데, 부모가 지어준 이름이 아닙니다. 이 사람도 비참하게 고아나 마찬가지로 컸는데, '팡틴'이란 이름도 길에서 주어진 이름입니다.

그림 속의 팡틴은 코제트를 앞에 두고 앉아 있습니다. 장발장의 보석

마거릿 버나딘 홀, 〈팡틴과 코제트〉(1886)

공장에서 일할 때 차림이에요. 동서고금이 마찬가지인데, 팡틴은 부랑자들이 아니라 지식인, 학생에게 속았습니다. 남자가 사랑한다고, 서로 같이 살자고 해놓고는 도망갔습니다. 차라리 같은 부류끼리 배신하는 건 괜찮아요. 하지만 시골에서 올라온 소녀에게 몹쓸 짓을 한 것이지요. 파리 갔다가 완전히 몸 버리고 열아홉에 아이 하나를 가집니다. 우리나라인들 다르지 않습니다. 가출해 상경한 소녀에게 사랑한다며 접근했던 대학생이 어느 날 사라집니다. 그러면 애 하나 데리고 고향으로 내려가지요. 아니면 결국 아이를 맡기고 생활비 벌러 가다가 몸을 팔기까지 하잖아요. 우리 식으로 말하자면 위고는 《별들의 고향》, 〈홍도야 우지 마라〉 같은 이야기를 쓴 거예요.

코제트

코제트 그림은 유명하지요. 아주 가련하게 그려져 있습니다. 재미있는 것은, 낭만주의자들은 어린애를 이렇게 좋게 그렸습니다. 사실 어린애들처럼 잔인한 게 없잖아요. 제가 어렸을 때도, 나쁜 애들이 아닌데도 개구리를 잡아서 항문에 지푸라기를 밀어 넣고 후 불어요. 그렇게 배가 빵빵해진 개구리를 연못에 넣으면 물 위에 떠서 버둥대는데, 그걸 보며 좋다고 웃어대지요. 이런 것을 보면 낭만주의자들이 아이들을 천사나 순진한 존재로 그리는 것은 조금 묘하기도 합니다.

아무튼 〈성냥팔이 소녀〉처럼, 19세기 전반부에 만들어진 소설에는 아

테나르디에의 여관에서 비질을 하는 어린 코제트. 1886년판에 수록된 에밀 바야르의 판화

버지에게 학대받는 아이가 소재로 많이 쓰였습니다. 당시는 막 산업화가 시작되었을 무렵입니다. 성냥팔이 소녀가 파는 성냥은 딱성냥입니다. 공업화가 되니까 딱성냥이 나오는 거죠. 성냥팔이 소녀가 성냥을 판다는 것, 아버지가 학대했다는 것, 죽는다는 것이 다 산업화와 관계없는 것이 아닙니다. 《레미제라블》이 쓰이던 당시에는 산업화, 공업화에 따라 시골 사람들이 도시로 몰려들어 열악한 처지에서 살았고, 가족제도가 붕괴되기도 했습니다. 《레미제라블》은 그러한 상황에서 장발장처럼

어려움을 딛고 끝없이 상승하는 자와 테나르디에처럼 계속 추락하는 사람을 보여줍니다. 똑같은 환경에서 나타난 전혀 다른 극단적 인물형, 그리고 그 두 극단의 간격이 벌어지는 것을 극명하게 보여주는 것이지요. 작중인물을 이렇게 비교해가면서 읽어보면 아주 재미있습니다.

테나르디에
부부
|
　　　　　　　　　　다음 그림은 코제트를 맡았던 테나르디에 부부인데, 여자가 굉장히 기운이 세요. 테나르디에는 워털루 전투에서 전사자들의 반지, 시계 따위를 훔치는 짓을 할 정도로 가망 없는 인물인데, 자신이 마리우스의 부친을 구했다고 거짓말을 하기도 하지요. 이들은 끝까지 온갖 나쁜 짓을 하는데도 이 소설에서는 끝내 징벌을 당하지 않습니다. 도저히 용서받지 못할 사람처럼 그려졌지만 용서를 받아요. 바로 이것이 기독교의 메시지이지요. 인과응보, 권선징악을 다루는 소설에서는 절대로 있을 수 없는 이야기들이 《레미제라블》 속에서 펼쳐집니다. 부조리한 것과 싸우고 혁명을 통해 소외층에 대한 사랑을 실천하는 모습도 아름답게 보이지만 그것만으로는 부족합니다. 장발장의 이야기에서 보듯이 여기에 사랑과 용서라는 메시지가 들어갈 때 이 모든 것이 새로운 의미를 갖는다는 점을 알면 좋겠습니다. 적어도 기독교인이라면 말이지요.

　테나르디에는 이름이 많습니다. 대개 이름이 많은 사람이 범죄자예요. 앞에서 장발장의 이름도 훑어보았습니다만, 이름을 많이 가지고 있다는 것은 자기를 숨기기 위함입니다. 이것은 인터넷에서 익명으로 활동하는 것과 똑같습니다. 테나르디에는 손님에게 사기를 치며 여인숙을 운영하다가 문을 닫은 뒤, 이름을 종드레트로 바꾸지요. 마지막에는 거지가 되고 좀도둑이 됩니다. 장발장과 같은 출신이지만 극단적으로 대비되는 모습입니다. 한 사람은 범죄와 육체의 감옥에서 벗어나는데 이 사람은 끝없이 추락합니다. 테나르디에가 악행에 더 깊이 빠져들수록,

테나르디에 부부. 구스타브 브리옹이 그린 초판본(1862) 삽화

빅토르 위고가 그린 테나르디에

장발장은 끊임없이 정화의 과정을 거치고, 마지막엔 숭고한 성인처럼 죽습니다. 그러니까 가난하고 무식한 사람을 죄인으로 그리는 리얼리즘의 공식주의는 옳지 않다는 것입니다.

가브로슈
|

'가브로슈'는 고유명사이기도 하지만, 길에서 떠돌아다니는 아이들을 가리키기도 합니다. 그런데 본래 프랑스 이름에 가브로슈 같은 것은 없거든요. 아버지가 테나르디에인데,

소설로 떠나는 영성순례

가브로슈, 1886년판에 수록된 에밀 바야르의 판화

자기 아들에게 사랑을 주지 않고 거리에서 살게 내보냅니다. '가브로슈'라는 이름도 이 아이가 직접 선택한 이름이지요.

이 가브로슈가 얼마나 착하고 맑고 깨끗한지 모릅니다. 환경에 결정되는 동물이 아닙니다. 거리에서 지내는 처지가 됐는데도 구김살 하나없고 의협심이 강합니다. 그런데 이건 잊어버리지 마세요. 가브로슈가 나오는 제3권 맨 첫 줄에 이런 문장이 나와요.

파리에는 어린아이가 하나 있고, 숲에는 새가 한 마리 있다. 이 새는 참새라 불리고, 이 어린아이는 건달이라 불린다(제3권 9쪽, 정기수 옮김, 민음사, 2012).

가브로슈와 동생들

새가 있음으로써 숲이 살고 새 중에서도 보잘것없는 참새들이 숲을 생기 있게 하듯이, 파리 전체를 생기 있게 하는 것은 어른이나 돈과 권력을 가진 사람들이 아니라 어린이들, 그 아이들 중에서도 가브로슈 같은 '가맹'이라는 것입니다. 이 자유롭게 떠돌아다니는 아이들이 침체되고 시스템화되고 모든 것이 규격화된 세상에 생명력을 불어넣고 있다는 것이지요. 가브로슈는 진흙 속의 보석입니다. 위고는 위선, 거짓, 탐욕 없이 맑게 피어나는 가브로슈 같은 인물을 그림으로써, 인간은 0도에 얼고 100도에 끓는 물 같은 존재, 환경에 종속되는 존재가 아니라는 점을 보여줍니다.

옆의 삽화는 가브로슈와 동생들을 표현한 그림입니다. 두 아이도 갈 데없이 팔리다시피 거리로 나왔는데, 이 아이들이 자기 친동생인지도 모르는 가브로슈가 데려다가 빵도 사 먹이고 보살핍니다. 원래는 친형제들이지만 서로 형제인지도 모르는 상태에서 형 노릇을 하고 있어요. 가족 바깥에도 형제애와 가족 같은 관계가 존재할 수 있다는 가능성을 보여주는 것이지요. 《레미제라블》에서는 이렇게 가난하고 소외된 사람들이 모인 사회 전체가, 실제 혈연관계는 없을지라도 가족이 되어서 의사擬似가족을 형성하고 있습니다. 장발장은 실제로는 자신의 딸이 아닌 코제트에게 아버지 역할을 하지요. 혈연관계는 없지만, 어떤 아버지보다도 아버지 같습니다. 가족애가 사회적인 형제애가 되고, 형제애가 인류애가 되는 것이 인종을 떠나 하나님의 생명력 아래서 세계 모든 사람이 평화를 이룰 수 있는 길이라는 기독교적 메시지가 그대로 작품 속에 녹아 있어서, 우리는 가브로슈를 통해서 하나님의 음성을 듣고 하나님

외젠 들라크루아, 〈민중을 이끄는 자유의 여신〉(260×325cm, 캔버스에 유채, 1830, 파리, 루브르 박물관)

의 사랑을 느끼게 됩니다.

　로베스피에르 같은 이들에게는 가브로슈가 지닌 본능적인 사랑이 없었던 것이지요. 가브로슈는 자기도 어렵지만 거리에서 떨고 있는 이 아이들을 데리고 빵집에 갑니다. 주인에게 얼마치 빵을 달라고 하니, 아이들의 허름한 입성을 보고 주인이 싸구려 까만 빵을 내놓습니다. 그러자 "흰 빵을 달란 말이오, 종업원!" 하고 요구합니다. 당당합니다. 사람을 차별하는 주인더러 누가 검은 빵을 달라 했느냐, 흰 빵을 내놓으라,

소설로 떠나는 영성순례

어깨에 혁명 마크를 단 가브로슈 (UPI 코리아 제공)

어른처럼 말해서 결국 흰 빵을 사 먹거든요. 비록 멸시받고 소외당하고 누구도 인간 취급하지 않는 존재이지만, 이러한 가브로슈에게서는 프랑스 혁명에서 이루려 했던 꿈들이 살아 피어나고 있는 것이지요. 이것이 이 소설의 메시지입니다. 가브로슈는 죽을 때도 전혀 두려워하지 않습니다.

영화에서 가브로슈는 어깨에 둥그런 혁명 마크를 달고 나옵니다. 지금의 프랑스 국기와 같이 파랑, 하양, 빨강의 세 가지 색으로 되어 있지요. 하얀색은 프랑스 왕실 문장의 바탕색이고, 빨간색과 파란색은 파리 시를 상징하는 색입니다. 왕실과 의회가 대립하지 않고 평화롭게 지내자는 의미였습니다. 혁명군들이 이런 휘장을 차고 다녔습니다. 소설에서 부랑아, '가맹'은 다른 어른이 입다가 버린 옷, 신다가 버린 신발을 신어서 차림이 다 헐렁하지요. 그래서 더 귀엽습니다.

들라크루아의 유명한 그림 〈민중을 이끄는 자유의 여신〉에도 가브로슈 같은 아이가 나옵니다. 삼색기를 들고 있는 자유의 여신 옆에 권총을 들고서 여신과 같이 앞장서서 어른들을 이끌고 있는 이 장면은, 이미 때 묻고 고정관념에 사로잡힌 어른이 아니라 순수한 사랑을 가진 어린아이들의 생명력이 혁명을 현실화할 수 있는 원동력이라는 점을 보여주려는 것입니다.

ABC의 벗들, 레자미 드 라베세

레자미 드 라베세Les Amis de l'ABC는 'Friends of the ABC', ABC의 벗들, 그러니까 '가나다의 친구들'쯤 되는 말입니다. 책의 삽화에는 노인들이 모여 있는 것 같지만, 영화에서는 젊은 청년들이 카페에 모여 있습니다. 겉으로 보면 야학처럼 어린아이들에게 가나다를 가르치는 교육 모임처럼 보이지만 실제로는 비밀리에 혁명을 모의하던 정치조직입니다. '아미amis(친구들)'라는 말에서 볼 수 있듯이 프라테르니테(형제애)를 내세우지만 극히 폐쇄적인 비밀결사입니다. 많은 희생이 따르는 일이니 우리끼리 단결해서 혁명을 일으키자는 비밀결사가 내세운 것이 바로 프라테르니테이고, '아미', 곧 'Friends'에 그런 의미가 담겨 있습니다. 그리고 프랑스어에서 'l'ABC'는 민중을 뜻하는 'l'abaissé'와 발음이 같습니다. 그러니 레자미 드 라베세는 겉보기에는 어린아이에게 초등교육을 시키는 곳이지만, '민중의 친구들'이라

카페 뮈쟁의 비밀 회합. 프레데릭 릭스의 삽화

는 이중의 뜻을 가진 비밀결사인 것입니다. 이런 것이 바로 빅토르 위고가 앙졸라의 입을 빌려 '19세기는 위대하지만 20세기가 되면 행복할 것'이라고 한 까닭입니다. 이런 것들이 위고가 꿈꾸었던 혁명의 이념입니다.

레자미 드 라베세의 지도자인 앙졸라는 아주 잘생기고 이상을 지닌 청년입니다. 하지만 딱하게도 로베스피에르처럼 여자 친구가 없어요.

여성의 사랑을 모릅니다. 오로지 애국밖에 모르는 것입니다. 앙졸라 옆에는 그를 흠모하는 그랑테르가 있습니다. 그는 "나는 아무것도 안 믿어. 진리조차도. 모두 다 꾸며낸 것일 뿐이지" 하고 말하는 무척 회의적인 인물입니다. 하지만 앙졸라를 향해서는 무조건적 신뢰를 보냅니다. 앙졸라가 아름답기 때문이라면서요. 앙졸라가 원하면 구두라도 닦아주겠다고 해요. 그랑테르는 아무런 혁명사상도 없고 자존심도 강한 사람이었지만 앙졸라에게 반해서 혁명에 뛰어들었다가 죽습니다.

이런 것을 보면 하나의 혁명이라도 같은 이념으로 무장한 사람들만 참여하는 것이 아니라, 코뮤니스트도 있고, 심미주의자도 있고, 크리스천도 있고, 여러 다양한 사람들이 이야기를 빚어냅니다. 그렇게 하나하나 그려내는 것이 소설의 재미이지요. 획일적으로 그리는 역사 기술방식과는 아주 다르고, 그것이 우리에게 살아 있는 감동을 줍니다. 등장인물들이 실수도 하고 조금은 거짓말도 하지요. 그러면서도 명분과 실리를 팽개치지 않습니다. 생생하게 드러나는 이러한 모습에서 우리는 우리 자신을 보게 되는 것입니다.

그리고 이 혁명집단에 자베르가 붙들려옵니다. 본능적인 관찰력을 지닌 가브로슈가 "저건 밀정이야" 하며 찾아낸 것이지요. 그런데 장발장은, 자신을 그토록 쫓아다니면서 괴롭힌 사람을 살려줍니다. 자신이 사형을 집행하겠다면서 자베르를 데려가더니 "가시오"라는 말과 함께 풀어주고는 허공에 권총을 한 방 쏩니다. 이렇게 몇 번이나 살려주는 것이지요. 그러니까 마지막에 자베르는 심한 가책을 받고 자기 일생의 신념이 무너지는 것을 느끼고서 자살합니다.

모두가 미제라블한 사람들, 비참한 사람들이에요. 법을 믿고 법을 지키다 죽는 사람이 있고, 억울하게 누명을 쓰고 쫓기다가 사경을 헤매다 죽는 사람, 멋도 모르고 등 떠밀려 혁명에 가담했다가 비참한 최후를 맞는 사람들이 있습니다. 격동의 현장에서 이처럼 여러 가지 모습들이 펼쳐집니다. 그것을 관통하는 키워드는 무엇입니까? 사랑입니다. 사랑의 힘이 그 어떤 이념보다도 이들을 행복으로 이끌어갑니다. 아까 19세기 사람들은 위대하다고 했지요. 하지만 위대한 것은 의미가 없습니다. 19세기의 위대한 시민들은 20세기의 행복한 군중이 되고자 했던 것입니다. 그런데 혁명은 항상 위대하기만 할 뿐 행복한 방향으로 나아가지 못합니다. 사랑이 빠졌기 때문입니다. 이렇게 보면 《레미제라블》 붐이 일어나는 만큼 우리나라에도 희망이 생기고 진짜 기독교인이 늘어나야 할 텐데, 영화를 잘못 이해하면 로베스피에르만 양산할 수 있습니다. 그러니 영화 한 편을 보더라도 제대로 봐야 나라에 행복이 온다는 것입니다.

마리우스,
에포닌

레자미 드 라베세의 유일한 생존자는 마리우스입니다. 마리우스는 왕당파였던 외할아버지와 이모의 손에서 부족함 없이 자랐으나 이분들이 아버지를 어떻게 대우했는지를 뒤늦게 알고서 집을 나와 방황하다가 우연히 이 비밀결사에 들어가게 됩니다. 이 비밀결사 대원들은 혁명이라는 대의에 고양되어 남녀 간의 사랑을

아버지 테나르디에의 편지를 전하러 마리우스를 찾아온 에포닌

타락으로 보았지만, 마리우스는 코제트에 대한 사랑이 나라에 대한 사랑에 결코 뒤지는 것이 아니며 코제트를 사랑할 수 있기 때문에 나라를 사랑할 수 있고 미래의 행복을 꿈꿀 수 있다고 생각했습니다. 마리우스는 혁명이 무엇인지도 모르면서 전투에서 거의 죽게 되었다가, 장발장의 도움으로 살아납니다.《레미제라블》에는 죽이고 가두고 싸우는 이야

기가 수없이 많은데 장발장처럼 끝없이 살려주고 용서하고 미래를 위해서 사랑해주는 힘이 그 모든 것을 구제하고 있습니다. 예수님 같은 모델이지요. 그러한 사랑의 힘을 통해 마리우스는 코제트와 행복을 누리게 됩니다.

그림에서 에포닌은 돈을 요청하는 테나르디에의 편지를 마리우스에게 전해주고 있습니다. 에포닌은 나중에 바리케이드에서 전투가 벌어질 때 자신이 사랑하는 마리우스를 겨냥한 총을 대신 맞고 죽습니다. 그런데 죽어가는 그 순간에도 연적인 코제트의 편지를 마리우스에게 전해주지요. 아가페적인 사랑입니다.

사랑과
혁명
|
　　　　　　　　　　일본의 〈레미제라블〉 포스터에는 "사랑이란 세상을 살아가는 힘이다"라는 카피가 달려 있습니다. 혁명이 아니라 사랑에 초점을 맞추고서 감성에 호소하는 것이지요. 지금까지 우리가 사랑이냐 혁명이냐 하고 이항대립적인 것으로 두고 살펴보았지만, 사회가 어둡고 사람들이 절망하고 억압되고 뭔가 잘 풀리지 않는 곳에서는 혁명을 부각시켜 크게 보여주고, 그래도 그렇게 절박하지 않고 그럭저럭 살아가는 사람들에게는 혁명이라는 자극제보다는 흘러가는 생수와 같은 사랑, 생명력을 관객에게 팔게 마련입니다. 하지만 사랑과 혁명을 양분하기보다는 전부를 아우르는 것이 기독교적입니다. 서로 어긋난 자유와 평등을 사랑으로 아울러야 할 텐데, 유럽에서는 이 형제애조

차 편협하게 이해했다는 것을 앞서 이야기했습니다. 자유와 평등이 대립한 까닭에 냉전이 벌어졌고, 지금도 사방에서 이념 싸움을 하고 있습니다. 기독교의 메시지처럼 정말로 이웃을 사랑하고 생명을 사랑한다면 자유와 평등이라는 개념은 지금처럼 대립하지 않고 융합할 수 있겠지요.

한국에는 이것이 절실히 필요합니다. 산업화는 자유를, 민주화는 평등을 추구한 결과입니다. 그런데 이 두 세력이 도처에서 충돌하고 있습니다. 정치가나 지식인 사회만이 아닙니다. 가족들 간에도 세대 간에도, 자유파와 평등파, 산업파와 민주파가 나뉩니다. "우리가 한강의 기적을 만든 주인공들이다", "우리는 민주화 투사들이다" 하고 말이지요.

이것을 통합할 수 있는 힘이 아까 이야기한 사랑입니다. 자유와 평등 중 한쪽을 편드는 것이 아니라 그것들을 완성시키는 힘을 교회가 가지고 있습니다. 우리는 사랑이라는 것을 가지고 있습니다. 사실 제가 《레미제라블》을 읽고 따분하게 여겼던 것은 이 메시지를 몰랐기 때문입니다. 제 자신이 젊었을 때는 이 소설에 담긴 사랑의 메시지를 몰랐는데, 미리엘 주교 이야기를 다시 읽고 그 입장에서 보니 빅토르 위고의 위대함은 한 예술가로서의 위대함에 그치는 것이 아니었습니다. 위고는 그저 예술가라고 부르기에는 너무나도 큰 영혼, 지구 전체를 에워싸는 사랑의 영성을 가진 사람이지요. 몇백 년 지난 오늘의 한국에서 《레미제라블》이 수많은 사람을 눈물짓게 하는 까닭은 바로 그가 전하는 이 같은 메시지 때문입니다.

사랑과 혁명을 대립 개념이 아닌 융합 개념으로 보자는 메시지를 우

레오나르도 다빈치, 〈최후의 만찬〉
(460×880cm, 회벽에 유채와 템페라 혼합, 1494-1498, 밀라노, 산타마리아 델레 그라치에 수도원)

리는 레오나르도 다빈치의 〈최후의 만찬〉에 그려진 예수님의 모습에서
도 확인할 수 있습니다. 예수님의 손을 보십시오. 왼손은 손바닥이 위로
향한 채 펼쳐져 있고, 오른손은 손등이 보이는데, 쥐려고 하는 손입니
다. 가룟 유다를 향해서, 악을 향해 내민 징벌하는 손이지요. 펼쳐진 왼
손은 죄인까지도 용서하고 받아들이는 손입니다. 서로 모순되는 이 두
손은 팔을 따라 올라가면 예수님의 얼굴에서 만납니다. 사랑과 징벌이
두 손으로, 좌우로 나뉘어 있지만, 예수님의 얼굴에 이르러서는 통합됩
니다. 통합된 얼굴 위로 후광처럼 맑은 하늘이 보입니다. 팔을 따라 내

려갈수록 어두워지지만 위로 올라갈수록 밝아져요. 이렇게 서로 분리되고 모순되었던 것이 하나로 통합되는 것이 예수님의 십자가의 의미이고 피의 의미입니다. 그리고 그것이 하늘로 향하는 사랑의 힘입니다. 혁명이냐 사랑이냐의 이항대립이 아니라 정의와 사랑의 공존이 이렇게 이루어지는 것입니다.

예수님이 마지막 식사 때 이렇게 말씀하시잖아요. "너희는 마음에 근심하지 말라. 하나님을 믿으니 또 나를 믿으라. 내 아버지 집에 거할 곳이 많도다. 그렇지 않으면 너희에게 일렀으리라. 내가 너희를 위하여 거처를 예비하러 가노니, 가서 너희를 위하여 거처를 예비하면 내가 다시 와서 너희를 내게로 영접하여 나 있는 곳에 너희도 있게 하리라. 내가 어디로 가는지 그 길을 너희가 아느니라"(요 14:1-4). 그러자 도마가 말합니다. "주여 주께서 어디로 가시는지 우리가 알지 못하거늘 그 길을 어찌 알겠사옵나이까"(5절). 도마는 일종의 지성인으로, 번번이 토를 다는 사람입니다. 그러니까 예수님께서 말씀하십니다. "내가 곧 길이요 진리요 생명이니 나로 말미암지 않고는 아버지께로 올 자가 없느니라"(6절).

참 감동적인 장면이지요. 예수님께서 어디로 가시는지 어떻게 안단 말입니까? 하지만 예수님은 무엇을 걱정하느냐고 하십니다. 진리, 길, 생명, 바로 거기에 예수님이 계신다는 말이지요. 《레미제라블》도 예외일 수 없습니다. 이 소설에는 많은 메시지가 있지만 길과 진리에 이어지는 최종개념인 생명에 대해 이야기합니다.

혁명이 벌어지는 때처럼 생명 개념이 헐값에 넘겨지는 시대가 없었습니다. 우리는 볼셰비키 혁명, 프랑스 혁명, 그리고 정치혁명은 아니지만 산업혁명을 보았고, 히틀러가 꿈꾸던 제3제국을 보았고, 그 밖에도 많은 혁명을 보았습니다. 위고는 어느 경우에는 폭동까지도 정당하다고 이야기하지만, 결국은 '생명에 대한 사랑'이 그가 장발장을 통해 우리에게 남겨준 메시지였습니다. 위고는 《관조시집》에서 이렇게 말하지요. "난 거미를 좋아하고 쐐기풀을 좋아한다. / 사람들이 싫어하기 때문에." 기가 막힌 말이죠. 남들이 거미를 싫어하고 미워하니까 나는 거미를 좋아한다는 거예요. 그게 기독교적 사랑입니다. 코제트를 길러내는 사랑이 여기에서 나옵니다. 빵 하나 훔친 죄로 19년이나 징역을 살며 청춘을 버린 사람이 마음의 감옥에서 벗어나는 사랑이 여기에서 나옵니다. 코제트를 사랑하는 마리우스를 구해주고 자기가 대신 죽는 에포닌의 사랑이 바로 여기에서 나옵니다.

사랑,
그리고 사랑

죽으면서 장발장은 묘비명으로 아무것도 쓰지 말라고 하지요. 완성된 인생이 아니기 때문이라는 것입니다. 그저 이름조차 새기지 않은 돌 하나를 올려놓으라고 합니다. 그런데 오늘 우리는 자기 마음대로 《레미제라블》을 보고서 키워드랍시고 장발장의 묘비명을 쓰고 있습니다. 하지만 우리가 이 책을 읽고 영화를 다시 보면서 흥분하고 세계 어느 곳에서도 없는 열기를 보이는 이유는 무엇일까요? 예수님께서 말씀하신 길과 진리, 생명을 우리가 가장 많이 잃었기 때문이 아닐까요? 살다가, 전쟁하다가, 싸우다가 그렇게 잃어버렸기 때문에 우리는 한 장면 한 장면 볼 때마다 우리가 잃었던 소리를 무의식적으로 들을 수 있고, 교회에서도 들었지만 어머니의 발을 씻길 때처럼 내 손으로 느끼지는 못했던 것들을 거기서 만났던 것입니다. 거기에서 우리는 하나님과 만나는 것입니다.

그런데 제가 보기엔 그 메시지가 제대로 전달되지 않은 것 같습니다. 위고가 장발장을 통해서 전해주고 싶어 한 가장 중요한 테마인, 혁명을 넘어서는 사랑, 혁명에서 잃어버린 그 모든 피와 생명을 다시 회복시키는 사랑 말이지요. 그것이 없으면 프랑스 대혁명이 무슨 의미가 있고, 격동의 19, 20세기, 우리가 건너온 그 많은 세월이 무슨 의미가 있겠습니까? 아직도 《레미제라블》이 우리의 가슴을 설레게 하는 것은 우리들에게 이 잃어버린 메시지를 일깨워주기 때문이 아닐까요? 물론 읽는 사람, 보는 사람에 따라 받아들이는 메시지가 각기 다르지만, 《레미제라블》을 새로운 각도로 읽으면 영화관에서는 놓쳤던 '사랑'이라는 큰 메시지를 장발장을 통해 읽어낼 수 있을 것입니다. 주연은 장발장인데 주연이 보여주려는 사랑은 보지 못하고 바리케이드에서 깃발 흔드는 사람만 보았다면, 《레미제라블》을 제대로 읽었다고 할 수 없습니다. 이 강의에서 들려드린 이야기는 하나의 문학적 독법이지만, 기독교인에게는 당연한 독해법이 아닐까요?

소설로 떠나는 영성순례

위고
레미제라블

빅토르 위고는 1802년 프랑스 브장송에서 태어났다. 나폴레옹 휘하의 군인이었던 아버지를 따라 엘바 섬, 나폴리, 마드리드와 파리를 오가며 다소 불안정한 생활을 했다. 일찌감치 문학에 관심을 보여 베르길리우스의 작품을 번역하기도 했으며, 열일곱 살에는 〈르 콩세르바퇴르 리테레르〉라는 평론지를 창간했다. 25세에는 '세나클'이라는 문학 동인을 결성, 테오필 고티에, 제라르 드 네르발 등과 함께 낭만주의 운동을 주도한다. 28세에 상연한 운문 희곡 《에르나니》는 고전파와 낭만파 간의 격렬한 논쟁을 불러일으키며 그에게 명성을 가져다주었고, 훗날 베르디에 의해 오페라로 만들어지기도 했다. 29세에 발표한 《파리의 노트르담》과 그 후 30여 년이 지나 60세에 펴낸 《레미제라블》이 가장 잘 알려져 있지만, 위고는 거의 전 생애에 걸쳐 시, 소설, 희곡, 산문을 가리지 않고 수많은 작품을 산출해낸 전방위적 작가였다. 위고는 왕성한 창작열로 아침마다 시 100행 또는 산문 200매를 써냈다고 한다.

문학청년 시절, 샤를 10세의 취임을 축하하고자 시를 지어 바칠 정도로 보수적이었던 위고는 조국의 정치적 격변기를 온몸으로 겪으며 점차 민주주의로 기운다. 부르봉 왕가를 지지하는 왕당파였던 그는 차츰 공화주의자로 변모하고, 급기야 1851년, 루이 나폴레옹이 쿠데타를 일으켜 황제의 자리에 오르자 해외로 망명한다. 그의 가장 중요한 작품들이 20여 년에 이르는 이 기간에 씌었다. 《징벌 시집》, 《관조 시집》, 《여러 세기의 전설》과 같은 시집을 냈고, 탈고하기까지 장장 17년이 소요된 대작 《레미제라블》도 바로 이 시기에 완성되었다.

주인공 장발장의 극적인 변화, 냉혹한 형사 자베르, 가련한 코제트와 마리우스의 사랑 이야기로 잘 알려져 있고, 어린이용 동화로도 수없이 각색되어왔지만, 이 작품은 워털루 전쟁에서 1832년의 폭동에 이르는 프랑스의 역사와 사회를 배경으로 숱한 인물들과 사건들을 선보이면서 하나의 거대한 세계를 구축해내고 있다. 특히 장면이 달라질 때마다 배경 설명과 작가의 사상적 견해가 줄거리와는 별 상관없이 장황하게 이어져 읽는 이를 곤혹스럽게 하기도 하지만, 바로 그러한 방대한 서술과 묘사를 통해 위고는 신과 인간, 운명과 역사, 선과 악, 진보와 후퇴, 상승과 추락의 세계를 치열하게 담아내고 있다. 이 소설은 출간되자마자 하루에 3,500부가 매진될 정도로 엄청난 반향을 일으켰다.

　83세의 나이에 폐 충혈로 사망한 위고는 전 프랑스인의 애도를 받으며 국장으로 장례가 치러졌고, 팡테온에 시신이 안장되었다.

5

파이 이야기

Yann Martel

I

생명이란 이토록 기막힌 것

Life of Pi

오늘이 '소설로 떠나는 영성순례' 마지막 날입니다. 연예계에서는 '쫑 파티'라고 하지요. 마지막에는 뭔가 선물이 있잖아요. 뭘 드릴까 고민하다가 모자를 벗고 제 머리를 보여드리려고 생각했습니다. 제가 머리 수술을 하고 난 뒤로 늘 모자를 쓰고 다녔기 때문에 누구도 제 머리를 본 사람이 없거든요. (모자를 벗으며) 바로 이게 제 진짜 머리입니다. (웃음) 모자를 쓰기 전 여러분이 보셨던 제 머리는 검고 긴 머리였지요. 그런데 어떻습니까. 그동안 머리카락으로 덮여 있던 제 두개골, 그리고 밤송이 같이 뾰족이 솟은 흰 머리털, 보기 흉하지요. 지금까지 염색한 검은 머리만 보아왔던 사람들에겐 충격일 겁니다. 한마디로 본색이 드러난 셈이지요.

서로 가깝다는 것이 무엇일까요? 자신이 베일 속에 은폐하고 있는 약점이나 숨겼던 민낯을 보여주는 데서부터 진실과 사랑이 시작됩니다. 보세요. 신부는 예식장에서 베일을 쓰고 입장해요. 그리고 베일을 벗는 순간 아내가 되고, 남편과의 관계가 이루어집니다. 제임스 메이슨 주연의 〈세븐스 베일Seventh Veil〉이라는 오래된 흑백영화가 생각나는군요. 영화 제목의 '일곱 번째 베일'은 자살하려던 여성 피아니스트의 정신치료를 담당했던 의사의 대사 가운데 나오는 말인데, 사람들은 태어날 때 일곱 개의 베일을 쓰고 나온다는 거지요. 친분에 따라서 자신을 감추고 있는 베일을 한 꺼풀 두 꺼풀씩 벗겨주는데, 마지막 일곱 번째의 베일은 자신도 모르고 쓰고 있다는 겁니다. 자기도 모른 채 평생 쓰고 죽어갈 그 베일을 벗겨 그 사람의 정체를 보여주는 것이 정신과 의사라는 거지요.

일곱 번째 베일
너머의 것

하지만 정신과 의사가 아니라도 소설가들은 이야기를 통해서 인간들의 일곱 번째 베일을 벗겨 그 민얼굴을 보여줍니다. 아니지요. 누구나 극한 상황에 처할 때 자신도 모르는 자신의 참모습을 알게 됩니다. 인간들의 의식 속에 마지막 남은 한 꺼풀. 《파이 이야기》가 바로 그렇습니다. 우리는 227일 동안이나 작은 구명보트 위에서 벵골 호랑이와 공생하면서 살아나온 인도 소년의 극한적이고 환상적인 이야기를 통해서 우리 자신도 모르게 깊숙이 숨어 있는 생명의 진실한 민얼굴을 보게 되는 것입니다. 쉽게 말해 인간에게 남은 마지막 베일을 벗기는 이야기지요. 그런데 딱하게도 베일에 가린 인간들의 얼굴에 익숙한 사람들은 그 불편한 진실을 외면하려 하고, 완전히 베일을 벗은 모든 생명의 민얼굴을 오히려 판타지로 알아요.

결론부터 말하자면 《파이 이야기》는 우리 인간의 몸과 마음 그리고 이성으로는 결코 벗길 수 없는 일곱 개의 베일을 차례차례 벗겨나가 이윽고 우리의 밑바닥 깊숙이 숨어 있는 우주의 생명을 드러내는 이야기입니다. 바로 나와 인류, 그리고 지구상에 존재하는 모든 생명체를 관통하는 생명의 숨은 모습을 보여주는 가장 리얼한 소설이지요. 오히려 소설 끝에 나오는, 숫자만 따지고 자신이 본 것만 믿으려고 하는 고지식한 일본 운수성 직원들이야말로 환상 속에서 살고 있는 사람이라고 할 수 있어요.

제 말이 거짓인지 직접 실험해보세요. 보험 문제 처리를 위해 나온 운수성 직원은 배가 침몰할 때 오랑우탄이 바나나더미를 타고 나타났다고 이야기하는 파이를 비웃지요. 바나나가 물에 뜬다니, 얼토당토않은 소리라는 거예요. 더구나 그 위에는 오랑우탄을 태우고서 말이죠. 그러자 파이가 바나나를 하나 꺼내더니 세면대에서 직접 물에 띄워보라고 합니다. 해보니까 정말 물에 떠요. 바나나가 물에 뜨는 것은 사실인데도, 운수성 직원들처럼 사람들은 해보지도 않고 그것을 거짓으로 알고 있어요. 그런 자신을 합리적이고 과학적인 현대인이라고 믿고 있는 것이지요. 《파이 이야기》는 그러한 고정관념, 편견, 지적 오만을 깨뜨리고 생명을 깊이 성찰하게끔 합니다. 이 소설은 그 같은 영성의 순례를 통해 발견한 바이오필리아biophilia(생명애)의 실험 소설이라고 할 수 있어요.

소년과 호랑이의
기묘한 동거

먼저 이 소설의 줄거리를 간단히 살펴

보겠습니다. 주인공 파이 파텔(본명은 피신 몰리토 파텔)은 인도 동남부에 자리한 폰디체리에서 어린 시절을 보냅니다. 폰디체리는 식민지 시대에 프랑스령이어서 프랑스인들의 문화가 아직 남아 있는 곳이었지요. 사실 주인공 이름의 피신Piscin도 '수영장'을 뜻하는 프랑스어에서 온 것입니다. 수완 좋은 사업가였던 아버지가 꽤 큰 규모의 동물원을 만들어 경영했던 덕에, 소년 파이는 수많은 동물들 틈에서 이들을 관찰하면서 어린 시절을 보냅니다. 파이의 생명에 대한 감수성은 아마 이런 환경에서 만들어졌을 거예요.

특이한 것은 파이가 종교적 감수성도 굉장히 예민했다는 것입니다. 어린 소년이었지만 신에 대한 목마름과 사랑을 가지고 있었습니다. 종교에 대한 관심이 많아서 힌두교는 물론 이슬람교, 가톨릭의 가르침을 받아들이고, 종교의식에 참여합니다. 각 종교의 신들을 모두 예배하고 사랑하지요. 여기에 대해서는 나중에 더 살펴보겠습니다.

그런데 인도의 정치적 상황이 나빠지면서 사업에 위기감을 느낀 파이의 아버지는 동물원 문을 닫고 캐나다로 이주하기로 결정합니다. '침춤호'라는 배에 동물들을 잔뜩 싣고 출항하지요. 그런데 얼마 지나지 않아 배가 태풍을 만나 난파합니다. 결국 아버지, 어머니, 형, 식구들이 다 죽고 파이만 겨우 구명보트에 오릅니다. 구명보트에는 벵골 호랑이 한 마리와 하이에나, 얼룩말, 오랑우탄이 있었는데, 얼룩말과 오랑우탄이 차례로 하이에나에게 잡아먹히고, 하이에나도 호랑이에게 죽임을 당합니다.

이렇게 해서 열여섯 살 소년과 커다란 벵골 호랑이의 기묘한 동거가

소설로 떠나는 영성순례

시작됩니다. 파이는 구명보트 안의 많지 않은 식량과 장비, 생존 매뉴얼을 총동원해 태평양 한가운데서 호랑이에게 먹히지 않고 살아남고자 사투를 벌입니다. 잡아먹히지 않기 위해 물고기를 낚아 호랑이에게 던져주면서 말이지요. 참을 수 없는 목마름과 허기, 따가운 햇볕, 별들로 가득한 밤하늘과 끔찍한 폭풍, 날치들의 비행과 고래의 경이로운 유영, 그리고 환상의 식인섬까지, 태평양의 모든 공포와 신비를 파이는 호랑이와 함께 겪습니다. 이렇게 해서 파이가 멕시코의 해안에 닿아 구조될 때까지, 호랑이 리처드 파커와 함께한 227일간의 기적적인 표류기가 펼쳐집니다.

'이야기'가 아니라 '생'이다

그러고 보면 번역된 그 소설 제목부터가 수상합니다. 우리나라나 일본이나 모두 '파이 이야기'라고 번역했어요. 원제목은 'Life of Pi'예요. 파이는 그렇다 치고 'life'를 왜 '이야기'로 고쳤을까요. 번역 책과 달리 영화 제목은 '라이프 오브 파이', 그대로 되어 있잖아요.

'라이프 오브 파이'라는 제목 자체가 이 작품을 이해하는 데 가장 중요한 역할을 합니다. 이 제목은 전체 소설의 상징성과 은유를 푸는 열쇠이고 동시에 모든 이야기를 이어주는 끈입니다. 음악으로 치면 맨 아래에 깔리면서 다른 음들을 떠받쳐주는 기저음이죠. 때문에 '라이프'와 '파이'가 무엇을 의미하는지 알아야 합니다. 특히 '라이프'는 '생' 또는

'생애', '생명'이라고 번역될 수 있기 때문에, '라이프'가 함의하고 있는 바가 무엇인지를 아는 것이 핵심입니다.

일곱 겹의 베일을 벗기면 바로 그 특이한 파이의 생명, 라이프의 진짜 얼굴을 볼 수 있는데 그것이 바로 이 소설이 지닌 핵심적인 테마라고 이미 말했습니다. 생각해보세요. 소설 속에서는 도처에 '라이프(생명)'를 암시하는 낱말들이 깔려 있거든요. 우선 227일 동안 벵골 호랑이와 생사를 걸고 표류하는 그 배가 뭐예요? '라이프보트'잖아요. 이것도 번역하면 '구명정'이 되지만 영어로는 곧장 'life boat'이지요. 제목의 그 '라이프'와 같은 말입니다. 직역하면 '생명보트', '생명의 조각배'지요. 벵골 호랑이와 16세 소년이 맨몸으로 목숨을 걸고 지내온 생명 공간이 선명하게 떠올라요. 그래서 단순한 파이의 이야기가 아니라 파이의 생生에 대한 것이지요. 파이의 '생'을 파이의 '이야기'라고 하면《로빈슨 크루소》같은 표류기나《걸리버 여행기》같은 모험소설, 아니면〈해리포터 시리즈〉같은 판타지 소설이 되고 말아요. 하지만 그런 이야기라면 무엇 때문에 주인공 '피신'의 이름이나 그가 소년 시절을 보낸 동물원 이야기처럼 표류담과 관계없는 군더더기들이 지루하게 설명되어 있겠어요.

이 소설이 출판사에서 여러 번 퇴짜를 맞았다고 하는 것도 이해가 갑니다. 하지만 '이야기'에서 '생명'으로 그 코드를 바꿔보면 전연 다른 느낌을 받게 될 것입니다. 출판사에서 퇴짜를 놓은 소설이 권위 있는 부커상을 받게 되는 것입니다. 말하자면 그냥 표류의 이야기로 보지 않고 파이의 라이프, 자연과 우주의 생명 코드로 이 소설을 풀어가면 낱말 하나하나가 음표처럼 화음을 이루고 흘러나오는 긴장감을 느끼게 될 겁니다.

조에와 비오스,
인간과 동물

지루한 동물원 이야기만 해도 그렇지요. 동물원을 영어로 'zoo'라고 하는데 그건 그리스 말로 '생명'을 뜻하는 'zoe(조에)'에서 나온 말입니다. 여담이지만, 미다스 왕이 자기 딸을 만지자 황금덩이로 변하는 그리스 신화를 아시지요. 아무리 황금이 중요해도 딸의 생명만 하겠습니까. 그래요. 바로 그 딸 이름이 '조에'거든요. 이야기가 나온 김에 말하자면, 사실 우리는 이 중요한 'life'란 말을 제대로 번역할 수가 없어요. 'love'도 그렇지요. 우리는 '생'이나 '사랑'이나 세분하지 않고 그냥 쓰니까 밥 먹고 자는 것도 생이고 사랑이고, 신을 믿고 예술을 하는 그 삶도 똑같은 생입니다. 그러나 그리스 사람들, 서양 사람들은 생을 '조에'와 '비오스*bios*'로 구분하고, 아시다시피 사랑을 '에로스*eros*'와 '필리아*philia*'로 구분하고, 종교적 사랑인 '아가페*agape*'까지 세분하고 있어요.

'라이프 오브 파이'의 '라이프'는 절묘하게도 이야기가 전개되는 단계마다 이 조에와 비오스를 섬세하게 넘나듭니다. 소설 앞부분에 나오는 동물원 이야기에서는 사람과 짐승의 생을 비교하고 그것을 융합하는 과정이 선명하게 그려지지요. 무엇보다, 동물원을 경영하는 피신의 아버지가 만들어놓은 재미있는 장치를 보세요.

아버지는 매표소 바로 뒤 벽에 선홍색으로 '동물원에서 가장 위험한 건 뭘까요?'라고 적고, 작은 커튼이 있는 곳으로 화살표를 해놓았다. 호기심 많은 사람들이 답을 보느라 커튼을 걷는 바람에, 정기적으로 커튼을 바꿔야 했다. 커튼 안에는 거울이 있었다(47쪽).

관람객은 거울에 비친 자신의 모습을 보게 됩니다. 바로 인간이 가장 위험한 짐승이라는 것을 알게 되는 것이지요. 이 이야기는 실제로 있었던 일화를 참고한 것 같습니다. 덴마크의 한 동물원에서는 마지막 전시장에 거울을 매달고서 '가장 위험한 짐승'이라며 전시한 적이 있었어요. 영국의 소설가 데이비드 가넷이 쓴 〈동물원에 들어간 사나이〉에는 애인과 다투고 홧김에 동물원에 자신을 기증한 남자가 나옵니다. 원숭이 바로 옆 우리에 방을 꾸며놓고 생활하는 거죠. 안내판의 원산지 표기란에는 자기가 태어난 고향이 기록되고, 남자니까 '♂'으로 표기되죠. 인간을 우주의 한 생명체로 보면 동물원의 그 많은 짐승들과 똑같이 되는 겁니다. 그게 바로 '조에'예요. 인간과 동물 모두 지니고 있는 원초적인 생물학적 생명. '동물원'의 'zoo'이지요. 이에 비해, 사회에서 학교도 다니고 직장에서 일하고 취미생활도 하는 생, 그러니까 그 동물원에 자주 오는 구경꾼들의 생, 인간의 문화적·사회적·정치적 삶은 조에가 아니라 비오스입니다. 왜 요즘 아무데나 붙이는 '바이오bio' 말입니다. 우리말로 옮기기 쉽지 않은 이 '조에'와 '비오스'를 가르는 그 높은 문화·문명의 담장이 무너질 때 바로 '라이프 오프 파이'의 그 '라이프', 조에와 비오스를 모두 아우르는 생이 나타나지요.

내 이야기를 들으면
신을 믿게 될 거요

인간과 동물의 생명의 엄격한 구분이 허물어지는 예는 다음 이야기에서도 찾아볼 수 있습니다. 벵골 호랑이 이름이 뭐예요? '리처드 파커'입니다. 사람 이름이지요? 리처드 파커는 냇가에서 물을 마시던 호랑이를 잡아다가 동물원에 판 사냥꾼의 이름이었습니다. 사냥꾼이 호랑이에게 붙여준 이름은 '써스티Thirsty', 그러니까 '목마른'이란 뜻입니다. 그런데 서류를 작성하던 역무원의 실수로 사냥꾼과 호랑이의 이름이 뒤바뀌게 된 것이지요. 파이의 생을 조심히 읽어 보세요. 파이가 목마른 호랑이가 되고 호랑이가 생명력 넘치는 파이로 둔갑하는 것 같은 상황이 여러 군데 나옵니다. 목말라 물을 찾는 호랑이가 파이의 입장으로 변하는 것이지요.

이 작품에는 목말라 하는 파이의 이야기가 도처에서 등장해요. 파이가 성당에 들어가 성수반聖水盤의 물을 마시는 영화의 장면도 그 가운데 하나입니다. 소설에서도 라이프보트에서 끝없이 물을 찾고 똑같은 목마름으로 고통을 받고 있는 호랑이와 물을 나눠 마시는 대목들이 나타납니다. 리처드 파커와 파이의 목마름은 서로 교체되고 하나가 되는 이미지로 그려지고 있습니다. 이 소설을 통해서 우리는 인간과 동물(자연)이 같은 생명 줄기에 닿아 있다는 사실을 느끼고, 생명의 목마름 속에서 끝없이 신을 갈구하는 인도 소년 피신의 맑은 영혼, 그 영성의 세계를 들여다볼 수 있을 것입니다.

호랑이가 사람으로, 사람이 호랑이로 뒤바뀌는 이 이름의 농간. 그렇게 해서 동물과 인간을 아우르는 거대한 생명의 질서, 그 본바탕이 드러나는 것. 그게 뭐겠어요? 바로 신, 하나님, 우주를 꿰뚫는 힘, 생명의 힘이죠. 《파이 이야기》는 종교 이야기예요. 생명 이야기이고 영성 이야기이죠. 이게 단순한 모험담이나 표류기가 아니라는 것은 소설 첫머리에 이미 암시되어 있어요. 소설거리를 찾아 인도의 폰디체리로 온 작가가 노신사를 만나 파이에 관한 이야기를 듣게 되는 장면에서 노신사가 한 말이 바로 그것이지요. "내 이야기를 들으면, 젊은이는 신을 믿게 될 거예요."

프로들은 이런 사소한 것들을 놓치지 않는 사람들이에요. 왜 있잖아요. 교향악단이 연주할 때 제1 바이올린 소리는 누구나 다 듣고 그 선율을 기억하지만 콘트라베이스의 들릴락 말락 하는 최저음을 듣는 사람은 드물 거예요. 하지만 교향곡을 지배하는 것은 콘트라베이스입니다. 잘 들리지 않는 저음이지만, 그것이 기저음基底音이 되는 것이지요. 그렇기 때문에 지휘자는 없어도 되지만 콘트라베이스가 없으면 교향곡을 연주할 수 없다고 합니다. 이 저음이 있기 때문에 트럼펫, 피콜로, 바이올린의 높은 소리가 가능한 것이지요. 콘트라베이스는 길이가 2미터가 넘는 큰 악기여서 서서 연주하는데도 눈에 잘 띄지 않습니다. 사람들은 제1 바이올린, 피콜로의 고음만 듣고요. 하지만 콘트라베이스의 이 저음이 마치 커다란 건물을 떠받쳐주는 반석처럼 전체 교향곡을 지탱해주고 있습니다.

이 소설의 다양한 이야기의 연주에 있어서도 마찬가지입니다. "내 이야기를 들으면, 젊은이는 신을 믿게 될 거요"라는 노신사의 말이 바로

소설로 떠나는 영성순례

이 소설의 콘트라베이스의 소리에 해당하는 것입니다. 이때 작가는 자신이 신을 믿게 될 것이라는 말에 동의하지 않고 비웃죠. 결국 파이 이야기를 듣고 그 이야기를 쓴 작가는 어떻게 되었을까요? 신을 믿지 않는 자가 노신사의 예언대로 신을 믿지 않을 수 없는 신비한 생명의 힘, 사랑, 먹고 먹히는 비정한 생존 속에 뜻하지 않게 드러나는 아름답고 질긴 생명의 의미를 깨닫게 됩니다. 소설을 읽고 난 사람, 영화를 다 보고 난 사람이 제대로 감상했다면 아마도 노신사의 말처럼 신을 믿지 않을 수 없게 될 것입니다.

이성의 물음,
위대한 대답
|
　　　　　　　이 작품에서 그 신은 예수님이고 힌두교의 비슈누이고, 붓다이고, 마호메트이고, 그 모든 신을 포함하는 말이에요. 표류의 주인공 파이가 그렇거든요. 파이는 어렸을 때부터 힌두교도이면서도 교회에서 고난받는 예수상을 보고 눈물을 흘리며 감동해요. 우스운 것이, 자기가 믿는 크리슈나 신 앞에서 예수님을 만나게 해줘서 감사하다고 말하죠. 이 아이는 위험해지면 신 이름을 다 불러요. 영성을 가진 아이입니다. 인도 소년이지만 서양 문화를 수용하고 있고, 영화에서는 심지어는 처음에 탔던 일본 화물선에서 일본의 선불교까지도 체험하는 것으로 나옵니다.

　이런 파이를 보다 못한 아버지는 이렇게 이야기합니다. "종교 말고 이성을 믿어보는 건 어떠니?" 인텔리에다 성공한 사업가인 아버지로서는 종교, 그것도 여러 종교에 심취해 있는 아이가 딱해 보였던 것이지요. 그리고 또 한 명, 폰디체리 중학교의 생물 선생님은 과학과 이성에 대한 확신을 지닌 인물을 대변합니다. 종교 무용론, 신 무용론을 펴는 다음 대목은 오늘날 강경한 신新무신론자들의 입장, 바로 그것이지요.

쿠마르 선생님은 활짝 웃으며 대꾸했다. "종교? 난 안 믿는단다. 종교는 암흑이지." … "현실에 대한 과학적인 설명을 넘어설 만한 근거가 없단다. 우리가 감각으로 경험하는 이외의 것을 믿는 것은 합리적이지 않지. 명석한 지성을 가지고, 세부 사항에 주의를 기울이고, 약간의 과학 지식을 동원해 보면, 종교는 미신적인 허튼소리에 불과하다는 게 드러날 게야. 신은 존재하지 않아." … "파이. 나는 너만 할 때 소아마비로 누워 살았지. 매일 내 자신에게 물었단다. '신은 어디 있지? 신은 어디 있어? 신은 어디 있을까?' 신은 내게 오지 않았어. 날 구해준 것은 신이 아니라 약이었단다. 내겐 이성이 선지자고, 그것은 시계가 멈추듯 우리도 죽는다고 말해주지. 그게 끝이라고. 시계가 제대로 가지 않으면 우리가 지금 여기서 고쳐야 해. 언젠가 우리는 생산수단을 손에 넣을 거고, 그러면 지구에 정의가 생겨날 거야"(43-44쪽).

그렇다고 파이가 이성을 버린 인물이라고 생각하면 오산입니다. '파이'라는 이름 자체가 말해주고 있지요. 이미 가장 객관적인 이성, 수학이라는 보편적 진리의 집에 그는 들어가 있었던 것입니다. 신앙은 이성을 내다버리는 것이 아닙니다. 인간은 납득할 만한 설명을 구하는 존재예요. 설명 없이 인간은 살 수 없습니다. 부조리한 현실 속에서 대답이 주어지지 않으면 인간의 내면은 파열하고 맙니다. 이러한 절박한 인간 실존의 목소리를 우리는 파이의 다음과 같은 외침에서 들을 수 있어요.

"내 동물 가족은 어떻게 되는 거야? 새, 야수며 파충류들은? 다 물에 빠져 죽었어. 내가 중요하게 생각하는 것은 하나도 남김없이 죽는구나. 왜 이래야 되는지 설명도 듣지 못하고? 천국에서 오는 설명도 듣지 못하고 지옥을 겪으며 살라고? 그렇게 되면 이성이 뭐 하러 있는 거냐구, 리처드 파커? 이제 이성은 실용성보다—음식과 옷과 쉴 곳을 얻는 것보다—빛나지 않는 거야? 왜 더 위대한 대답을 주지 못하는 거야? 한데 왜 우리는 대답을 끌어낼 수 있는 이상으로 질문을 하는 거지? 잡을 고기가 없는데 왜 그렇게 큰 어망을 갖고 있냐구?"(129-130쪽)

화물선이 난파하고 홀로 구명보트에 오른 파이가, 자신을 향해 헤엄쳐 오는 리처드 파커에게 소리치는 장면입니다. 그의 이성은 '위대한 대답'을 구해요. 하지만 이어진 것은 227일간 죽음의 바다를 표류하는 일이죠. 그 어마어마한 절망의 현실 앞에서 이성은 힘을 잃습니다. 공포 앞에서 자주 무릎을 꿇지요.

우리는 안심한다. 이성은 최신 병기를 갖추고 있다. 하지만 뛰어난 기술과 부인할 수 없는 여러 번의 승리에도 불구하고, 놀랍게도 이성은 나자빠진다. 우리는 힘이 빠지고 흔들리는 것을 느낀다. 초조감에 끔찍해진다(204쪽).

바나나는 물에 뜬다

　하지만 역설적이게도, 파이가 결국 '위대한 대답'을 얻은 것은 바로 이런 가공할 현실 속에서였습니다. 모든 위대한 것은 고통 속에서 주어지는 법이지요. 파이는 고통스런 표류 속에서 생명과 대면하고 답을 얻습니다. 그 대답은 인간의 이성을 배제하지도, 그렇다고 이성의 테두리 안에 갇히지도 않아요.

　오늘날 지성을 자랑하는 무신론자들이 신은 존재하지 않는다고, 생명의 신비 따위는 존재하지 않는다고 너무나도 자신 있게 말하는 것은 바나나가 절대로 뜨지 못한다고 하는 것과 같습니다. 이성 이외에는 아무것도 믿으려 하지 않는 오늘의 지식인들은 파이의 이야기를 끝까지 듣고서도 믿으려 하지 않는 사람들과 같습니다. 만약 파이가 지금 우리에게 와서 자신이 227일간 호랑이와 좁은 구명보트에서 지냈다고 말한다면, 이걸 황당무계한 소리라고 하지 않을 사람이 얼마나 될까요? 파이가 일본 운수성 직원들과 나누는 다음 대화를 보면서, 이성과 믿음에 대해서 한번 곰곰이 생각해보시기 바랍니다.

"도쿄에 야생 기린과 야생 하마가 살지도 모르고 캘커타에서 북극곰이 자유롭게 살고 있을 수도 있지요. 하지만 당신이 탄 구명보트에서 호랑이가 살았다는 것은 못 믿겠어요."

"대도시에 사는 사람들의 오만이지요! 거대한 수도가 동물들의 에덴동산이라고 인정하면서도 내 작은 마을에 겨우 벵골 호랑이 한 마리가 산다는 것은 부정하는군요!"

"파텔, 제발 진정해요."

"단순한 것도 못 믿는다면, 왜 살아가고 있죠? 사랑이라는 건 믿기 힘들지 않나요?"

"파텔…"

"예절바른 태도로 날 물 먹이지 말아요! 사랑은 믿기 힘들죠. 어느 연인한테든 물어보세요. 생명은 믿기 힘들어요, 어떤 과학자한테든 물어보라구요. 신은 믿기 힘들어요, 어느 신자한테든 물어봐요. 믿기 힘들다니, 왜 그래요?"

"우리는 그저 합리적으로 생각하려는 것뿐이에요."

"나도 마찬가지예요! 매순간 이성적으로 따지죠. 음식과 옷과 피난처를 얻으려면 이성이 도움이 되죠. 이성은 최고의 수단이에요. 호랑이와 거리를 두려면 이성 없이는 불가능해요. 하지만 지나치게 이성적으로 굴면, 우주 전체에 목욕물을 끼얹는 위험을 감수하게 되죠"(368-369쪽).

왜 파이인가?
왜 227일인가?

　

이제 '라이프 오브 파이'에서 '파이'를 살필 차례입니다. '파이'를 모르는 사람이 없을 것입니다. 원주율이지요. 3.141592…던가요? 예전에 저는 소수점 아래 30자리까지 외웠어요. 물론 지금은 확실히 기억나지 않지만, 이거 외우느라고 고생들을 했지요. 그런데 〈라이프 오브 파이〉를 보면서, 과학과 문학, 숫자와 언어, 서로 다른 종교들을 꿰뚫는 사랑과 생명, 부분이 아니라 총체적인 것으로 있는 삶에 가장 접근한 단어로 찾은 것이 '파이'임을 알게 되었습니다. '파이' 하면 뭐가 연상되세요? 시장한 사람은 파이 생각이 나겠지요. 수학 좋아하는 사람은 바로 3.14가 떠오를 것입니다. 3.14면 3월 14일이 됩니다.

한국 사람이라면 대부분 3월 14일을 화이트데이라고 할 것입니다. 하지만 이 화이트데이는 일본에서 시작된 것으로, 우리나라와 대만 정도에서만 기념하는 날입니다. 오히려 다른 많은 나라에서는 3월 14일을 '파이π데이'라고 합니다. 대개 초등학교 정도만 나와도 원주율, 파이라고 하는 것은 다 알지요. 원주율 파이를 누구나 다 3.14로 외우고 있을 것입니다. 미국 정부에서도 아이들에게 과학 정신을 일깨우기 위해서 3월 14일을 정식으로 파이데이라고 정해 기념합니다. 인간의 수학적 지성을 상징하는 날로 원주율의 날을 정한 것입니다. 그리고 이날은 아인슈타인의 생일이기도 해요.

이렇게 소위 근대화된 문명국, 즉 흔히 선진국이라고 하는 나라에서

는 같은 날인데도 3월 14일을 아인슈타인의 생일, 그리고 파이데이로 지키죠. 특히 이날은 파이를 만들어 먹는데, 파이 위에는 3.141592…를 죽 나열해 씁니다. 아인슈타인 생일 케이크를 만들어 먹으면서 장난을 치기도 하고요. 3월 14일을 화이트데이로 지키며 사탕을 먹는 한 · 중 · 일의 모습과, 그날을 아인슈타인의 생일이며 원주율의 날로 기억하면서 파이를 먹는 서양의 모습이 사뭇 다르지요. 이러한 모습은 원주율 '파이'가 서양에서는 생활화되었지만, 동양에서는 아직도 학교에서 배우는 과학으로 끝나버리고 말며 우리 자신의 생활과 밀접하지 않다는 것을 단적으로 보여줍니다. 이렇게 같은 3월 14일이라도 아주 상징적으로 서양과 동양이 갈립니다. 그런데《파이 이야기》는 동양과 서양의 이런 문

명적 · 문화적 차이를 심화시키는 이야기가 아니라 그 차이성을 극복하는 이야기예요.

파이가 표류한 날이 왜 하필이면 227일인 것일까요? 원주율에 익숙한 사람은 금방 알겠지만, 227이라는 수에서 22를 7로 나누면 3.142857 142857…이 되는데, 그 값이 원주율인 파이에 아주 가깝습니다. 그러니까 이 《파이 이야기》는 판타지 소설 같은 면이 있지만 도처에 어떤 문명적인 것, 과학적 팩트가 숨겨져 있다는 것입니다. 227일이라는 날짜 자체에 주인공의 이름 파이, 원주율의 숫자와 통하는 의미가 담겨 있다는 것입니다.

피신, 피싱,
파이

|

그런데 원래 주인공 이름은 '피신Piscine'이었다고 했지요. 프랑스어로 '수영장'이라는 뜻이에요. 주인공의 이름이 '피신'이 되고 '파이'가 된 사연은 이렇습니다. 파이가 어렸을 때 아버지의 사업 파트너로서 파이의 집안과 친밀하게 지내던 아저씨가 한 명 있었는데, '마마지'라는 이름의 그는 자신이 파리에서 가보았던 수영장들에 대해 즐겨 이야기했습니다. 마마지는 세계에서 가장 훌륭하고 물이 깨끗한 수영장이 파리의 '피신 몰리토'라면서, 찬사를 아끼지 않았어요. 이 수영장의 이름을 따 주인공의 이름은 '피신 몰리토 파텔'이 됩니다. 그 수영장의 물처럼 깨끗한 영혼을 지닌 아이가 되라는 뜻이겠지요. 하지만 놀림 받기 좋은 이름이기도 합니다. 영어로 '오줌을 싸는'을

뜻하는 '피싱pissing'과 발음이 비슷하거든요. 그래서 학교에서 자기 이름을 '피신'이라고 소개하면 친구들이 막 웃는 거예요. 고민 끝에 '피신Piscine'에서 앞 두 글자만 따서, '파이Pi'라고 하지요. 'π=3.14'라고 써가며 당당하게 말이지요. 그렇게 해서 주인공은 '피싱'이 아닌 '파이'라고 불리게 됩니다. 주인공은 이 에피소드의 결말을 다음과 같은 말로 재미있게 정리하지요.

> 이렇게 해서, 골진 함석지붕을 인 오두막처럼 생긴 그리스어 알파벳(π)이자, 과학자들이 우주를 이해하는 데 사용한 신비로운 숫자 '파이'에서 난 피난처를 찾았다"(39쪽).

그런데 우리는 이 이름을 문명론적으로 생각해볼 수도 있습니다. 영어 'pissing'은 더러운 오줌을 가리키는 한편, 프랑스어 'piscine'은 깨끗한 수영장을 가리킨다고 했지요. 그런데 대체 수영장이 왜 나오는 것일까요? 수영장은 뒤에 나오는 동물원과 짝을 이룹니다(그런데 이 동물원은 원래 식물원이었던 것으로, 나중에는 다시 식물원이 됩니다. 이 장소의 변화도 아주 상징적입니다). 둘 다 인공적인 것이지요. 야생이 아니에요. 길들여진 자연이지요. 수영장에서는 사람이 물고기처럼 수영을 해요. 인공적인 것, 축소된 자연입니다. 이것은 자연의 이미지를 지닌 인도 전체와 대비됩니다. 그리고 수영장과 동물원은 나중에 파이가 표류하는 바다, 그리고 바다 위에 떠 있는 구명보트로 이어집니다.

만약에 파이가 마마지에게 수영을 배우지 못했다면 수영장에 대한 이야기와 바다의 표류 이야기도 불가능해집니다. 헤엄칠 수 있었기 때문에 표류가 가능한 것입니다. 그리고 동물원 이야기가 없었더라면 벵골 호랑이와 소년의 대결, 공생 관계도 불가능해집니다. 왜냐하면 그냥 야생의 호랑이라면, 아무리 픽션이라도 소년이 조련한다는 것은 상상할 수 없는 이야기이기 때문입니다. 동물원 사육사에 의해서 훈련된 호랑이이기 때문에 소년이 길들일 수 있었던 것입니다. 망망대해 위 조각배(구명정)에 소년과 호랑이가 대결하면서 생명을 유지해가는 믿을 수 없는 이 이야기들은 우리의 인상과는 달리 이렇게 치밀하고 리얼한 플롯(복선)에 의해서 전개됩니다. 작품 앞부분에서 언뜻 불필요하게 등장하는 것처럼 보이는 수영장과 동물원 이야기는 생명이 가득한 바다, 그리고 그 바다 위의 라이프보트를 통해 이야기하려는 생명 이야기의 전초전이라고 할 수 있어요.

이야기가 조금 곁길로 새었지만, 파이가 어린 시절을 보낸 '폰디체리'는 프랑스의 식민지이지요. 그렇기 때문에 어렸을 때의 파이는 인도 소년이지만 프랑스 문화의 영향을 받습니다. '피신'이라는 이름 자체가 프랑스에서 온 것이죠. 깨끗한 물이라는 긍정적 이미지를 지닙니다. 하지만 같은 서양 문명인데도 영어로 읽으면 가장 더러운 물인 '오줌'이 되어버리고 맙니다. 이것이 문명입니다. 그리고 이 서양 문명을 따라 더 거슬러 올라가면 그리스 문명이 나오지요. 이게 주인공의 이름이기도 한 '파이'입니다. 파이는 과학이지요.

이렇게 자연과 대립되는 문명을 극한까지 끌고 가면 파이가 됩니다. 주인공 파이는 그리스로 들어가서 집처럼 생긴 알파벳 π 속에 피신하는

소설로 떠나는 영성순례

거예요. 이렇게 보면 파이의 이야기에는 프랑스, 영국, 그리고 이들의 기원이 되는 그리스가 나옵니다. 여기에 기독교의 메시아, 그리스도 이야기가 나오니 헬레니즘과 헤브라이즘적 요소가 들어 있지요. 이런 일들이 벌어지는 곳은 인도, 그것도 그냥 인도가 아니라 프랑스령 인도란 말입니다. 요컨대 이 이야기는 자연과 문명, 서양과 동양, 나아가 전체 우주의 생명을 다 포함하고 있다는 것입니다. 프랑스 코드, 영국 코드, 그리스 코드가 다 들어 있는 주인공 인도 소년의 이름에서 우리는 이것을 단적으로 확인할 수 있습니다.

써스티,
파이의 목마름

마마지가 틈날 때마다 이야기하는 수영장 '피신 몰리토'의 물은 어찌나 깨끗한지 마셔도 될 정도라고 되어 있습니다. 앞에서도 언급했지만, 이것은 뒤에 파이가 떠 마시는 성당 성수반의 물과도 연결됩니다. (사실 프랑스어 단어 'piscine' 자체에 '성수반'이라는 뜻이 있지요.) 물론 이 물은 더 뒤에서는 태평양의 바닷물로 무한히 확장됩니다.

영화를 보신 분은 기억하시겠지만 소년 파이가 성당 입구의 성수를 손으로 떠서 마시는 것을 본 신부가 컵에 물을 받아 주면서 말해요. "You must be thirsty(너, 목이 마르구나)?" 호랑이 리처드 파커의 원래 이름이 써스티Thirsty였다고 했지요. 그렇기 때문에 이 말은 단순히 "너 목이 마르구나"라는 말이 아니에요. 써스티, 즉 호랑이는 사람 이름을 받게 되고, 사람은 거꾸로 써스티가 된 것입니다. "너 써스티이지? 목마른 녀석이지?" 하는 말입니다.

 그러면 이때 목마르다는 것이 무엇일까요? 파이는 힌두교도였지만, 이 장면에서는 기독교적 이미지가 강하게 나타납니다. 성경에는 사슴이 숲을 방황하면서 샘물을 찾는 것에 비유해 신을 찾는 인간의 마음을 나타낸 구절이 있지요. "하나님이여 사슴이 시냇물을 찾기에 갈급함같이 내 영혼이 주를 찾기에 갈급하니이다"(시 42:1). 아주 아름다운 구절이에요. 이 구절에 나오는 사슴, 풀만 뜯어먹고 사는 순한 사슴 대신《파이 이야기》에서는 타자를 물고 찢으며 생명을 빼앗는 흉포한 호랑이가 등장한다는 점만이 다를 뿐이에요. 이 같은 호랑이의 모습이 바로 인간인 파이에게도 존재하는 것입니다. 흉포하고, 강력한 생명력을 가지고 있으면서도 마치 호랑이처럼 목이 말라서 끝없이 물을 구하지요. 그래서 샘물을 찾는 것입니다. 우리가 이 대목에서 볼 수 있는 것은 교회에서 하나님, 예수님을 찾는 종교적 갈망입니다. 자기를 초월하여 더 높고 깊은 곳으로 가려 하는 한 소년의 의지를 보여주는 것이지요. 이 마른 목은 과연 축여졌습니까? 이 갈증은 해결되었습니까? 이 작품은 그러한 샘물을 찾는 이야기입니다. 그리고 그 고통, 지독한 목마름 없이는 그 샘의 물을 마실 수 없다는 것을, 파이가 겪은 생은 우리에게 들려줍니다.

 소설 속의 작가는 파이를 통해서 한 나라의 문화권이나, 동식물 등으로 분할되는 생명권을 관통해서 흐르는 생명의 강과 바다를 그리고 있습니다. 보통 다른 소설이나 이야기에서는 '생명은 아름다운 것' 아니면 '생명은 흉포하고 비정한 것'으로 그려지지요. 하지만 이 소설에서는 잔인하고 흉포하고, 날카로운 이빨과 발톱을 지닌 공격적인 호랑이라도 그 생명력 속에 끝없이 목말라하고 물을 갈망한다는 것을 그려내었습니다. 생명이 그렇다는 것입니다. 그리고 실제로도 파이가 탄 구명보트에서 제일 큰 고통이 타는 듯한 갈증인데, 그때 육체의 갈증을 축여주는 물은 우리 내면의 목마름을 축여주는 영성의 세계를 상징하는 것이지요.

나무늘보를 보면
신이 떠올랐다

표류에서 살아남은 주인공 파이는 나중에 대학에서 동물학과 종교학을 공부한 것으로 되어 있습니다. 동물학을 전공하면서 나무늘보에 대해 연구하죠. 그래서 소설의 초반에는 파이가 브라질 밀림에서 관찰했다는 세발가락나무늘보에 대한 이야기가 나옵니다. 나무늘보의 특징은 조용하고, 느리고, 무디다는 것이지요. 나무늘보는 슬로라이프의 대명사예요. 그리고 나무늘보의 이런 차분하고 조용하고 내성적인 태도에서, 주인공의 갈가리 찢긴 내면이 위로를 받습니다. 나무늘보가 얼마나 느리고 둔한지, 다음 설명을 한번 보세요.

[나무늘보는] 나뭇가지에 거꾸로 매달려서 시속 400미터로 움직인다. 땅에서는 시속 250미터로 나무에 기어오른다. 이것도 다급할 때의 속도이다. 다급한 치타보다 440배 느린 속도다. 급한 일이 없으면 한 시간에 4, 5미터 정도만 움직이는 동물이 바로 나무늘보다.

세발가락나무늘보는 외부에 많이 알려지지 않았다. 동물학자 비브는 보통의 둔감함을 2점, 극도의 예민함을 10점으로 나누고 나무늘보의 미각, 촉각, 시각, 청각에 2점을 주었고, 후각에는 3점을 주었다. 숲에서 잠든 세발가락나무늘보는 두세 차례 쿡쿡 찌르면 깨어난다(15쪽).

그런데 나무늘보는 이렇게 느린 덕분에 목숨을 부지합니다. 잠과 게으름 덕분에 재규어나 스라소니, 아나콘다 같은 맹수에 잡아먹히지 않고 살아간다는 것입니다. 인간 세계에서는 빠른 사람이 이기고 느린 사람이 지는 것이 상식이지요. 마치 서부활극에서 총을 빼는 데 0.1초라도 빠른 사람이 살아남는 것처럼 현대인들은 스피드에 생명을 걸고 있어요. 그런데 우리의 이런 관념을 뒤집는 것이 나무늘보입니다. 나무늘보는 느리기 때문에 결국 경쟁에서 살아남을 수 있는 거예요.

파이는 "나무늘보의 입에는 언제나 맘씨 좋은 미소가 걸려 있다"는 누군가의 말을 소개하고, 그 자신도 나무늘보 옆에 있으면 "물구나무서서 명상하는 요가 수행자나 기도에 몰두한 은자 앞에 있는 듯한 기분"이 든다고 합니다. "과학적인 접근법으로는 닿을 수 없는 상상력 넘치는 삶을 사는 현자 앞에 있는 느낌"(16쪽)이라고도 해요. 영혼이 갈가리 찢긴 오늘의 도시인들에게는 나무늘보가 정말 현자처럼 보이고, 그 얼굴은 행복한 미소를 짓고 있는 것처럼 보일 거예요.

이 소설이 종교의 신을 기저음으로 삼고 있다는 말을 이미 했지요. 여기에서도 나무늘보 이야기가 괜히 나오는 것이 아닙니다. 파이는 "생명의 기적을 보여주는 세발가락나무늘보를 보면 신이 떠올랐다"고 해요.

그러니까 종교학과 과학이 다르지 않고, 오히려 과학적으로 나무늘보의 생태를 연구하면 연구할수록 신을 믿게 된다는 것입니다. 이것이 나무늘보 이야기에서도 우리가 포착할 수 있는 진실입니다.

길들여진 자연

한편, 여기서 잠깐 덧붙이고 싶은 것은 동물원의 동물들은 길들여진 자연이란 것입니다. 앞에서도 잠깐 이야기했지만, 동물원은 인공화된 자연입니다. 동물원의 동물들은 날것 그대로의 자연이 아닙니다. 리처드 파커가 그렇습니다. '리처드 파커'라는 이름 자체가 사람의 이름이라고 했지요? 이 호랑이가 야생의 동물이 아니라 리처드 파커라는 이름을 달고 의인화되어 인간의 문명 속으로 들어온 것입니다. 그렇지 않으면 어린 파이가 절대 길들일 수 없었습니다. 파이가 구명보트 위에서 호루라기를 불고 보트를 흔들면서 호랑이를 조련할 수 있었던 것은 리처드 파커가 동물원에서 사육되었던 호랑이였기 때문입니다. 조련이 가능하다는 말은 문화화된 자연이라는 것이에요.

하지만 좀 더 근원적으로 생각하면, 흉포한 맹수들도 조련이 가능하다는 것은 인간과 야수 사이에 커뮤니케이션할 수 있는 공통의 것, 서로 교감할 수 있는 생명의 끈, 생명의 강이 함께 흐르고 있기 때문이지요. 지금까지는 그러한 짐승과 인간의 교감을 타잔, 혹은 킹콩 같은 식으로 그려왔지요. 이들은 완전히 인간 같은 짐승, 짐승 같은 인간입니다. 이렇게 킹콩처럼 야수가 인간화되고, 인간이 야성으로 돌아가는 타잔의 이야기는 다분히 작위적인 면이 있어요. 하지만 《파이 이야기》에서는 인간과 짐승이 실제의 민낯으로 서로 대결하면서 길들여지는 사실적인 모습이 그려집니다. 종래의 자연과 낭만적 상상력에서 나온 것이 아니라 치밀한 과학적 리얼리즘의 기법을 통해서 그것을 보여주는 것입니다. 어디까지나 호랑이는 호랑이, 인간은 인간인 채로 교감하고 있어요. 그러니까 드디어 멕시코 해안가에 닿았을 때, 정글을 향해 걸어가는 호랑이가 파이를 향해 뒤도 안 돌아보고 가버리잖아요. 파이가 아무리 섭섭함을 느껴도 어쩔 수 없습니다. 인간과 동물의 관계란 어느 한쪽으로 녹아내릴 수가 없는 관계인 것이죠.

문제는 인간과 동물을 관통하는 생명이란 것이 있고, 호랑이가 어느 정도 길들여졌다 하더라도, 누구나 이 맹수와 교감할 수는 없다는 것입니다. 아무리 길들여졌다 해도 인간은 동물을 이해할 수 없고, 동물은 인간을 이해하지 못합니다. 그런데 파이는 맹수에게도 먹이를 줄 수 있는 아이입니다. 영화에서 파이는 사육사 몰래 리처드 파커에게 먹이를 주려다가 아버지에게 혼쭐이 납니다. 자칫하면 그 위험한 맹수에게 손목을 잘릴 수 있는 위험한 일이니까요. 이렇게 파이는 끝없이 동물에게서 아름다움을 찾아냅니다. 파이는 사람들이 비웃는 외모를 가진 나무늘보에게서도 성자의 웃음을 발견하잖아요. 이런 것이 벵골 호랑이와 공생할 수 있는 바탕이 되는 것이지요. 이런 마음은 하나도 버릴 것 없는 보석이에요.

인도에서 캐나다로 가는
간단한 스토리

《파이 이야기》의 스토리는 간단합니다. 한마디로 인도에서 캐나다로 가는 이야기예요. 구체적으로는 폰디체리에서 토론토로 가지요(파이의 가족이 가려던 곳은 위니펙이었지만, 결국 파이가 정착하는 곳은 토론토입니다). 유럽 문화는 인도로 들어오기도 했고 캐나다로 들어가기도 했습니다. 양쪽에는 다 원주민이 있었는데, 이곳에 새로 사람들이 모여듭니다. 잘못된 것이지만, '토론토'라는 말이 '사람들이 많이 모이는 곳'을 뜻하는 원주민의 말이었다는 설도 있습니다. 사실 '토론토'는 '물속에 나무들이 서 있는 곳'이라는 뜻입니다.

정치적·경제적 상황이 불안해지니까 파이의 아버지는 동물원을 팔고 인도를 떠나 이주하려고 합니다. 그것을 아버지는 '뉴 라이프New Life', 새로운 삶을 찾아 떠나는 것이라고 하지요. 파이는 "우린 콜럼버스처럼 항해하는 거야!"라는 아버지의 말을 듣고 "그는 인도를 찾아서 항해했는데요"라고 반문합니다. 거꾸로 이야기하는 아버지를 꼬집는 그 말이 웃음을 자아내지만 사실은 여기에 심각한 뜻이 있어요. 콜럼버스는 인도를 찾아 나섰다가 미국을 발견한 것인데(그래서 미국의 원주민을 인디언이라고 하지요) 이 소설에서는 반대로 파이와 파이 아버지가 인도의 콜럼버스가 되어 인도가 아닌 새 땅을 찾아 나섭니다. 어느 시대, 어느 곳에서나 우리는 자신의 땅을 찾으려 하고, 현재의 삶을 떠나 새로운 곳에서 삶의 터전을 잡으려고 한다는 것을 여기서는 보여주는 것이지요.

전체를 상징적으로 보면 '자연'의 동양에서 '문명'의 서양 캐나다로,

더운 데서 아주 추운 곳으로, 남쪽에서 북쪽으로, 마치 갠지스 강처럼 천천히 흐르는 인도의 힌두교에서 빠르게 지나가는 토론토의 기독교로 건너가는 것입니다. 문명사적으로 보면 동양 문명이 변질된 서구 문명으로 가는 거예요. 개인적으로 보면 소년이 어른이 되는 이야기고요. 그리고 최종적으로는 생명을 발견하는 이야기입니다.

침춤호의 침몰

그리고 이 사이에 화물선 침춤TSIM-TSUM호가 있습니다. '침춤'은 히브리어로 '축소하다, 축약하다'는 말입니다. 소설이라고 하는 것은 작은 것을 크게 확대할 수도 있고 큰 것을 작게 할 수도 있는데, 지구 전체를 축약해서 화물선에 담은 것이지요. 이 속에는 동물원도 있고 서양인, 동양인도 있습니다. 더구나 파나마 선적의 일본 배예요. 그러니까 이 화물선 속에 오늘의 우리가 다 들어 있습니다. 이 화물선을 타고 남방문화와 북방문화, 더운 곳과 추운 곳의 경계로 파이는 가고 있었던 것입니다.

그런데 그 배가 침몰합니다. 우리는 이것을 이렇게 볼 수도 있습니다. 이미 인도의 폰디체리는 영어와 프랑스어를 사용하고 과학도 배우는 힌두문명권과 근대 서양문명권의 접속점이었어요. 그리고 원주율 파이로 대표되는 수학지식은 한 나라, 한 인간의 생활권을 넘어서는 것이지요. 이를 통해 우리는 주관적 세계에서 객관적이고 보편적인 이성의 공간으로 나갈 수 있었어요. 그러나 과학과 이성이 침몰하면 지금까지 현미경과 망원경으로는 관찰할 수 없었던 생명의 심층이 나타나요. 침춤호의 침몰은 바로 이것을 보여주는 사건입니다.

파나마 국적의 일본 화물선, 글로벌한 근대문명의 배가 폭풍 속에서 깨지고 침몰합니다. 그 배 안에 있었던 인간도 짐승도, 미생물까지도 모두 종말을 맞고 해체됩니다. 그런데 그 세계가 침몰해도 딱 하나, 파이와 호랑이는 살아남습니다. 식민지 인도를 줄이면 폰디체리이고, 폰디체리를 줄이면 동물원, 이것을 다시 줄이면 파이 가족이 탄 화물선입니다. 그리고 이것을 더 줄인 것이 구명보트입니다. 인도가 겨우 몇 평방미터로 줄어든 것이지요. 좀 더 크게 말하면 구명보트는 우주와 지구, 문명, 동서남북의 모든 것들을 포함한 응축된 세계예요. 동물원에서는 벵골 호랑이가, 파이 가족 중에서는 파이가 대표 선수로 남습니다. 호랑이와 소년 사이에 전개되는 모든 일들이 바로 인간과 자연의 관계를 대표하는 설정인 것입니다.

먹고 먹히는 가열한 생존조건 속, 한시도 두려움과 경계를 늦출 수 없는 긴장 속에서 파이는 오히려 서로를 살리고 격려하고 끝내는 사랑과 믿음으로 교감하는 영성을 발견합니다. 모든 생명체가 살고 있는 지구가 작은 구명정으로 축소되고, 그 생명이 한 명의 소년과 한 마리 호랑이라는 결정체結晶體로 발견될 때, 우리는 비로소 불신하고 버렸던 신을 보게 되는 것입니다.

매혹하는
생명의 모순
| 파이의 상대역 리처드 파커 이야기를
조금 더 해보지요. 말하자면 벵골 호랑이 리처드 파커는 줄이고 줄여서
시험관에 넣은 생명이에요. 생명력 넘치는 리처드 파커를 파이는 다음
과 같이 묘사합니다.

> 리처드 파커는 생명이라는 자석을 가졌는지, 너무도 카리스마 넘치는 생
> 명력이 있어서 다른 생물들은 그것을 감당하지 못하는 듯했다(214쪽).

우리는 자연을 두려워하고 자연물들은 인간을 두려워하지요. 서로가
서로에게 위험한 존재입니다. 그런데 둘 모두에게는 생명력이, 살고자
하는 의지가 있습니다. 화물선이 침몰했을 때 먼저 구명보트에 탄 파이
가, 구명보트로 헤엄쳐 오고 있는 리처드 파커를 보고 본능적으로 응원
하는 장면을 보세요.

> "예수님, 성모님, 마호메트님, 비슈누님! 널 만나서 얼마나 반가운지 몰라,
> 리처드 파커! 포기하지 마, 제발. 구명보트로 와. 호루라기 소리 들리니?
> 휘이이! 휘이이! 휘이이! 제대로 들었구나. 헤엄쳐. 헤엄치라구! 넌 헤엄
> 잘 치잖아. 삼십 미터도 안 돼"(128쪽).

배가 가라앉고 호랑이가 다가옵니다. 보통의 경우라면 자기 생명을

지키기 위해 호랑이가 바다에 빠져 죽도록 놔두겠지요. 하지만 파이는 꼭 사람을 대하듯이 말해요. 마치 친구한테 말하는 것처럼 한없이 다정합니다. 둘에게 공통된 생명력 때문입니다. 호랑이가 구명보트 위에 오르고 나서야 파이는 호랑이와 한 배에 탄 지금 상황이 얼마나 위험한 것인지를 깨닫고 아연해하지요. 조난신호를 못 보고 그냥 지나쳐버린 유조선 앞에서 망연자실한 파이가 또 뭐라고 하는지 기억나세요? '사랑한다'고 합니다.

"사랑한다!"
터져 나온 그 말은 순수하고, 자유롭고, 무한했다. 내 가슴에서 감정이 넘쳐났다.
"정말로 사랑해. 사랑한다, 리처드 파커. 지금 네가 없다면 난 어째야 좋을지 모를 거야. 난 버텨내지 못했을 거야. 그래, 못 견뎠을 거야. 희망이 없어서 죽을 거야. 포기하지 마, 리처드 파커. 포기 하면 안 돼. 내가 육지에 데려다줄게. 약속할게. 약속한다구!"(292쪽)

리처드 파커에게 포기하지 말라고, 내가 육지에 데려다주겠노라고 약속합니다. 마치 모세가 이스라엘 백성을 약속의 땅으로 이끌고 가는 것과 같아요. 결국 227일간 표류한 끝에 이들은 육지에 다다르지요.

나를 진정시킨 것은 바로 리처드 파커였다. 이 이야기의 아이러니가 바로 그 대목이다. 무서워 죽을 지경으로 만든 바로 그 장본인이 내게 평온함과

목적의식과 심지어 온전함까지 안겨주다니(205쪽).

사람과 동물 모두 신 아래에서는 다 같은 생명입니다. 생명애로 연결되어 있는 존재입니다. 겉으로는 잡아먹히고 잡아먹지만, 깊은 세계로 들어가면 신의 구제를 바라는 존재이며, 그 누구의 것도 아닌 신에 다다르는 사랑에 닿아 있는 것이에요. 심지어 싸우기도 서로 경계하기도 하지만, 고맙다, 사랑한다, 너 때문에 살았다고 말해요. 두려움이 완전한 사랑으로 변하는 것입니다. 파이와 같은 극한의 대결, 체험을 하지 않고서는 절대로 발견할 수 없는 것. 인간의 언어, 동물의 포효로는 절대로 전달할 수 없는 것. 그것이 바로 영성입니다.

이 작품에는 생명의 극한 지역, 죽음 직전에까지 가야 생명이 다시 살아나는 이미지가 나타나지요. 인도의 비슈누 신은 세계를 지키고 유지하는 신인데, 생성과 파괴, 죽음과 생명을 연결하는 비슈누의 질서는 파이가 표류 중에 잠깐 방문하는 것으로 나오는 신비의 섬을 통해서도 상징적으로 드러납니다. 섬 자체가, 누워 있는 비슈누의 형상을 하고 있어요. 이 섬은 낮에는 바닷물을 담수로 바꿔 육상 동식물들이 생존할 수 있게 해주는 아주 풍성한 생명의 섬이지만, 밤에는 그 생물들을 잡아먹는 죽음의 섬입니다. 삶과 죽음이 하나예요. 에로스와 타나토스가 함께 있습니다.

한밤중에 파이는 그 섬 한가운데 있는 나무에 달린 연꽃 모양의 열매를 봅니다. 연꽃은 더러운 진흙 속에서 아주 맑게 피어오르죠. 이것이 영성입니다. 그러면서도 이 영성은, 경악스럽게도 열매 안에 남은 사람이빨에서 보듯, 인간을 녹여버리는 식인섬의 그것이에요. 이것을 보면 생명의 부조리함, 생명은 아름다운 것도 아니고 추악한 것도 아니며 생도 아니고 죽음도 아닌, 모순에 가득 찬 것이라는 점을 느낄 수 있습니다. 파이가 그랬던 것처럼 우리는 그 속에서 생명을 구하고 생명애를 느끼게 되는 것이지요.

그러니까 호랑이는 우리의 적수이지만 생명애라는 우주의 근원에 이르면 서로 돕는 파트너가 됩니다. 이건 문명론이고 종교론이고 생명론이에요. 제가 이야기하는 생명자본주의를 소설로 쓴다면 바로《파이 이야기》가 될 것입니다. 저로서는 어떠한 신학 책이나 논문보다도 이 이야기 속에 제가 여태까지 써왔던 모든 것을 대입할 수가 있어요. 자연대 인공, 동양 대 서양, 더운 것과 추운 것, 흉포한 것과 한없이 부드러운 것, 이것이 전부 이 이야기 안에 나와 있습니다.

과학이 닿지 못하는
1퍼센트의 틈

우리는 바나나는 물에 뜨지 않는다는 선입견을 가진 일본 운수성 직원들처럼《파이 이야기》를 읽기 쉽습니다. 하지만 그들의 생각과 달리 바나나는 물에 뜨지요. 이 소설 속의 이야기가 그저 환상적인 것 같지만, 실은 작가는 과학적 데이터를 극한까지 밀고 가고 있습니다. 시적 상상력과 과학적 증명이 배치되는 것이 아니에요. 생명의 신비가 과학도 먹고, 종교도 먹고, 시도 먹고, 다 먹었다는 것입니다. 동서양의 종교와 심리학을 통합해 독창적인 이론을 제시한 켄 윌버가 이야기하는 통합의 힘을 볼 수 있는데, 이 작품에서는 그게 바로 '파이'이고 '라이프'이지요.

이 감성의 세계, 지역적 세계에서 '피싱', '피신'은 각각 깨끗한 물, 더러운 물, 서로 반대되는 것이 되어버리고 맙니다. 이에 비해 '파이'는 중립의 언어예요. 숫자, 과학이죠. 그러면서도 딱 떨어지는 수는 아닙니다. 소수점 아래 몇 조 단위까지 헤아려도 영원히 풀리지 않습니다. 그것이 바로 무리수의 세계이지요. 그래서 피타고라스가 무리수 $\sqrt{2}$를 발견한 제자를 강물에다가 죽인 것입니다. 수학의 아버지로 알려진 피타고라스는 이 세상 만물은 모두가 숫자로 되어 있다고 생각했습니다. 그가 만든 피타고라스 교단에서는 수가 곧 신이며 종교였지요. 수로 이루어진 세계는 전부 수로 풀 수 있다고 했어요. 완전히 합리적인 것이지요. 과학과 이성으로 모든 것을 설명할 수 있다고 보았던 것이에요. 그런데 도저히 풀리지 않는 무리수가 나타나 그의 세계 전부가 깨져버린 것입니다. 일본 사람들이 번역한 '무리수無理數'라는 단어만 보면 선뜻 이해되지 않지만, 영어로는 'irrational number'이지요. 비합리수非合理數입니다. 수학은 완전히 합리적인 것인데, 비합리수가 있다니, 숫자에도 비합리성이 있다니, 얼마나 상징적입니까!

피타고라스가 절망한 것처럼 과학으로 설명되지 않는 것이 있습니다. 모든 숫자로 설명할 수 없는 세계, 그게 생명이고 우주입니다. 신의 세계란 그런 것이지요. 3.141592… 그 영원히 풀리지 않는 틈을 비집고 들어가는 것이 '라이프 오브 파이'입니다. 그렇다고 과학을 무시하는 것은 아니에요. 과학은 우리를 적어도 근사치에까지는 데려갑니다. 하지만 마지막 남은 1퍼센트, 그것을 뚫고 갈 수 있느냐는 극한 상황에 닥쳐봐야 합니다.

마치 살짝 열린 문틈으로 들여다보듯이 우리는 《파이 이야기》를 통해서 신의 세계, 영원의 세계가 섬광처럼 지나가는 것을 볼 수 있어요. 살아서도 죽어서도 절대로 발견할 수 없는 것을 이 이야기는 들려주고 있는 것입니다. 그게 라이프입니다. '라이프'는 '데스Death', '죽음'의 반대말이지만, 죽음 없는 라이프 없고 라이프 없는 죽음이 없습니다. 이 둘은 쌍둥이처럼 붙어 다니고, 서로 중첩되어 있어요. 이것을 우리는 살아서는 알지 못하는데, 영화나 소설을 통해서는 느껴볼 수 있습니다. 기막힌 일이지요. 그런데 신학은 자꾸 로고스로 설명하려고 합니다. 초월까지도 영성까지도 합리적으로 나타내려고 해요. 그게 신학의 한계이지요. 이런 것은 소설이나 시, 예술로밖에는 표현할 수 없습니다. 그나마 감성과 이성과 영성을 통합할 수 있는 인간이 가진 유일한 수단은 바로 예술 언어라는 것이지요.

호랑이 발톱 속의
생명

생명을 주면서 동시에 생명을 파괴하는 신비한 섬처럼, 모순을 끌어안은 것이 바이오필리아입니다. 부조리한 삶조차 긍정하고 끌어안는 것이지요. 생명과 죽음이란 본디 그런 것입니다. 이것을 아름답게 표현한 구절이 소설의 첫머리에 나옵니다.

> 죽음은 생물학적인 필요 때문에 삶에 꼭 달라붙는 것이 아니다. 시기심 때
> 문에 달라붙는다. 삶이 워낙 아름다워서 죽음은 삶과 사랑에 빠졌다. 죽음
> 은 시샘 많고 강박적인 사랑을 거머쥔다. 하지만 삶은 망각 위로 가볍게
> 뛰어오르고, 중요하지 않은 한두 가지를 놓친다(17쪽).

죽음과 삶은 꼭 붙어 다닙니다. 하지만 위의 표현을 보면, 삶의 긍정
이 결국은 파이의 생입니다. 그리고 이건 그냥 얻어지는 것이 아니에요.
죽음보다 한발 앞서간 227일 표류의 고통 속에서, 생명의 밑바닥 속에
서, 극한에서 얻어지는 지혜라고 볼 수 있는 것입니다.

생명애라는 것은 자연의 아름다움을 보는 것, 인간에게 이로움을 주
는 존재로서 자연을 이해하는 것이 아닙니다. 있는 그대로의 자연을 긍
정하는 것이에요. 자연은 뱅골 호랑이의 이빨과 발톱을 가지고 있어서
끝없이 우리를 위협합니다. 조금만 한눈팔면 잡아먹힙니다. 하지만 그
호랑이의 야성 가운데 끝없이 부드럽고 끝없이 향상하는 생명애가 있
어요.

그 속에 신이 있다는 것입니다. 그러니까 신은 자비로울 뿐 아니라,
인간들이 보기에는 부조리하고 야속하고 파괴적이기도 하다는 말이지
요. 욥은 무고한 고난을 당하며 탄식합니다. "나를 왜 해치십니까? 나를
왜 학대하십니까? 나를 왜 거짓말쟁이로 만드십니까?" 그런데 바로 그
런 하나님, 야속한 하나님, 자기를 파괴하는 그 하나님 속에 무한한 사
랑과 자비가 있다는 것을 극한 상황을 통해서 알게 됩니다. 욥, 엘리야,
예언자들이 다 그랬고, 예수님 자신이 그랬어요. 그러니까 "엘리 엘리

소설로 떠나는 영성순례

라마 사박다니(나의 하나님, 나의 하나님, 어찌하여 나를 버리셨나이까)"라고 하셨죠.

이 이야기는 소년이 어른이 되는 이야기, 폰디체리 사람이 토론토 사람이 되는 이야기라고 했습니다. 힌두 세계에서 기독교 세계로 건너가는 이야기이기도 하죠. 패러다임의 전환이 일어납니다. 하지만 이러한 전환이 일어나기 위해서 227일 동안 구명보트의 극한 체험을 해야 했습니다. 그러지 않으면 절대로 힌두교가 예수교를 알 수 없어요. 이게 영성의 세계입니다.

화이부동의 길
화해하는 신의 세계

인간에게는 지성, 감성, 영성이 있는데, 영성이야말로 여기에 나오는 벵골 호랑이와 소년이 조각배 하나에서 227일 동안 서로 잡아먹으려 하면서도 서로를 도와 살아남게 한 원천입니다. 그런데 그 모순 속에서 살아서 하나는 정글로 가고 하나는 도시로 가요. 절대 합쳐지지 않습니다. 생명애란 그런 것입니다.

21세기에 우리가 가야 할 길도 여기서 찾을 수 있습니다. 화이부동和而不同, 화하지만 같아지지는 않는 것. 서로 다르기 때문에 화하는 것입니다. 그런데 우리는 어떻습니까? 너무나 획일적이에요. 똑같이 생각하고, 똑같은 유행을 쫓기에 바빠요. 그건 화이부동이 아니라 동이불화同而不和, 똑같은데 불화하는 것입니다. 공자의 말처럼 이건 소인들의 짓이에요. 아까 토론토 이야기를 잠깐 했지만, 토론토뿐 아니라 오늘 우리가 사는 곳은 여러 문화가 얽혀 있지요. 다양한 문화가, 자연과 인간이 공존의 길을 찾아가야 하는 이 시대, 그 화이부동을 위한 키워드가 무엇입니까? It's life! 바로 파이의 라이프인 것입니다.

소설의 첫머리에서 노신사는 파이의 이야기를 듣고 나면 신을 믿게 될 거라고 했지만, '신'을 믿게 되지는 않더라도 서로 적대적인 것이 공존하고 화해하는 '신의 세계'는 엿볼 수 있을 것입니다. 예언자 이사야가 그렸던 바로 하나님나라에 가까운 세계 말이지요. "그때에 이리가 어린 양과 함께 살며 표범이 어린 염소와 함께 누우며 송아지와 어린 사자와 살진 짐승이 함께 있어 어린아이에게 끌리며 암소와 곰이 함께 먹으며 그것들의 새끼가 함께 엎드리며 사자가 소처럼 풀을 먹을 것이며 젖 먹는 아이가 독사의 구멍에서 장난하며 젖 뗀 어린아이가 독사의 굴에 손을 넣을 것이라"(사 11:6-8).

원죄는 잡아먹지 않고는 살아갈 수 없는 비극, 남의 피로 살아갈 수밖에 없는 인간의 비극이라고 말할 수도 있을 거예요. 그런데 이러한 원죄가 해소되고 깊은 우주의 질서 속으로 들어가면 생명의 밝음을 비로소 볼 수 있게 될 것입니다. 이사야서의 평화로운 정경에 나오는 어린아이에게 가장 가까운 인간을 우리는 파이에게서 볼 수 있습니다. 파이는 위험한 호랑이에게 먹이를 주려고 하는 아이이지 않습니까? 맹수를 조련해 생명의 질서를 찾고, 맹수와 교감한 소년이고요. 극한의 체험을 통해서 생명을 발견한 아이이기 때문입니다. 그게 바로 라이프보트, 생명보트인 것이지요. 생명보트에 올라앉으면 호랑이와 소년은 하나가 되는 것입니다.

소설로 떠나는 영성순례

이야기가 삶에
의미를 부여한다

리안 감독이 기가 막힌 3D 영화 〈라이프 오브 파이〉를 만들었습니다. 지금까지 3D 영화는 소재가 입체였지요. 입체적인 건축물이 나오고, 탱크, 비행기의 움직임을 실감나게 보여주는 것이 3D 영화였습니다. 흔히 최초의 영화로 꼽히는 뤼미에르 형제의 〈기차의 도착〉(1896)은 스크린에서 기차가 다가오는 것을 보여주지요. 영화를 처음 보는 사람들이 이걸 보고 혼비백산해서 도망갔다고 해요. 기차가 나올까봐서요. 이 시기의 영화는 별 다른 내용 없이 배가 다가오는 모습, 기차가 움직이는 모습을 보여주었습니다. 토머스 에디슨은 축음기로 깜짝 쇼를 했지요. 먼저 무대 한쪽에서 성악가가 나와 노래

최초의 영화로 꼽히는 〈기차의 도착〉의 한 장면

를 부르고 나면 막을 내리고서 축음기로 노래를 틉니다. 다시 막을 올리면 성악가는 없고 축음기에서 노래가 흘러나오는 것을 보고 사람들이 깜짝 놀랍니다. 초기에는 전부 그랬습니다. 기술에 놀랐던 것이지요.

3D 영화가 처음 나왔을 때도 기술의 놀라움이 관심 대상이었습니다. 예술로 활용하지는 않고, 깜짝쇼를 하는 데 썼지요. 스크린에서 호랑이가 뛰어나오면 관객들이 놀라고, '임산부는 보지 마세요' 이렇게 써 붙여놓은 것이 3D 영화였거든요. 그런데 리안 감독은 망망대해에 아무것도 없는 것을 3D 영화로 만든 것입니다. 도대체 3D로 찍을 것이 없는데, 구명보트 하나 놓고, 그것도 진짜 호랑이를 못 찍으니까 전부 모형을 가져다 놓고서 말이지요. 흑백으로도 찍기 어려운 것을 3D로 찍었습니다.

그런데 그것이 그렇게 아름답습니다. 영화를 보신 분은 아시겠지만, 캄캄한 밤바다에서 해파리가 빛을 발하며 유영하는 모습은 꼭 별이 빛나는 것 같습니다. 아무것도 없는 바다에서 227일 동안 지내는 영화일 뿐이지요. 하지만 바다에서 헤매는, 사건조차 없는 그 모습을 3D로 보여주면서 눈물을 흘리게 만들고, 저것이 삶이구나, 저것이 생명이구나, 깨닫게 합니다. 그걸 보는 사람들 중에 속으로 안 우는 사람이 없어요. 다른 영화를 볼 때는 겉으로 눈물이 흐르지만, 〈라이프 오브 파이〉를 보면, 속으로 눈물을 흘립니다. 좋은 영화는 속으로 울게 만드는 영화입니다. 눈에서 눈물이 나서 눈이 따가운 게 아니라, 어금니 쪽이 뻐근한 것이 진짜 슬픔이거든요. 멜로드라마를 봐도 누선이 자극됩니다. 그런데 진짜 우리 생명 깊숙한 곳을 자극하는 것은 이런 것입니다. 어금니 쪽이 꽉 조여오는 슬픔을 느끼게 하고 진짜 인간에게 영혼의 무지개를 만들어주는 눈물을 보여줍니다. 그 눈물이 어떻게 영혼을 빛처럼 만들어주는가를 보여주지요.

제임스 카메론 감독은 〈아바타〉에서 기술을 과시했습니다. 생생한 3D 기술로 놀라운 입체감을 구현했지요. 그런데 〈아바타〉에서 그려지는 내용은 그 첨단 기술을 지닌 인류가 영혼의 숲을 파괴하는 내용이었습니다. 기술과 영혼, 문명과 자연의 대립이 그려졌지요. 이에 비해 〈라이프 오브 파이〉에서는 그러한 전쟁이 아니라 한 소년의 내면의 싸움을 통해 생명에 가닿는 과정을 보여줍니다. 그런데 그것을 너무도 아름답게, 죽음조차 아름답게 그려냅니다. 카메론 감독이 〈라이프 오브 파이〉를 보고서 깜짝 놀라요. 그간 3D 영화로 만들지 못했던 영상미를 처음으로 만들어낸 전혀 새로운 입체영화라는 것이지요.

리안 감독은 동양인이었기 때문입니다. 다른 감독들은 퇴짜를 놓았지만 그는 이 소설에 새로운 이야기가 있다는 것을 알고서 영화로 만들었습니다. 아시아 사람은 그것을 알아요. 《파이 이야기》를 쓴 작가도 대단하지만, 리안 감독도 그에 못지않습니다. 단순히 소설을 영화화한 것이 아니라, 철학을 가지고 만들었습니다. 그는 인터뷰에서 "여기저기 흩어져 의미가 없어 보이는 인생에 스토리텔링은 구조를 부여한다. 먼 옛날 먼 곳의 이야기라 해도 지혜와 함께 다가와 그것을 공유하는 사람들의 삶에 의미를 부여한다. 종교도 마찬가지다"라고 이야기합니다. 감독 자신도 그랬다는 거예요. 소설을 읽은 뒤에 설명 불가능한 무엇인가에 대해서 생각하게 되고, 그 연장선에서 신의 존재를 의식하려 하게 됩니다.

이야기라는 것은 남에게 전달되었을 때 비로소 그 의미가 나타나지요. 그래서 소설 첫머리의 노신사처럼 리안 감독 역시 관객들에게 이 영화가 신이나 종교에 대해 깊이 생각할 수 있는 계기가 되었으면 좋겠다고 말해요.

《파이 이야기》는 소설을 쓰다가 실패한 작가가, 파이가 들려주는 이야기를 듣고 그것으로 새로운 소설을 쓰는 설정으로 되어 있습니다. 작가가 새 소설을 썼다는 것은 새 라이프를 발견했다는 것이에요. 실패해서 슬럼프에 빠진 작가가 새로운 이야기가 없는지, 새로운 인생이 없는지 탐험한 것입니다. 표류한 것이지요. 그래서 파이라는 아이와 함께 상상 속에서 그 바다를 횡단한 것입니다. 그러면서 이 작가가 달라집니다. 이야기를 듣는 이들은 이렇게 달라집니다.

대부분의 사람들은 이것을 단순한 모험 이야기, 판타지 영화로 보았을 것입니다. 이 영화를 보면서 작가나 감독처럼 이 이야기가 궁극적으로 신과 영성, 생명을 주제로 하고 있다는 것을 깊이 깨달은 사람은 그렇게 많지 않을 거예요. 이 영화를 본 사람 중 몇이나 신을 보았을까요? 물론 인터넷에서는, 아무런 의식 없이 그냥 먹는 호랑이가 왕성한 식욕, 잡아먹으려 하는 본능밖에 없는 것 같지만, 사실은 호랑이를 통해서 신의 은총, 인간이 쌓아올린 모든 담을 뛰어넘는 초월의 상징, 영성의 상징을 발견했다는 영화평도 찾아볼 수 있습니다. 이런 평을 남긴 분들은 예민한 감각을 지닌 사람들이지요. 제 자신의 사명도 마찬가지인 것 같습니다. 이런 작품 속에서 하나님을 발견하고, 영성을 발견하도록 하는 일 말이지요.

바이오필리아, 네오필리아, 토포필리아

《파이 이야기》에는 제가 이야기하는 생명자본주의의 내용이 다 들어 있습니다. 앞에서 말씀드린 것처럼 우선 이야기 전편에 '바이오필리아'의 테마가 흐르고 있지요. 그런데 그 바이오필리아 속에는 끝없는 네오필리아*neophilia*, 새것에 대한 사랑이 있습니다. 파이의 가족이 폰디체리에서 살지 왜 토론토로 갑니까? 그게 네오필리아지요. 새것을 찾아 떠나는 것입니다. 그런데 네오필리아에는 끝없는 리스크, 위험이 있어요. 배가 침몰해 식구가 다 죽고 파이 하나만 살아남습니다. 그러나 파이로서는 이 과정을 통해서 생명을 알게 됩니다. 그게 없었으면 생명이라는 것을 몰랐을 거예요.

마지막으로 토포필리아*topophilia*, 장소애場所愛가 있습니다. 폰디체리라는 고향뿐 아니라 새로운 땅, 바다, 인도의 숲, 토론토의 추위 등 장소에 대한 끝없는 사랑이 나타납니다. 이 작품에서는 이들 장소가 대등하게 나오는 것이 뚜렷하게 보입니다. 가장 더운 곳과 가장 추운 곳이 나옵니다. 종교적으로 보면 힌두교에서 기독교로 가고, 방향으로 보면 남쪽에서 북쪽으로, 기상으로 보면 더운 곳에서 추운 곳으로, 문명적으로는 동양에서 서양문명으로 가는 것인데, 이들이 무리 없이 공존하고 있습니다. 다문화 도시인 폰디체리나 토론토가 지닌 상징성도 이런 맥락에서 이해할 수 있을 것입니다.

문명을 거부하는 이야기가 아니다

|　　　　　　　　《파이 이야기》가 생명에 관한 이야기라고 해서, 문명을 거부하는 이야기라고 이해해서는 안 됩니다. 파이가 바다에서 227일간 살 수 있었던 것은 구명보트가 있었기 때문이고, 그 안에 문명의 산물인 구급품과 생존 장비, 깡통 속의 물, 비상식량이 있었기 때문입니다. 이게 없었으면 살아남지 못했지요. 파이가 구명보트에서 이것들을 발견했을 때 얼마나 좋아하는지 한번 보세요.

열린 물품함 속에서 물건들이 번쩍번쩍 빛났다. 아, 공산품을 보는 기쁨이라니! 인간이 만든 것, 인간이 창조한 것들을 보니 얼마나 반갑던지! 물건을 확인한 순간, 강렬한 즐거움이—희망, 놀람, 믿을 수 없는 기분, 스릴, 감사, 그 모든 것이 하나로 뭉쳐졌다—밀려들었다. 평생 그 어느 크리스마스, 생일, 결혼식, 힌두 축일 등 선물을 주고받는 때도 그런 기쁨은 맛보지 못하리라. 행복감으로 머리가 아득해졌다(180쪽).

인간의 흔적이라곤 찾아볼 수 없는 곳에서 인공물을 발견하고서 얼마나 반가워하는지 모릅니다. 그리고 표류 중에 바다 한가운데서 플라스틱 병과 끈적한 기름, 냉장고 등 온갖 폐기물이 떠다니는 쓰레기 지대도 지나지요(294쪽). 더럽고 악취가 진동하지만 이것도 인간의 흔적입니다. 이 쓰레기 지대를 지나고서 파이는 구조를 요청하는 편지를 유리병에 넣어 물에 띄웁니다. 막막한 죽음의 바다 위에서는 이런 하찮은 인간의 흔적조차 작은 희망을 불러일으키는 것이겠지요.

표류 중인 우리에게
주는 메시지

《파이 이야기》는 이주 이야기라고 했습니다. 인도에서 캐나다로, 동양에서 서양으로, 남방에서 북방으로 가는 이야기입니다. 21세기를 살고 있는 우리들의 처지가 꼭 이렇습니다. 우리 역시 작은 구명보트에 올라타고서 그러한 이주를 하고 있는 것이지요.

어떻게 대양을 무사히 건너갈 수 있을까요? 벵골 호랑이와 나를 관통해 흐르는 생명, 생명애라는 것을 발견하지 않으면 안 됩니다. 소설에는 둘이 협력해서 상어 떼를 잡는 이야기가 나오지요. 둘은 서로 에너미 enemy, 적이 아니라 라이벌입니다. 생명애란 그런 것입니다. 우리나라에도 비슷한 것이 있습니다. 미꾸라지 양식장이나 운송 수조에 메기를 몇 마리 넣어주는 것이지요. 그러면 폐사하는 미꾸라지가 줄어든다고 합니다. 이것을 '메기 효과'라고 하는데, 미꾸라지가 메기를 피해 다니느라 살아 있을 수 있다는 거지요. 역설적입니다. 생명을 가진 존재는 이렇게 서로 자극을 주는 상대가 필요합니다. 호랑이 혼자 보트에 탔으면 죽었을 거예요. 소년 혼자 탔어도 살아남지 못했습니다. 자신을 죽이려는 호랑이와 함께 있어야 살 수 있다는 역설. 생명이란 이렇게 역설적인 것입니다.

우리는 라이프보트를 타고서 새로운 라이프를 찾아가는 도상에 있습니다. 21세기, 현대 문명의 영성순례가 꼭 파이의 모습과 같습니다. 우리가 파이이고, 벵골 호랑이는 자연의 생명력이며, 타고 있는 문명은 침몰했고, 좁은 보트에 갇혀 있습니다. 이집트를 떠나 가나안 땅으로 향하는 모세의 엑소도스와 같습니다. 대가가 따르지요. 40년간의 혹독한 광야 시절을 거치지 않고는, 죽음의 바다에서 227일을 보내지 않으면 새로운 땅에 도달할 수 없습니다. 다 실패하지요. 모세 자신을 비롯해, 모세와 함께 출애굽한 세대는 모두 광야에서 죽습니다. 파이의 가족 중에서는 파이 혼자 살아남습니다.

파이가 살아남을 수 있었던 것은 호랑이와 교감하고 공생할 수 있는 생명력이 있었기 때문입니다. 마찬가지입니다. 생명력만이 새로운 문명을 만들어낼 수 있는 힘입니다. 《파이 이야기》는 그 생명의 힘을 보여주고 있어요. 기계적인 오늘날의 문명 세계에 생명이라는 화두를 던진 것이고, 망망대해에 라이프보트를 보여준 것입니다.

무서운 벵골 호랑이는 사람으로 치면 흉포하고 무시무시한 사람들, 모두가 적대시하는 테러리스트 등이라고 할 수 있을 거예요. 이런 사람들과도 같이 살 수 있을까요? 살 수 있습니다. 절대로 같은 하늘 아래 못 산다고 여기지만, 결국 살아집니다. 공존이 가능해요. 신이 있기 때문에, 생명에 대한 사랑이 있기 때문에 가능합니다. 이 소설은 벵골 호랑이와 파이의 227일 동안의 공생을 통해서 이것을 보여주었어요. 우리는 이것을 모르고 있을 뿐이고, 안 된다고 믿고 있을 뿐인 거예요.

믿지 않던 것을 믿어야 하는 것이지요. 가장 중요한 것은 이것입니다. 이야기를 듣고 나면 신을 믿게 되리라는 것. 처음엔 이 말을 비웃지만,

결국에는 믿게 됩니다. 이들의 표류가 영성순례입니다. 합리성과 증거, 인과관계만을 따지며 믿지 않는 것은 보험회사적인 관법이에요. 그들은 '눈으로 보는 것만 믿는다'고 하는 사람들입니다. 도마와 같아요. 예수님이 부활하셨다고 하는 사람들에게 도마가 이야기한 것이 바로 그것이었잖아요. 하지만 그에게 예수님이 나타나셔서 손의 못 자국과 옆구리의 창 자국을 만져보라고 하시니까 "나의 주님이시요 나의 하나님이시니이다"(요 20:28)라고 하지요. 성서에서 제자들이 예수님을 하나님이라고 부른 것은 이것이 처음이었습니다.

생명,
그리고 사랑

생명이란 것은 로맨틱한 것이 아닙니다. 뒤도 안 돌아보고 가버리는 리처드 파커를 생각해보세요. 환경이 달라지면, 그러니까 227일간 구명보트를 타고 표류하던 극한 상황이 지나가면 언제 보았느냐는 듯 흩어지거든요. 그래서 끝없는 생명의 목마름과 고통, 채워지지 않는 생명의 갈증이 신앙이 되고 우리의 현실이 되었을 때 사랑은 지속되는 것입니다. 절대로 위선적인 사랑을 하지 마십시오.

〈라이프 오브 파이〉의 내용을 다 잊어버려도 좋습니다. 다만 자기를 잡아먹는 호랑이가 물에 빠졌을 때 가만두면 자기는 해방되긴 하지만, 호랑이의 죽음이 곧 자기의 죽음이라는 점을 기억하시기 바랍니다. 그때 호랑이가 빠져 죽었으면 파이도 구명보트에서 죽었어요. 이것이 생명 관계, 부부 관계이고, 이것이 원수와의 관계입니다. 그래서 생명은 죽음보다도, 어떤 것보다 강합니다. 단, 조건이 있는데, 사랑이 싹터야 합니다. 그래야 내가 죽더라도 너 살리겠다고 뛰어들 수 있는 거예요. 자식 살리는 거하고 똑같아요. 철도에 떨어진 어린애를 보고 뛰어드는 것과 똑같아요. 그게 바로 생명애인데, 21세기에 들어오면서 인간이 가장 많이 잊어버린 게 '생명'이란 말, '사랑'이라는 말입니다.

몇 번 고백했지만, 저는 그동안 살아오면서 남에게 제대로 사랑을 표현하지도, 베풀지도 못했습니다. 정말 에고이스트, 나밖에 모르는 사람입니다. 위악적으로 그러는 게 아니라, 솔직히 말해 그렇습니다. 글 쓰는 사람은 모두 이기주의자예요. 왜? 다른 것은 말을 안 듣지만, 언어는 내 말을 듣잖아요. "그 말은 틀렸어. '가'가 아니라 '거'야. 넌 저쪽으로 가!" 하면 그대로 됩니다. 이렇게 충실한 것이 없지요. 그래도 말을 안 들으면 삭제delete 키를 누릅니다. 독재자도 이런 독재자가 없어요. 삭제 버튼으로 싹 날려버릴 때의 표정들 보세요. 악마와 다를 바 없습니다. 그 쾌감, 죽이는 거죠. 그렇게 살아오면서, 타자를 느끼거나 할 일은 사실 없었던 것이지요. 그런데 기독교의 여러 가지 말 중에 딱 내 맘에 들어온 것이 "나는 길이요, 진리요, 생명이니" 하는 구절이었습니다.

아무리 뛰어난 사람도 숲에 있을 때는 숲을 못 보듯이, 생명이 무엇인지 알려면, 생명 밖으로 나가야 해요. 숲을 알려면 숲 밖으로 나가야 하고, 행복을 알려면 불행해져야 하는 것처럼요. 그런데 생명을 알려고 생명 바깥으로 나가면 죽어요. 인간은 결코 살아서 생명을 볼 수가 없어요. 그래서 예수님이 자신이 생명이라고 하신 거예요. '내가 길이고 진리이고 생명이다. 너희들이 생명 밖으로 나오면 죽지만, 나를 보면 생명이 뭔지를 알 수 있어. 내가 한 행적을 보면 생명이 뭔지 알아. 살기 위해서 죽는 그 의미를 알게 돼. 씨앗도 그렇잖아. 씨앗이 죽어야 싹이 나잖아. 나는 죽을 거야. 이게 사랑이고, 이게 영생이야.' 그런 사랑, 그런 예수님이 있기 때문에 우리는 생명을 알 수 있습니다. 지금까지 《파이 이야기》를 통해서 우리가 본 것도, 예수님이 보여주시는 그러한 생명의 한 조각인 것입니다.

깊이 읽기

●

왜 '리처드 파커'인가?

《파이 이야기》에는 기존의 종교와 문학에서 차용한 요소들이 많은데, '리처드 파커'라는 이름도 그런 예 중 하나다. 벵골 호랑이의 이름 '리처드 파커'는 미국의 소설가 에드거 앨런 포(1809-1849)가 1837년에 발표한 《낸터킷 섬 출신 아서 고든 핌의 모험》에 등장하는 선원의 이름이기도 하다. 포의 유일한 장편소설인 이 작품에는 모험을 동경해 몰래 포경선에 탄 소년 핌이 겪는 항해와 조난, 남극 모험의 이야기가 담겨 있다. 핌이 탄 배에서는 항해 중에 일어난 선상반란으로 끔찍한 살육이 벌어지고, 먹을 것이 떨어지자 굶주린 사람들이 동료를 잡아먹는 사건까지 일어난다. 최후까지 생존한 4명의 선원은 제비를 뽑아 잡아먹을 한 사람을 결정하는데, 동료에게 잡아먹히는 불쌍한 선원의 이름이 리처드 파커였다.

그런데 놀랍게도 이 소설이 발표되고 나서 47년 후에 같은 사건이 실제로 일어난다. 1884년 5월 19일 영국의 사우샘프턴에서 한 척의 요트가 출항한다. 무게 19톤, 길이 16미터인 이 유람용 요트의 이름은 미뇨넷호였다. 오스트레일리아의 법률가인 존 헨리 원트가 이 배를 구입해 시드니를 향해 장거리 항해에 나선 것이다. 승무원은 네 사람으로, 선장인 더들리, 일등 항해사인 스티븐스와 일반 선원 브룩스, 그리고 잡무를 보는 17세 소년 리처드 파커였다. 항해는 처음에는 순조로웠으나 희망봉 북서쪽 2,600킬로미터 해상에서 폭풍우를 만나고, 배수량이 작은 요트는 나뭇잎처럼 요동한다. 곧 배가 침몰할 상황이 되자 선장은 구명보트로 탈출을 지시한다. 식량이라곤 통조림 2개밖에 챙겨 나오지 못한 까닭에, 네 사람은 바다거북 따위로 연명하며 기아와 기갈에 시달린다. 결국 19일째 되는 날, 선장은 제비뽑기를 해서 한 사람을 먹자고 제안한다. 브룩스의 거부로 실행에 옮기지는 못하지만, 그다음 날 더들리는 병으로 누워 있는 리처드 파커를 살해해 스티븐, 브룩스와 인육을 나눠 먹는다. 어차피 이 소년은 몸도 성치 않아 살아남기 힘들었으며, 모두가 살기 위해서는 잡아먹을 수밖에 없었다는 것이 선장의 변명이었다. 더들리 일행은 표류 24일째 되는 날, 독일 범선 몬테주마호에 의해 구조되어 영국으로 돌아온다.

어떻게 에드거 앨런 포의 소설과 같은 일이 현실에서 일어날 수 있었을까? 미뇨넷호의 선원들은 포의 소설을 읽을 만한 사람들도 아니었다. 포의 소설을 읽고 이를 모방해 저지른 일이라고 보기는 어렵다. 게다가 소설 주인공과 같은 이름을 가진 같은 또래의 소년(《파이 이야기》의 주인공 파이도 이 또래다)이 희생자라는 기가 막힌 우연의 일치. 이런 기이한 우연의 일치는 합리적으로 풀기 어렵다. 미뇨넷호 사건이 유명해진 것은 런던의 〈선데이타임즈〉라는 잡지에서 실시한 '우연의 일치 이야기 콘테스트'에 리처드 파커의 친척 나이절 파커가 이 이야기로 응모해서 우승했기 때문이다.

미뇨넷호의 선원들은 구조되어 영국에 돌아간 뒤 재판을 받고 살인죄로

영국 사우샘프턴의 지저스채플에 있는 리처드 파커의 묘.
"미뇨넷호가 난파하자 갑판도 없는 작은 배에서 19일간 끔찍한 고통을 겪고
1884년 7월 25일 바다에서 죽은 17세 소년 리처드 파커를 기리며"라는 글귀가 적혀 있다.

6개월간 복역하고 풀려난다. 살기 위해서 인간이 인간을 먹는 기막힌 현실, 그리고 그렇게까지 하면서 살아가는 인간의 숨겨진 잔혹상을 알린 이 사건은 대체 인간이란, 인간의 존엄이란 무엇인가 하는 문제를 남기며 두고두고 논쟁의 대상이 되었다.

캐나다 국적의 소설가 얀 마텔은 1963년 스페인의 살라망카에서 태어났다. 아버지가 외교관이었던 까닭에 캐나다는 물론 미국, 중앙아메리카, 유럽 등지에서 어린 시절을 보냈고, 캐나다의 트렌트 대학에서 철학을 전공했다. 많은 일자리를 전전하며 이곳저곳을 떠돌던 마텔은 나이 스물일곱에 작가가 되기로 결심한다. 1993년 첫 소설집 《헬싱키 로카마티오 일가 이면의 사실들》을, 1996년 첫 장편 《셀프》를 출간했고, 2001년에 펴낸 세 번째 책 《파이 이야기》로 명성을 얻었다. 그 밖에도 장편소설 《베아트리스와 버질》, 《각하, 문학을 읽으십시오》가 우리말로 번역되어 있다. 베를린 자유대학 비교문학과에서 가르쳤고(2002–2003), 지금은 캐나다 서부의 도시 새스커툰에 살고 있다.

《파이 이야기》는 런던의 출판사들에서 줄잡아 다섯 차례나 출판을 거절당했지만, 이 책으로 마텔은 2002년 영국과 영연방, 아일랜드의 작가들에게 수여하는 맨부커상을 받았다. 《파이 이야기》는 전 세계 41개국에서 출간되었고, 1천만 부 넘게 판매되면서 역대 맨부커상 수상작 중에서 가장 많은 매출 부수를 기록했다. 이후 이 작품은 연극으로도 만들어졌고 20세기폭스사에서 리안 감독에 의해 영화화되어(2012년 11월 개봉) 전세계적으로 6억 달러 이상을 벌어들였다. 감독이 '가장 힘들었던' 작품이라고 고백하는 이 영화는 소년 한 명과 호랑이 한 마리가 막막한 바다에서 표류하는 단순한 이야기를 빼어난 3D 화면에 구현해내어 평단의 찬사를 받았고, 2013년 아카데미 감독상, 촬영상, 시각효과상, 음악상을 수상했다. 국내에서는 2013년 벽두에 개봉되어 160만 명가량의 관객을 모았다.

《파이 이야기》에는 동서양의 신화와 종교, 동물학, 그리고 다른 문학 작품에서 차용한 요소들이 곳곳에서 발견된다. 특히 브라질 작가 모아시르 스클리아의 소설 《맥스와 고양이들》(1981)과 소재가 아주 유사해서 표절 시비에 휘말리기도 했다. 스클리아의 소설에서는 나치를 피해 독일을 탈출하다가 난파당해 표범과 구명보트를 나누어 쓰게 된 유대인 소년의 이야기가 등장한다. 마텔은 자신이 스클리아의 소설에 대한 존 업다이크의 서평을 읽은 바 있다면서, 스클리아의 이야기가 자신의 상상력에 '전기적electric 카페인' 과 같은 영감을 불어넣어주었지만 표절한 것은 아니라고 해명했으나 논란은 한동안 계속되었다.